Marianne Arlt

Welt, ich komme!

HERDER / SPEKTRUM

Band 4411

Das Buch

Während die erste Hälfte der Pubertät (ca. 12 bis 15 Jahre) für Eltern noch Aufwärmphase ist, Fingerübung, Vorgeplänkel ... geht es in der zweiten Hälfte dann richtig los. Gab es vorher dreimal monatlich Zoff, sind es plötzlich Attacken dreimal täglich. Mit Hände, Füßen und vor allem Stimmgewalt und unsäglichen Sprachinhalten sträuben sich Pubertierende gegen alles, was auch nur entfernt nach mütterlicher Erziehung riecht. Gleichzeitig steigen die Ansprüche – gegen andere – ins Unermeßliche. Von Edelklamotten über Taschengelderhöhung bis zum ersten motorisierten Fortbewegungsmittel gehen die Erwartungen. Nichts mehr ist recht: die Wohnung nicht, das Essen noch weniger und schon gar nicht die Eltern.

Das hilft nur eins: Raus! Die Welt ist weit, und draußen wartet das Abenteuer, das in städtischen Mietwohnungen einfach nicht toben will! Vorteile: schöpferische Erholungszeiten für erschöpfte mütterliche Nerven. Und die Konfrontation mit der Realität ist oft heilsam. „Draußen" herrschen andere Regeln – da pulst das wahre Leben – hart, aber gerecht.

Die Autorin

Marianne Arlt ist publizistisch tätig und lebt in Norddeutschland. Bei Herder/Spektrum erschien in vielen Auflagen: Pubertät ist, wenn die Eltern schwierig werden. Tagebuch einer betroffenen Mutter. Mit einem Nachwort von Christine Swientek (Band 4100).

Marianne Arlt

Welt, ich komme!

Der Pubertät 2. Teil

Tagebuch einer entnervten Mutter

Herder

Freiburg · Basel · Wien

Für alle Eltern von 15–18jährigen,
auf daß sie stets kurz vor dem Verzweifeln
durch überraschende Kehrtwendungen
ihrer lieben Nervensägen feststellen mögen,
welche Kostbarkeiten ihnen doch
geschenkt wurden!

Gedruckt auf umweltfreundlichem,
chlorfrei gebleichtem Papier

Originalausgabe

Alle Rechte vorbehalten – Printed in Germany
© Verlag Herder Freiburg im Breisgau 1995
Herstellung: Freiburger Graphische Betriebe 1995
Umschlaggestaltung: Joseph Pölzelbauer
Umschlagfoto: Autorin
ISBN 3-451-04411-0

Inhalt

„Woher stamme ich? Ich stamme aus meiner Kindheit. Ich stamme aus meiner Kindheit, wie aus einem Land ..."

(Antoine de Saint Exupéry)

„Ich möchte gern überall, wo ich glücklich war, etwas Kostbares vergraben; dann könnte ich, wenn ich einmal alt und häßlich bin, zurückkommen, es wieder ausgraben und mich in die Vergangenheit zurückträumen."

(Evelyn Waugh)

15. Lebensjahr

„Kinder sind kleine Engel,
deren Flügel immer kürzer werden,
je längere Beine sie bekommen."

(Unbekannter Mensch)

„Zur Arbeit ist kein Bub geschaffen,
das Lernen findet er nicht schön;
er möchte träumen, möchte gaffen
und Vogelnester suchen gehn.
Er liebt es, lang im Bett zu liegen.
Und wie es halt im Leben geht:
Grad zu den frühen Morgenzügen
Kommt man am leichtesten zu spät."

(Dito)

1.3. Und auf einmal steht sie neben dir – die Einsamkeit

Fast 15 Jahre lang habe ich nun ein Kind gehabt. Ein gewolltes, gewünschtes und geliebtes Kind – das mich trotz aller Liebe nicht selten an den Rand der Belastbarkeit brachte. Und *nie* allein! Aber immer, wenn ich mal dachte: Lieber Gott, gib mir doch bitte mal einen halben freien Tag oder doch wenigstens zwei Stunden für mich ganz alleine, wußte ich schon: Es wird so kommen, und ich werde mehr alleine sein, als mir lieb ist. Dann habe ich schnell gedacht: Genieße es (trotz allem), bald ist es vorbei, und dann nutzt mir kein Rückwärtsschauen und Bedauern mehr ... Vielleicht habe ich es trotz dieser Erkenntnis immer noch zu wenig genossen?

Es gab Sonntage, da war ich von Herzen froh, wenn er zum Nachbarskind rüberging und von dort anrief, ob er noch ein wenig bleiben durfte. Nicht, daß ich die Zeit für mich verbummelt hätte – ich habe gearbeitet.

Und heute?

Dieses Wochenende hat mir deutlich vor Augen geführt, wie es läuft und laufen wird. Gestern abend wollte ich mit ihm in die Schule zum „Lehrer-Eltern-Schüler-Fasching", der immer sehr schön ist. „Nein, ich hab keine Lust!" Und ich stand da: fertig geschminkt und verkleidet. Er grinste nur, machte ein paar blöde Bemerkungen über meine Figur und verzog sich zu seinen Briefmarken.

Ich habe mehrfach gefragt, gebeten, gebettelt, zu überreden versucht. Er blieb stur: „Wenn ich keine Lust hab, geh ich nicht zu sowas. Mir reicht schon, daß wir in der Schule Fasching feiern müssen!"

So zog ich mich wieder aus, schminkte mich ab und ging statt um 19 Uhr zum Fasching um 19.30 Uhr ins Bett.

Heute morgen muß er wohl doch ein schlechtes Gewissen gehabt haben: Er deckte von ganz alleine den Frühstückstisch und saugte die ganze Wohnung durch. Und dann verschwand er zum Nachbarskind. Er fragte nicht, er teilte es mit! Draußen ist nach langem Ekelwetter ein traumhaftes Frühlingswetter, Sonne, Luft wie Sekt – und ich sitze allein in der Wohnung.

Er will eben nicht mehr – und das tut mir weh! Ausgedient! Nicht ganz, für die Alltagsaktionen bin ich noch ganz wertvoll: Wecken, Frühstück, weitere Mahlzeiten, Wäsche schrankfertig, Geldgeben und Organisieren. Aber das könnte schließlich jeder andere auch, dafür braucht es keiner Mutter!!!

6.3. Ohne Chancen

Was für Vorstellungen hat mein Sohn eigentlich von *meinem* Leben? Vorhin hat er mir – ich weiß vor Schreck nicht mehr den Anlaß – entgegengefaucht: „Du sitzt doch den ganzen Tag nur deswegen am Schreibtisch, weil du keine Chancen mehr bei Männern hast!"

(Daß ich am Schreibtisch seit seiner Geburt meinen und vor allem seinen Lebensunterhalt verdiene – und nicht schlecht – scheint ihm entgangen zu sein!)

13.3. Puschel

Wer nicht will, daß seine Familie ungeplant und unkontrolliert wächst, darf seinen Nachwuchs nicht zum Tierarzt schikken! Vor einer Woche war „Pizza" mit ihrer Impfung dran – und seit heute sind wir nun nicht mehr zu dritt, sondern zu viert!!

„Er ist sooo süüüß! Und sooooo arm dran! Wir *müssen* ihn nehmen. Er braucht eine Heimat. Wir müssen ihn retten ..." Das war das Ergebnis von des Sohnes Arztbesuch vor einer Woche. Ganz allein und einsam sei dieser ganz süße Kater. Und so mager und verwahrlost. Mit zwei anderen Katzen war er fünf Wochen lang in einer Wohnung eingeschlossen, weil sein Herrchen auf der Flucht vor der Polizei war. Irgendwann war dann die Polizei mitsamt Tierärztin dort eingedrungen und hatte zwei von ihnen befreit. Bei der dritten war schon alles zu spät. Selbst von Stearinkerzen hatten sich die Überlebenden ernährt! (Wenn ich mir den Zustand so einer Wohnung illustriert vorstelle!)

Jedenfalls war das Viech nun bei unserer Tierärztin in der

Praxis, wurde gepäppelt und harrte eines nächsten Heimes. Der Sohn ging dieses arme Opfer schon mal jeden Tag besuchen. Damit es sich an ihn gewöhnt! Und da man dem Tier dann wohl nicht noch mal eine Trennung zumuten konnte.

„Also erstmal gucke ich mir diesen Kater an", habe ich verkündet – Aufschub erhoffend. Damit muß dem Sohn klar gewesen sein: Er hat gesiegt.

Das Kennenlernen war ein Schock. Ein Gerippe in verwahrlostem schwarzem Zottelpelz stolperte mir entgegen und suchte sofort Schutz auf Sohnes Schoß, in den er plumpste, weil er sich nur ein paar Schritte auf den Beinen halten konnte. Der Blick meines Sohnes war in der Lage, Ruhrstahl zu schmelzen.

Und heute nun haben wir ihn geholt. Ich *kann* ihn nicht ansehen. Weil er nicht mehr auszukämmen war, wurde er kurzerhand an den Stellen des dichtesten Pelzes geschoren. Er sieht ganz schlicht ekelerregend aus! Irgendwann soll er dann mal langhaarig werden.

Aber seine Augen reißen alles raus: Tellerrund, riesengroß und leuchtend orange.

„Natürlich" wird der Sohn ihn dreimal in der Woche bürsten!!! Heute hat das Vieh schon dreimal diese Tortur über sich ergehen lassen müssen. Abwarten! Und „getauft" ist er auch: Er heißt „Puschel"!

20. 3. Machtkampf

Wir haben den nächsten Machtkampf am Wickel. Die Vorräte gehen erheblich zur Neige, und wir müssen einkaufen gehen. Flunsch! Unmutig gibt er nach – und erzeugt sofort den nächsten Eklat: Aber nur mit dem Marktroller. Ich sage „nein", und schon habe ich Ärger. „Ohne gehe ich nicht", sagt er, und ich weiß, was mich „mit" erwartet. Da das Ding zu klein für ihn ist, muß er damit gebückt gehen. Dann fährt er sich Räder und/oder Gestänge ständig in die Hacken und macht einen aggressiven Zirkus deswegen. Dann läßt er ihn in den Dreck fallen – ob leer oder voll, ist egal. Zum Schluß müssen wir ihn vor der Tür ohnehin auspacken und alles getrennt (!) nach oben tragen, weil er voll gar nicht zu heben ist.

„Dann komm ich eben nicht mit!"

„Dann haben wir auch nichts zu essen!"

„Na und? *Ich* komme auch schon so durch!"

„Ich habe in den nächsten Tagen Dienst bis abends. Was wir heute nicht einkaufen, haben wir für die nächsten vier Tage nicht!"

„Pöh! Ich brauch auch nichts. Außerdem werde ich schon was finden!" (Ich weiß – in der Süßigkeitenschublade!)

„Na schön, dann können wir auch nicht ins Wochenendhaus fahren. Denn dort ist nichts, und der Kühlschrank ist leer."

Es geht hin und her.

„Nicht ohne Marktroller!"

„Nein! Ich bin dieses Theater leid, das du zwei Stunden lang unterwegs und in den Geschäften inszenierst."

Machtkampf. Klar!

Ohne geht er nicht. Alleine geht er auch nicht (wäre ja eine Lösung), und letztlich hat er eben überhaupt keine Lust! Fertig.

Also gehen wir nicht einkaufen! Dafür werde ich demonstrativ und mit lautstarker Vorankündigung am Sonntag essen *gehen!* Solo!

4.4. Per Nachricht

Das Neueste: Mein Sohn wartet nicht mehr ab, bis ich vom Dienst oder vom Einkaufen nach Hause komme, um mit mir seine aushäusigen Aktivitäten zu besprechen. Er legt mir kleine Zettel in den Flur: „Bin nochmal in die City" oder „Hi, Mutter. Geh nochmal los!"

Aha!

14.4. Selbstmord

„Weißt du was? Ich glaube, ich würde mich nie umbringen. Ich bin viel zu neugierig, wie es weitergeht. Das würde ich dann ja verpassen!"

16. 4. Bescheid

Heute war es das erste Mal, daß der Sohn fünf Minuten nach Schulschluß anrief, um *mitzuteilen* (nicht zu *fragen!*), daß er mit Paul nach Hause geht und erst viel später heimkommt. Ich nehme es mit Staunen zur Kenntnis – wieder eine Weiterentwicklung. Und: Ich muß mich mit entwickeln! Manchmal fühle ich mich mit diesen ständigen Umstellungen völlig überfordert, habe ich doch seit fast 15 Jahren jede Viertelstunde exakt geplant – wie sollte ich sonst je Beruf, Haushalt und Kind unter einen Hut bringen?

Es nervt mich schon immer (viel zu sehr), wenn ich nicht weiß, ob er mit oder ohne Paul nach Hause kommt. „Ohne" bedeutet, ich kann Milchreis kochen und warmstellen. „Mit" heißt, ich muß mir Gedanken machen, was ich den beiden vorsetze: überlegen, womöglich noch einkaufen, vorbereiten (und das bei diesen verwöhnten Mamakindern, die nur ihre drei Lieblingsspeisen essen!)

Letzte Woche habe ich, als die beiden kamen, gefragt, ob er Eierkuchen möge (Sohnes Lieblingsmahl, meines nicht, weil dann immer alles so schrecklich fettig ist, inclusive meiner Haare!). Paul hat mich sinnierend angesehen mit leicht gehobenen Augenbrauen und hat gefragt: „Was hätten Sie denn sonst noch so? Ich meine, wenn ich keine Eierkuchen esse?"

Ich war von den Socken! „Nichts" habe ich gesagt – und dann aß er sie: fünf große Eierkuchen. Ich kam gar nicht mit dem Backen nach.

„Kannst du deinen Freunden nicht vorher sagen, daß wir nicht in einem 5-Sterne-Hotel leben?" habe ich den Sohn gefragt. Er fand, das könne er nicht !!!

16. 5. Mutterpflichten

Eine Radwanderung mit der Klasse steht an – die Räder sind verladen, morgen früh geht es los. Ich bin per Fahrrad durch die ganze Stadt zurückgeradelt, der Sohn blieb erstmal bei seinen Mitschülern auf dem Schulhof, und ich hegte die stille Hoffnung, er möge sich vielleicht noch ein wenig verabreden und den Nachmittag unter seinesgleichen verbringen, damit er ein bißchen ausgeglichener ist, wenn er wieder zurückkommt. Die letzten Tage waren ein einziger Knatsch um nichts und wieder nichts.

Aber nichts da – eine halbe Stunde nach mir trifft auch er daheim ein und findet mich auf dem Balkon mit einer Freundin sitzend. „Gibt's kein Mittag?" „Noch nicht!" Er gammelt noch ein bißchen mißmutig herum und verzieht sich dann in Richtung seines Zimmers.

Wir sind gerade mal wieder aus aktuellem Anlaß bei unserem/ihrem Dauerthema: Die Unterjochung der Frau via Haushalt! Bei ihr hochaktuell, bei mir inzwischen nicht mehr akut. Denke ich …

Wir sind noch mittendrin, da erscheint der Sohn wieder auf der Bildfläche und wütet mich an: „Ich denke, du wolltest heute keinen Ärger!?"

„Hä?"

„Und warum sitzt du hier herum und unterhältst dich, statt zu kochen?"

Uns beiden Frauen bleibt der letzte Schluck Tee im Halse stecken, und wir sehen uns sprachlos an. Zum Lachen war *dieser* Ton nicht mehr geeignet!

„Machst du nun Eierkuchen oder nicht? Ich habe schließlich Hunger, und es ist Sonntagnachmittag!"

„Dann mach dir ein Brot!"

„Es ist *Sonntag-Mittag!*"

„Na und? Für mich etwa nicht? Ich möchte in Ruhe meinen Tee trinken und mich noch unterhalten!"

Er zieht ab – laut schimpfend. Durch das offene Schlafzimmerfenster brüllt er noch was Unflätiges hinterher. Seine Wut kennt offenbar keine Grenzen mehr.

Nach einer Stunde geht meine Freundin. Ich „wage" mich in sein Zimmer und frage: „Hast du nun was gegessen, oder soll ich noch Eierkuchen machen?"

Er steht da wie geballte Ladung: „Ich verzichte!! Ich bin satt!"

„Wie schön", sage ich und will die Tür hinter mir schließen. Da stellt sich dieser Nachwuchs-Chauvi dazwischen und schreit (!) mich an, wie ich dazu käme, „einfach nicht zu kochen"!?

„Ich bin hier die Mutter und nicht die Köchin und auch nicht die Sklavin", bringe ich relativ ruhig fertig, zu sagen.

„Eben", brüllt er, „und als Mutter hast du die Pflicht, für Mahlzeiten zu sorgen, wenn ich Hunger habe!"

Mir bleibt nur die Möglichkeit zu lachen oder ihm eine zu knallen. Diskutieren tue ich *dieses* Thema nicht mehr – das hatte ich 18 Jahre lang in meiner „Partnerschaft" und auch schon einige Male mit dieser kleinen Wutmaschine. Also entscheide ich mich – schließlich ist Sonntag und die Sonne scheint – fürs Lachen und entferne mich.

Nach einer Stunde treffen wir uns auf dem Flur. Sein Gesicht ist immer noch geballte Ladung – und so sage ich ihm, daß er mich wohl mal wieder mit bezahltem Personal verwechsle – aber das hätte sonntags sowieso immer frei!

„Du bist gewöhnt, daß ich sofort immer gleich springe, wenn du erscheinst und immer gleich für deine Mahlzeiten sorge – aber ich bin auch ein Mensch mit Bedürfnissen, und wenn ich mal eine Stunde Zeit am Sonntag für mich haben möchte, nachdem ich die ganze Woche schufte, so hast du das endlich zu kapieren und zu akzeptieren. Du bist kein kleines Kind mehr, das abhängig von seiner Mutter ist. Wenn du mit dem Essen nicht warten kannst, dann schmier dir ein Brot, das wirst du ja wohl ohne mich können ..."

„Das wird ja immer schöner hier!" brüllt er in voller Lautstärke und knallt seine Tür hinter sich zu.

Das finde ich allerdings auch !!!!

25. 5. In den Wind gewarnt

Etwas zu sagen erweist sich mehr und mehr als sinnloser Akt. Eigentlich beruhigt es nur noch das mütterliche Gewissen bzw. die mütterliche Unruhe ob der tausend Gefahren, die draußen drohen. Sei vorsichtig ... mach bloß nicht ... halt dich fern ... paß auf ... denk dran ... alles für die Katz!!!

Bevor der Sohn gen Polen auf Klassenfahrt aufbrach, bekam er von mir ein paar heiße Tips: Halte dich fern von den freien

Getränkeständen auf den Straßen und iß um Gottes willen kein Soft-Eis! Du weißt doch … damals … zwei Tage nach dem Verzehr … hat uns fünf ganze Urlaubstage gekostet … du im Krankenhaus, ich zweimal täglich im überfüllten Bus pendelnd zwischen Hotel und Hospital … Ja, ja, ja … mach dir keine Sorgen!

Nun ist er zurück – heil und gesund. Es war eine traumhaft schöne Klassenfahrt und … und „das Soft-Eis war echt geil! An manchen Tagen habe ich bis zu fünf Portionen gegessen!" Dann grinst er mich an (er erinnert sich sehr wohl!!) und fügt hinzu: „Und es ist nichts passiert!"

Ich habe tief, sehr tief eingeatmet. Und was macht er bei Drogen? Auch mal probieren, ob nichts passiert? Und bei ungeschütztem Geschlechtsverkehr? Das kleinere Übel wäre immerhin noch eine unerwünschte Schwangerschaft. Aber AIDS???

Russisches Roulette mit mütterlichen Warnungen …

29. 5. Go east

Völlig euphorisiert erscheint der Sohn eben aus der Wandergruppe. Die Großfahrt im Sommer geht nach Polen. „Da darf ich doch mit, nicht?"

„Also erstmal brauche ich dazu ein paar Informationen."

„Also viel weiß ich auch nicht, aber L. macht wieder eine große Fahrt. Du weißt doch, letztes Jahr waren sie in Finnland, als ich noch nicht zur Gruppe gehörte. Und dieses Jahr will er nach Masuren. Ein Vater und eine Mutter kommen auch mit."

„Und wieviel seid ihr?"

„Weiß ich doch nicht. Es kann jeder mit, der will, wenn er die 6. Klasse hinter sich hat."

„Wie lange? Und wie kommt ihr hin? Und was geschieht dort?"

„Also sooo genau steht das alles nicht fest. Aber L. macht noch einen Elternabend. Da kannst du ja auch kommen, und dann sagt er schon alles!"

12.6. Verlaufene Spuren

Der Elternabend hat stattgefunden, nachdem der Sohn in den letzten Tagen von nichts anderem mehr geredet hat als von seiner Großfahrt – seiner ersten. Bisher war er immer nur bei Wochenendfahrten dabei. Und an diesen Ereignissen gemessen „ist so 'ne Großfahrt Spitze, Mutter!"

Und was habe ich erfahren? Drei Wochen werden sie zu Fuß durch Masuren wandern. Hinfahrt per Zug – alles in allem etwa 19 Stunden mit mehrmaligem Umsteigen und vielen Aufenthalten. Und dann, so sagt L. spitzbübisch zu den noch unerfahrenen Eltern (wie mich!), „dann verlaufen sich unsere Spuren!" Alleine schon diese Formulierung läßt mich zittern – aber ein Blick auf den Sohn zeigt: Genau das ist es!!! Keiner nimmt mehr mit, als er drei Wochen lang tragen kann. Bei den (etwas) Größeren wird über den Rucksack noch eine Kohtenbahn geschnallt. Verpflegung nur für die Fahrt und den ersten Tag. Wo genau sie sein werden ... das wissen die Götter. Das wird sich ergeben. Übernachten tun sie just da, wo sie abends anlanden. Gekocht wird im Freien – in großen Hordentöpfen. Mitzubringen sind Tagebücher, Zeichenblöcke und die Noten der bereits geübten Lieder ...

16.6. Brautschau

Seit zwei Tagen sind wir im Wochenendhäuschen auf dem Dorf, und ich betrachte mit wachsender Skepsis das gegenseitige Werbeverhalten zwischen meinem knapp 15jährigen Sohn und seinen beiden Dorfschönen.

Heute morgen bin ich gegen 9 Uhr aufgestanden – da war er – der Langschläfer – schon weg. Sein Fenster stand sperrangelweit offen (wozu sichere ich eigentlich aufwendig die Türen, wenn mich durchs offene Parterrefenster jederzeit jemand im Schlaf überraschen kann?) – denn aus dem Fenster zu steigen, an das die Mädchen weckenderweise geklopft haben, ist natürlich viiiiel abenteuerlicher als einfach durch eine simple Eingangstür zu gehen.

Kein Zettel auf dem Tisch, keine Nachricht. Schlüssel weg,

Fahrrad weg. In diesem Dorf beunruhigt mich nichts, was den Sohn anbelangt. Er ist dort aufgewachsen und hat schon mit krummen Babybeinen die Felder erobert.

So habe ich mir einen Tee gekocht – mit dem Frühstück erstmal noch gewartet – und der Dinge geharrt, die da kommen sollen. Auf der Straße radelte seine ehemalige Sandkastenliebe auf und ab und warf prüfende Blicke auf sein Fenster. Also mit *der* war er nicht weg.

Um 11 erscheint er wieder – mit großem Feldblumenstrauß für mich und völlig verschwitzt. Um kurz nach 6 Uhr hat seine Schöne leise an sein Fenster geklopft und um 1/2 7 sind sie schon durch die Felder gefahren. Bei der alten Scheune haben sie „Lagerfeuer" gemacht, und dann ist er noch zwei Stunden durch die Felder bis zu dem kleinen Kanalhafen geradelt, in dem Papa einst sein Segelboot liegen hatte, bevor ihn die Midlife-Crises erwischte und er entsegelte.

Kaum sitzen wir beim späten Frühstück, klingelt es. Die beiden Grazien. Ob er kommt? Nein, noch nicht, er frühstückt noch. In einer halben Stunde, so lange mögen sie sich doch bitte noch gedulden! Sie trollen sich. „Warum hast du nicht gesagt, ich bin nicht da?"

„Wieso, du bist doch da, und da die beiden die ganze Zeit vor der Tür auf und abgehen, wissen sie das auch. Das nächste Mal gehst du am besten selber und sagst, daß du nicht da bist!"

Kaum hat er den letzten Bissen runtergekaut, will er verschwinden.

„Hey, du trocknest bitte noch ab!"

„Du hast doch nicht etwa bitte gesagt?"

„Doch, hab ich!"

Er feixt. Er trocknet ab. Eine Hälfte. Dann will er raus.

„Den Rest bitte auch noch!"

Maul, maul! Schließlich wartet draußen das Leben!

Und dann: nichts wie los!

„Wann wünschen der junge Herr denn heute seine nächste Mahlzeit?"

„Abendbrot!"

„Aha".

Weg ist er.

Ich mache meinen Haushalt. Ich wirtschafte etwas im Garten herum, und dann beschließe ich, zwecks Tee-Einnahme eine Nachbarin heimzusuchen. Und was sehe ich auf dem Nachbargrundstück mit stockendem Atem? Der Sohn liegt hingegossen auf der Wiese. Sein Haupt ruht auf dem strammen Hintern der 13jährigen Grazie Nr. 1 – seine langen goldblonden Locken ausgebreitet auf ihrer Rückseite. Die 12jährige Konkurrentin sitzt daneben und betrachtet die Idylle!

Ob ich dazu was sagen soll? Vermutlich ist das für ihn nichts anderes als die Fortsetzung seiner jahrelangen Kinderspiele mit den anderen Kindern des Dorfes – aber ich habe nach dem weiblichen Gehabe der Älteren nicht den Eindruck, als ob sie das auch (nur noch) als kindliche Spielerei ansieht. Irgendwie ist das dem Alter nicht mehr angemessen ... Ich werde ihn wohl mal darauf ansprechen müssen! Gerade hier im Dorf bekommt das Ganze sonst einen ungewollten Touch!

Auf alle Fälle rufe ich dann schon mal über den Zaun, ob er Lust hat, mit mir eine Tasse Tee zu trinken und ein Stück Kuchen zu essen. Oh ja, er hat! Und er rappelt sich gleich auf – und erscheint vier Stunden vor dem angekündigten Abendbrot.

Dann fragt er, ob wir schwimmen fahren wollen.

„Wir?"

„Ja!"

„Nee, bei dieser Hitze setze ich mich nicht aufs Rad und fahre 18 Kilometer! Frag doch mal die beiden Hübschen, die Eltern haben doch Autos!"

Er dreht sich mit skeptischem Blick um.

„Mit denen?" Er schnauft durch die Nase. Die beiden beobachten uns von weitem.

„Nee, mit denen nicht! Mit dir!"

Ach du liebe Zeit, was denn nun? Da kenne sich einer aus!

Den Rest der Zeit bis zum Abendessen haben sie dann verbracht mit Umeinanderfahren auf den Rädern – mal jede(r) auf dem eigenen, mal getauscht. Der Radius betrug 100 Meter – vor den elterlichen Häusern. Dabei wurde geblödelt, später haben sie gelangweilt an den Zäunen gelehnt.

Manchmal bin ich drauf und dran zu sagen: „Benimm dich doch nicht so pubertär", und dann denke ich: „Wann sollen sie sich denn pubertär benehmen, wenn nicht in der Pubertät???"

17. 6. Muttersorge

Nachdem er sich gestern nach dem Herumgelangweile bei mir bitter beschwert hat, daß er „immer wieder nach Hause kommen müsse wegen der blöden Mahlzeiten", kommt heute eine eigenartige Wendung.

„Die Mutter von Bärbel kümmert sich überhaupt nicht um sie!"

„Wie kommst du darauf?"

„Die darf wegbleiben, solange sie will. Die braucht noch nicht mal zu den Mahlzeiten zu Hause zu sein!"

Ich stutze. „Das möchtest du am liebsten doch auch. Darum ging es doch gerade gestern abend!"

Er denkt darüber länger nach. „Ja, aber ich bin ja auch schon älter."

... Das klang aber nicht sehr überzeugend!

Vielleicht ist es doch ganz schön, wenn man zu den Mahlzeiten *erwartet* wird!

20. 6. Kein Grund

In einer großen Zeitschrift ist ein Artikel über Pubertierende erschienen. Er liegt auf dem Kaffeetisch – und mein Sohn, der nie weiß, wo was zu finden ist (wenn es um Wichtigeres geht), hat ihn auf Anhieb entdeckt. Er liest sich fest – vor allem an dem Bericht eines 14jährigen Mädchens, das über sein „Abhauen" von Zuhause berichtet. Als er sein Lesen beendet hat, seufzt er laut: „Ich würde ja eigentlich auch gerne mal weglaufen. Aber ich weiß nicht, warum!"

24. 6. Geld, Geld, Geld

In der vergangenen Woche habe ich zweimal 500.– DM von der Sparkasse geholt – und nichts ist mehr da. Alles floß in großen Scheinen in den Sohn. Immer wenn ich denke, ich könnte mir doch mal das eine oder andere kaufen, dann ist schon nichts mehr da, und der Monat ist noch soo lang. Was bleibt von *meinem* Verdienst eigentlich für *mich?*

In der letzten Woche habe ich bezahlt:

       320.– DM für seine Wanderfahrt

       300.– DM für drei Monate Gitarrenunterricht (natürlich incl. der Ferien, in denen er sechs Wochen lang nicht eine einzige Stunde haben wird!)

        49.– DM für ein Paar Latschen

        49.– DM für ein Paar Jeans

        14.– DM für Wanderbesteck

        16.– DM für Taschengeld

undsoweiter, undsoweiter. Als er dann das xte T-Shirt wollte, habe ich „nein" gesagt – und einen Flunsch geerntet. Vor fünf Wochen waren es eben mal locker 570.– DM für die Klassenfahrt plus zusätzlich entsprechenden Zusatzausstattungen, die von der Schule für die Fahrt gefordert wurden: Turnschuhe rund 80.– DM, Jogginganzug 98.– DM – und auf Sonderangebote brauche ich nicht zu hoffen – nicht zu dieser (Saison-) Jahreszeit, nicht bei 1.88 m Spezial-Sohnes-Länge!

16. Lebensjahr

*„Nur der Unwissende wird böse,
der Weise versteht."*

(Indische Weisheit)

*„O selige Zeit, wo wir, ein Zwitterding von Knabe und
Jüngling, im Grunde genommen mit unserem Dasein nicht
das mindeste anzufangen wissen und zwischen Verständigkeit
und Unsinn, angenehm für uns, sehr unangenehm aber für
unsere lieben erwachsenen Angehörigen, in der Schwebe
hängen."*

(aus: Wilhelm Raabe: Der Hungerpastor)

4. 7. Fünfzehn!

Heute hat er Geburtstag! Und das erste Mal in seinem Leben ist er nicht zu Hause, feiern wir nicht gemeinsam! Das ist ein seltsames Gefühl. Einerseits bin ich stolz darauf, daß er schon so groß ist, für viele Wochen „unterwegs" zu sein (eben war er noch dickes Baby!!) – und andererseits beschleicht mich ein bißchen Wehmut. So geht es nun langsam los.

Einem mitwandernden Vater habe ich ein kleines Kärtchen mitgegeben mit der Bitte, es ihm zum Geburtstag auszuhändigen. Aber vielleicht weiß er gar nicht, wann sein Geburtstag ist, wenn sie so fern aller Zivilisation und Kalender durch die Wildnis wandern?

Irgendwie kann ich mir meinen Sohn überhaupt nicht auf Wanderfahrt mit Unbequemlichkeiten, mangelnder Hygiene, Anstrengungen ... vorstellen – dieses Sensibelchen!

20. 7. Zurück!

Nun ist die ganze Gruppe heil, zufrieden, glücklich – und sehr schmutzig (!) heimgekehrt. Drei Wochen Abenteuer pur! Ich höre zu – Stunde um Stunde. Und nicht nur einmal bin ich froh, von manchen Unternehmungen erst im nachhinein zu hören! Das Heißeste war vermutlich die Überquerung eines der großen masurischen Seen – per Schwimmbewegung! Schon auf dem Hinweg konnten sie nicht mehr so richtig – und Ufer war auch nicht mehr zu sehen – weder das eine noch das andere! Zu dritt haben sie diese Tour gemacht – „einfach mal so"! Für den Rückweg bekam der kleinste von ihnen dann eine „Schwimmhilfe": Einen jungen Baumstamm! Der Sonnenbrand auf den Schultern muß exorbitant gewesen sein!

Das Schönste: Die Gastfreundschaft und Freundlichkeit der Polen aller Generationen (selbst ein Polizist hat mal fest beide Augen zugedrückt, als die ganze Gruppe – 30 Mann hoch – nachts zu Klampfenmusik auf einer Verkehrskreuzung tanzte! Sofort kamen Anwohner herbeigeeilt und luden die Gruppe aufs eigene Grundstück ein, wo dann in reiner Völkerverständigung die halbe Nacht gesungen und getanzt wurde.)

Und wo sie gingen und standen – vor allem dort, wo sie sich bedanken wollten – wurde das „Psallite Deo nostro" gesungen! Wenn ich mir diese abgerissene Gruppe dabei vorstelle! Aber es wurde immer wieder geübt – und dann vielstimmig vorgetragen.

24 Stunden lang mußten sie sich ohne Erwachsene durch Feld und Wald schlagen – das gehört zum Programm. Die Führung übernimmt dann ein „Über-16-Jähriger" (Mir wird ganz schwarz vor Augen!). Auch das ging gut – aber sie hatten viel zu wenig zu essen mit. Auch da halfen (angebettelte) Polen aus: mit zwei Packungen Nudeln ...

Ja, es war Abenteuer pur! Und er, der Sohn, ist gewachsen. Nicht in Zentimetern, sondern an Kraft, Selbstbewußtsein – und (ich täusche mich nicht!) an Körperhaltung!

Wie gut, daß er in *dieser* Schule *diesem* Lehrer begegnet ist!

23. 7. „Bald 18"

Unser Urlaub steht und fällt immer mit der Zuweisung des Tisches für drei Mahlzeiten pro Tag. Diesmal haben wir es nicht besonders gut getroffen. Vor allem die drei alten Damen sind nervig. Eine „sehr feine" residiert am Kopfende, bestreitet die gesamte Unterhaltung, rafft sich jede Schüssel, jede Platte, jeden Butterteller heran und reicht selbst nach Bitten nichts weiter.

Und: Sie hat ihren Lieblingssklaven gefunden: meinen Sohn. Wenn etwas leer ist oder abschätzbar nicht ausreichen wird, nimmt man Schüssel, Platte oder Entsprechendes und geht damit zur Essensausgabe. Normalerweise tut das jeder, bei dem etwas gerade zu Ende geht, höfliche Menschen nehmen ihrem Nachbarn auch gerne einmal diesen Weg ab.

In diesem Urlaub ist das anders. Die „Vorsitzende" schickt den Sohn, drückt ihm das Leergut in die Hand, ohne ihn anzusehen und fordert (!) Nachschub. Kommt er zurück, kann es ihm passieren, daß er gleich noch ein zweites Mal gehen muß, „weil du ja gerade stehst!" Zum Essen kommt er wenig. Ich beobachte die Szene mit wachsendem Mißmut – und sehr ambivalent. Natürlich soll er gehen, er soll auch ruhig mal jemand anderem einen Weg abnehmen – aber das ist selbst mir zu viel! Noch während ich überlege, ob und wie ich eingreife, findet der entnervte Sohn selber einen Weg – einen ungewohnten, aber sehr wirkungsvollen: Er fragt die zickige und egozentrische Alte, wieso sie ihn einfach *duzen* würde! Er wünschte das nicht! Sie erstarrt geradezu!

„Wieso, wie alt bist du … sind Sie … denn?"

„Ich bin bald 18!" antwortet er mit unbeweglichem Gesicht! Und ich habe schreckliche Mühe, nicht loszuprusten! Vor drei Wochen ist er gerade 15 geworden!

Aber recht hat er – es ist nur eine Frage der zeitlichen Relation. Gemessen an der Entstehung der Welt sind drei Jahre ein Klacks. Da ist „bald" ja schon übertrieben … Die Alte hat ihre Lektion gelernt: Kein einziges Mal mehr fordert sie ihn auf, Kartoffeln nachzuholen! Gut gemacht, Sohn! Auf *diese* Idee wäre ich nie im Leben gekommen! …

26. 7. Toller Sohn

Zweimal in der Woche wird abends Volks- und Gesellschaftstanz angeboten. Für den Sohn ein „Muß" – selten im Leben heimst er soviel Lob und Anerkennung ein – und ich auch! Was ich für einen tollen Sohn hätte! Und so gut erzogen! Und so geschickt! Und so beweglich! Und so anstellig! Und so musikalisch! Und so hilfsbereit! Und geduldig! Und … und … und!

Das muß ich mir direkt ansehen – steif wie ich bin … und unmusikalisch … und unduldsam … also gehe ich zum Volkstanz und betrachte (mit Neid! Das würde ich auch gerne können!) die unglaublich vielfältigen Formationen, die beweglichen Körper, die Harmonie … und meinen Sohn mittendrin! Ich sitze mit offenem Mund! Mein Sohn, der immer so tut, als wäre er aus einem Besenstiel geschnitzt, bewegt sich locker, unverklemmt, geschickt. Er kommt nie mit den Beinen und den vielen unterschiedlichen Figuren durcheinander! Er wirkt weder überanstrengt (wie die meisten Männer!), noch trampelt er den Damen auf ihren zarten Füßen herum.

Und zwischendurch darf er mit der Tanzlehrerin vortanzen – einer alten, charmanten Dame, die ihn wegen seiner Geschicklichkeit und Höflichkeit in ihr großes mütterliches Herz geschlossen hat!

Mein Großer!

Mich berührt es immer ganz seltsam, wenn ich meinen Sohn einmal in Lebenszusammenhängen sehe, mit denen ich nichts zu tun habe, zu denen ich keinen Zugang habe – und wenn ich sehe, wie fabelhaft er (trotz oder wegen Mutterabwesenheit) klar kommt.

31. 7. Langeweile?

Neben mir und dem Sohn gegenüber sitzt eine andere Mutter – daneben ein stilles, verschüchtertes neunjähriges Mädchen, das offenbar mit nichts klar kommt – weder mit ihren Haaren, noch mit der Mutter, noch mit der Urlaubssituation, von der Pünktlichkeit bei den Mahlzeiten schon ganz abgesehen.

Die Mutter bemüht sich gelegentlich – ohne Resonanz. Also bedient sie sich meines lebendigeren Sohnes als Gesprächspartner.

Er antwortet offen und läßt sich auf kleine Gespräche ein – bis zu dem Tag, an dem er ihre Rüge spürt:

„Langweilst du dich hier eigentlich nicht?"

Er sieht sie verblüfft und prüfend an (schließlich befindet er sich hier in seinem kleinen Paradies!).

„Ich? Nööö!"

„Warst du denn schon mal hier?"

„Ich? Ja, schon das zehnte Mal!"

Sie schreit geradezu bestürzt auf: „So oft? Aber das ist ja immer dasselbe! Da mußt du dich doch langweilen!"

„Nö, ich langweil mich nicht!"

„Aber Jugendliche in deinem Alter müssen doch weiter weg fahren!"

„Warum?"

„Naja, das dachte ich immer! Ich denke, Jugendliche zwischen 14 und 18 Jahren fahren nach Korsika oder so!?"

„???"

„Willst du denn nicht mal nach Korsika?"

„Nö!" (Vermutlich weiß er gar nicht, wo das liegt!)

„Aber du kannst doch nicht immer hierher fahren!?"

„Doch!"

„Ja, langweilst du dich denn nicht?"

„Ich? Nö!"

„Was machst du denn den ganzen Tag hier? Hier gibt es doch nichts!"

„Hier gibt es das Meer und den Strand!"

„Aber das ist doch nichts für einen Jugendlichen in deinem Alter!!" (Dabei sieht sie mich strafend an – wahrscheinlich, weil ich meinem Sohn nichts Adäquates „biete"!)

„Doch!"

„Aber hier gibt es doch keine Disco!"

„Ich brauch keine Disco!"

...

Nun ist sie am Ende.

Sie sieht ihn an, mich, die anderen Menschen am Tisch ... und alle, alle sind sie sich einig: Mit 15 gehört man unter Jugendliche in die weite Welt, in Clubs, ins Jugend-Schicki-Micki ...

Arme Jugendliche!

Beim Nachtisch angelangt – es muß sie unglaublich beschäftigt haben, daß ihr Weltbild irgendwie nicht richtig hinhaut – fragt sie den vor sich hin mampfenden Sohn:

„Und nächstes Jahr? Da machst du doch aber bestimmt was anders, nicht? Wo willst du denn nächstes Jahr hin?"

Er sieht sie an, als wäre sie nicht ganz richtig im Kopf und sagt mit vollem Puddingmund und voller Überzeugung:

„Na, hierher natürlich!"

Sie ist sprachlos. Dazu fällt ihr nichts mehr ein – auch in den nächsten Tagen nicht!!!

4. 8. Letzer gemeinsamer Urlaub?

Nun ist auch dieser Urlaub zu Ende – und ich habe das Gefühl, es könnte unser letzter gewesen sein! Ohnehin strebt er seit der Polenwanderung mit L. anderen Ufern zu – und vermutlich auch anderen Urlaubsformen. Im nächsten Jahr – das ist klar –

geht er natürlich wieder mit auf Großfahrt – egal in welchen Zipfel der Welt sie führen wird!

Ich spreche ihn darauf an. Er ist völlig konsterniert!

„Der letzte gemeinsame Urlaub auf der Insel? Ja, warum denn? Warum willst du mich denn nicht mehr mitnehmen?"

Die Tränen kommen ihm zwar nicht – aber weit ist er nicht davon entfernt!

„Ich dachte, *du* willst dann vielleicht nicht mehr *mit mir* fahren? *Ich* nehme dich gerne wieder mit!"

Er atmet sichtlich erleichtert auf. Das war ja wohl ein Schock – aus dem (Urlaubs-) Nest geworfen zu werden – einfach so!

Naja, mal sehen! Lange wird es nicht mehr gehen!

5. 8. Publikation

„Ich hab da 'ne Idee!"

„Na?"

„Ich hab in Masuren doch Tagebuch geschrieben, das weißt du doch, nicht?"

„Ja!"

„Ich hab mir überlegt, ob ich das nicht in einer von den Wanderzeitschriften abdrucken lasse. Wie findest du das?"

„Ich? Oooo! ... Also das finde ich toll!" (Hauptsache, sie nehmens auch!)

„Na gut, würdest du es dann für mich abtippen?"

Na klar würde ich – ich habe schon ganz andere und weniger erfreuliche Sklavendienste geleistet in diesem Haushalt. Aber: Woher dieser Zuwachs an Selbstwertgefühl? Noch vor ein paar Monaten hätte er sich gar nicht getraut, sowas auch nur zu *denken!* Und heute nun ist er fest davon überzeugt, daß seine Arbeit für andere von Interesse sein könnte!

8. 8. Kritiker

Mein Sohn beginnt, mich mehr und mehr kritisch zu betrachten. Meine – zugegeben – nicht gerade elfenhafte Figur wird immer öfter der Betrachtung unterzogen. Gestern nun beim Abendessen:

„Sag mal, willst du nicht mal ernsthaft, also ich meine so richtig, abnehmen?"

„Ich? Nee!"

„Also ich meine so 'ne ganz strenge Diät mal machen."

„Nein, wieso sollte ich denn? Mir schmeckt's doch so gut!"

„Naja, aber überall diese Würste!"

„Wülste!"

„Wie?"

„Ach, schon gut!"

„Ich mein's aber ganz im Ernst."

„Ja, das glaub' ich. Aber ich meine es auch ernst. Ich will nicht abnehmen (stimmt nicht ganz, ich wäre gerne schlanker, aber ohne die Mühen). Ich gefalle mir auch so."

„Naja", sagt er abschließend (bis zum nächsten Mal), „aber schön siehst du wirklich nicht aus!"

18. 8. Unterdrücker

Auseinandersetzung gleich wieder ab Aufstehen. Ich „wecke" einmal, zweimal, dreimal ... Statt um sieben Uhr steht er um 7.25 Uhr auf – um 7.40 muß er los, falls er (ausnahmsweise mal) pünktlich in der Schule sein will.

Außerdem bin ich noch von gestern abend gereizt – um was ging es da bloß schon wieder? Nicht ins Bett? Katzen nicht gefüttert? Hausaufgaben nicht fertig? Zimmer wie eine Müllkippe?

Ich sage ihm deutlich, was ich von diesem Kleinkrieg halte, den er ums Aufstehen macht – und was bekomme ich zu hören? Ich würde ihn seit Wochen, Monaten, ja Jahren nur noch fertigmachen. Ich würde nur noch rumschnauzen. Er sei mein Prügelknabe – schon immer gewesen!

Ich kann nicht umhin ihn zu fragen, ob er meinte, es ginge wirklich schon so seit Geburt? Natürlich macht ihn das nur noch wütender!

Und was lese ich zufällig/nicht-zufällig, kaum daß er mit einer Viertelstunde Verspätung aus dem Haus ist? „Der Jugendliche sieht von Zeit zu Zeit in seinen Eltern nur noch die Unterdrücker, die nichts anderes mehr fertigbringen, als ihn zu drangsalieren!"

Tröstlich, daß das „ganz allgemein" so ist!

10. 9. Alltag

Ich habe ihm *das* Jugendbuch des Jahres aus der Stadt mitgebracht, damit er wenigstens gelegentlich von seinen Comics wegkommt. Tolle Rezensionen, schnell hohe Auflagen. Es geht um eine 15jährige und ihre Freunde – um alles, was in diesem Alter so „crazy" ist.

Nach anderthalb Stunden hat er es „durch" und zieht einen Flunsch.

„Naja, es ging so!"

„Wieso? Es soll so gut sein!"

„Was heißt gut, die beschreibt doch nur den Alltag. Das hab ich doch den ganzen Tag, diese Langeweile. Vormittags Schule, nachmittags Hausaufgaben und Rumgenerve zuhause. Dafür brauch ich doch nicht noch ein Buch zu lesen, in dem alles genauso ist."

Ich gucke einigermaßen ratlos.

Darauf er: „Also weißt du, so geile Sache wie in den ‚Outsidern', das ist was. So mit Abhauen und Messerstechereien (und jugendlichen Leichen – die Mutter!). Das ist doch wenigstens geiles Leben. Da ist was los. Aber so?" Er wendet sich geradezu angewidert ab.

Abends folgt die Fortsetzung:

„Ich muß dir mal was ernsthaft sagen. Also auf dem Lande, da sagt der Vater mal: So, nun laß uns mal zum Heuwenden gehen, oder die Mutter sagt: Mach mal den Garten winterfertig. Und da kann man sich abreagieren von der Schule und dem ganzen Streß. Aber hier in der Stadt? Guck dir das doch mal an. Is doch einfach nix für uns! Ja und da *muß* man eben die Musik hochdrehen, um sich abzureagieren. Sonst haben wir doch nichts!"

18. 9. Zusammenbruch – geil, wa?

Es geht durch die Massenmedien, und ich berichte dem Sohn davon: „London, 11. September (dpa): Niederträchtige Schüler in Bristol haben ihrem Religionslehrer, einem Süßigkeitenliebhaber, ein Fruchtbonbon mit LSD angeboten. Eine Stunde später klammerte sich der Lehrer mit Halluzinationen an die Wand und warf mit Büchern um sich. Er brach zusammen und wurde in die Klinik gebracht."

Schon beim Vorlesen gluckst der Sohn vor sich hin. Als ich fertig bin, kreischt er vor Vergnügen los! „Geil, wa?" findet er das. Und: „Das müßten wir auch mal machen, aber bei wem?" Und am meisten erfreut ihn das Klammern an der Wand.

Ich bin fassungslos und muß mich einen Moment fangen. Dann brülle ich ihn an, ob er noch alle Tassen im Schrank habe? Er lacht sich langsam zum Ende hin und sieht mich dann erstaunt-erwartungsvoll an. „Hä? Was ist denn?"

Ich erkläre ihm ohne viel Federlesens und mit allem Nachdruck, daß schon mancher von so einem Trip nicht mehr zurückgekommen ist ... Er wird plötzlich ganz still und sagt dann kleinlaut: „Aber das wußte ich doch nicht!"

Aufgeklärt von A bis Z – aber dort, wo es wesentlich wird, fehlt scheinbar alles! Das wußte ich nicht, das weiß ich doch nicht, woher soll ich das denn wissen?

20. 9. Starkdeutsch

Seine gelegentlichen Kraftausdrücke haben seit einiger Zeit das Gesamtsprachbild erreicht. Egal, ob gut oder schlecht, böse oder freudig, negativ oder positiv – die Ausdrücke sind immer die gleichen. Unterscheiden tut sich nur die Stimmlage.

Der arme Kater wird nur noch mit „altes Arschloch" tituliert (und dabei liebevoll gekrault). Die eine Frau ist „'ne fette Sau", die andere „eine alte Nutte" – Steigerung „alte Puffnutte". Das „dumme Schwein" wird rundum verliehen, und an diesem speziell übt er seine Stimmlage, Ausdruckskraft, Stimmgewalt, auch seine vielen (vermeintlichen) diversen Mundarten.

Und das ganze amüsiert *ihn* köstlich (mich überhaupt

nicht!). Insgesamt wirkt das ganze immer wie ein Platzen aus allen Nähten. Kraft, Stärke, Macht! Aber wohin damit, wenn es regulär nicht abzureagieren ist?

Und außerdem macht es doch einen höllischen Spaß, immer wieder die mütterlichen Kommentare und Ermahnungen dazu zu vernehmen. Und ich tue ihm dann eben auch diesen Gefallen!

28. 9. Zusage

Die Wanderzeitschrift der jugendbewegten Szene hat zugesagt – sie nehmen seinen Artikel, sein Tagebuch. Allerdings muß da noch ein bißchen gekürzt werden.

„Was ich dafür wohl bekomme?"

„Hä?"

„Also ich meine, was ich dafür verdiene!?"

„Also das kannst du dir abschminken! Für das Veröffentlichen von solchen Artikeln gibt es nichts. Die haben doch gar kein Geld für sowas. Das ist doch nur ein Gedanken- und Erfahrungsaustausch von vielen Jugendlichen und Erwachsenen, die reisen und wandern."

Er *kann* es nicht glauben! Und *ich* kriege es ab – so als ob ich ihm seine Tantiemen gestrichen hätte! Warum eigentlich ich?

1. 10. Unruhige Zeiten

Die Mißstimmung, die beim Sohn seit Tagen (Wochen?) herrscht, ist schon fast mit Händen zu greifen. Nichts ist ihm recht. Nichts paßt ihm. Zu allem ist er lustlos. Alle Leute sind beschissen (nur er nicht!). Alles im Leben ist doof (manchmal auch „Kacke").

Und ich bin von allen und allem die Bescheuertste! Das geht morgens beim Aufstehen (beim Wecken!!) los und endet beim Gutenachtsagen. Er läßt kaum eine Gelegenheit aus, mich anzukeifen. Am liebsten würde ich ihn mal so richtig durchschütteln, damit seine grauen Zellen wieder in die alte Ordnung kommen.

3.10. Vorbeigeschrammt

Ein ausnehmend harmonischer Tag liegt hinter uns. Eine Insel im Meer der ewigen Unruhe! Ein paar Mal sind wir an einer Auseinandersetzung vorbeigeschrammt: beim Aufstehen („es ist doch erst 10, und ich habe heute frei"), bei der Arbeit im Haushalt („das Klo geht aber nicht sauber, und das Scheuermittel stinkt ekelhaft!"), beim Entsorgen („die Flaschen zerschrammen mein ganzes Fahrrad, die nehm ich nicht mit") – und ich bleibe ruhig, ruhig, ruhig! Ich sage nichts, ich brause nicht auf, ich trage die Flaschen seinem Rad hinterher, ich sage ein paar besänftigende Worte – und er meckert nicht zurück, daß ich ihn nicht wie ein krankes Pferd zu behandeln brauchte.

Der Lohn: eine herrliche, harmonische Wanderung durch die warme Herbstlandschaft, ein gemütliches Teetrinken in einer noch offenen Gartenschänke ... und nach dem Heimkommen hilft er mir sogar noch zwei Stunden bei meiner Schreibtischarbeit.

Beim Gute-Nacht-Sagen sind wir wohl beide froh und erleichtert – und sogar ein bißchen ausgelassen über diesen schönen Tag. Und wir wissen, daß wir uns beide Mühe gegeben haben!

5.10. „Arschlochig"

„Also der Lehrer, das sag ich dir, der war heute wieder so richtig arschlochig!"

„Mensch!!!"

„Naja, wenn es doch wahr ist!? Der hat vielleicht schlechte Laune zur Zeit! Bei jedem bißchen gibt's sofort 'n Strich, und ständig schmeißt er welche raus. Da kommt gar keine Ruhe mehr in die Klasse."

„Wieso denn nicht? Was macht ihr denn ständig in seinem Unterricht?"

„Also eigentlich nicht viel! (Dachte ich mir schon!) Also die Mädchen, die haben es jetzt so mit dem Briefschreiben. Quer durch die Klasse. Da sind fünf Briefverteilstationen eingeteilt. An jeder Ecke eine und in der Mitte eine. Die müssen dann die Briefe weitergeben. Und manchmal werden die Briefe auch wie Krampen durch die Klasse geschossen mit Gummis. Naja und dann sagt der so einfach: Was hast du da? Gib mal her! Und dann schmeißt er die raus, bei der er den Brief gerade gefunden hat. Und Julia wollte einfach nicht gehen. Die blieb einfach sitzen. Da ging er zur Tür – wie so 'n Tiger – reiß auf, schmeiß raus – und die Julia, die geht einfach nicht. Dreimal hat er das gesagt, nee gebrüllt. Und da hat eine andere aus der Klasse gesagt: Mensch, nun machen Sie sich doch nicht lächerlich!"

Er feixt.

Au Backe, diese Situation kenne ich. Wenn man sich erstmal so weit aus dem Fenster gehängt hat ...

„Und da?"

„Da hat er die auch rausgeschmissen."

„Und? Ist sie gegangen?"

„Na klar!"

Na, da hat der Herr Lehrer aber Glück gehabt!

„Der ist doch beknackt, wa?"

„Kann ich nicht sagen! Aber euch möchte ich auch nicht eine Stunde unterrichten müssen!"

Er feixt wieder.

„Wieso fliegst du eigentlich nie raus?"

„Oooooch, zweimal hat er mich ja schon rausgeschmissen."

„Warum?"

„Weil ich im Unterricht gegessen habe."

„Mensch, das muß ja auch nicht sein, dafür habt ihr die Pausen."

„Aber wenn ich doch Hunger hab?"

„Dann iß eben in der Pause!"

„Da hab ich keine Zeit. Da haben wir was anderes vor."

„Nun laß doch mal bitte alles, was den Unterricht stört. Sieh lieber zu, daß du was mitkriegst."

„Ach, das genügt schon! Aber weißt du was? Vorgestern haben alle um mich herum einen Strich gekriegt. Ich hatte von den Großeltern doch Waffelröllchen gekriegt, und da war ich so nett, allen eins abzugeben. (Er grinst.) Und die haben dann so richtig ,Krach' reingebissen. Was meinst du, was das für 'n Lärm machte!"

Er schüttelt sich vor Lachen.

„Und du?"

„Ich? Ich bin doch nicht blöd. Da hab ich Übung. In der Schule habe ich gelernt, wie man alles geräuschlos essen kann. Ich lutsche alles. Das hört man nicht. Das merken die Lehrer immer nur dann, wenn ich was sagen soll und den Mund ganz voll hab!"

(Ich kann nur eine ganz seichte Hoffnung hegen, daß er in der Schule noch ein bißchen mehr gelernt hat, als geräuschlos zu konsumieren!)

12. 10. Ich will ihn endlich los sein

Endlich mal eine köstlich offene Mutter! Jenseits jeden Kinder-Kitsches! Wir haben uns mehr als fünf Jahre nicht gesehen. Anna hatte damals einen neuen Mann kennengelernt – und damit endete mal wieder eine Frauenfreundschaft. Gut sieht sie aus – frisch, flott, schlank. Wir gehen in eine Teestube und setzen uns in die herrlich warme Herbstsonne. Ich kann's nicht lassen:

„Was macht dein Sohn?" frage ich sie als erstes. Ich erinnere mich, daß es (vor dem neuen Mann) kein anderes Thema gab und sie *nur* klagte. Als wir uns das letzte Mal sahen, war er genauso alt wie mein Sohn heute – und war „schlaff, initiativlos, lustlos, desinteressiert, liegt den ganzen Tag in oder auf dem Bett oder er starrt aus dem Fenster." Nun bin ich gespannt, wie so ein Schlaffi sich innerhalb von fünf Jahren entwickelt ...

Anna sieht mich strafend an, zieht scharf die Luft ein und fast nahtlos geht es dort weiter, wo sie vor fünf Jahren aufgehört hat: „lustlos, desinteressiert, faul, aggressiv (das ist neu!), zu nichts imstande, an nichts interessiert. In der Schule kein Fach besser als vier – jede drei ist ein Fest. Nächstes Jahr will er Abi machen – wie auch immer! Mir ist das inzwischen egal. Ich will ihn endlich los sein! Weißt du, ich *kann* einfach nicht mehr. 20 Jahre meines Lebens habe ich an dieses Kind gehängt. Ich will endlich mal wieder ich sein. Ich will nach Hause kommen und Frieden in meiner Wohnung haben. Ich will nur noch *meine* Wäsche waschen. Ich will nicht mehr diese Massen an Essen einkaufen und nach Hause schleppen, die dann undankbar und unappetitlich reingeschlungen werden. Ich bin es alles so leid, und ich will nicht mehr. Ich bin jetzt 48, und ich will endlich wieder leben. Verstehst du?"

J-ein, ich verstehe (nicht) ganz! Aber erstmal muß ich laut lachen. Über diesen köstlichen Ausbruch! Erfrischend!!! Daß eine Mutter es mal wagt, sich so gegen ihr Produkt aufzulehnen, wo wir doch unentwegt gehalten sind, Friede, Freude, Eierkuchen um unsere Süßen zu verbreiten! Sie ist ausgelaugt, ausgelutscht, ausgenutzt worden. Aber dazu gehören immer zwei!!!

Der Vater hatte sich – wie so viele – früh genug abgesetzt. Ihm hatte schon die Trotzphase des Dreijährigen genügt – der 17jährige Rest blieb dann der Mutter vorenthalten. Und die litt!

Ja, ich kann vieles verstehen. Manchmal reicht es mir auch, und ich überlege, was ich machen kann, damit der Rest meines Lebens nicht daraus besteht, aus Reibung Wärme zu erzeugen.

Eigentlich bin ich ziemlich neugierig auf mein Produkt – was wird (am Ende!) dann wohl bei all meinen Bemühungen herausgekommen sein? Viele Ansätze sind sehr erfolgversprechend – vieles von dem nervenden Rest verbuche ich selbst in der Situation als „vorübergehend-pubertär" (auch wenn es mir oft hoffnungslos auf den Keks geht!).

Nein, ich will ihn nicht „loswerden" – und ausgelutscht fühle ich mich auch (noch?) nicht. Ich denke ja auch, daß die Jahre bis 20 – bis er dann wohl wenigstens halbwegs fertig ist – immer *weniger* strapaziös werden …

13.10. Fingerübung

Letztere Bemerkung hat mir Freundin Nr. 1 mit vier Pubertäten gleich abgeschminkt. Das, was jetzt läuft, sind reine Fingerübungen. „15? Da kommt noch das Beste. Das ist ja noch gar nichts bisher. Das ist nur die Anwärmphase!!"

17. 10. Abgehauen!

Davon bitte nicht mehr! Ich bin auch nur ein Mensch – und meine Stabilität nimmt langsam aber sicher ab! Die letzten 24 Stunden hatten es in sich.

Ferien! Mal wieder (Herrgott, für wen eigentlich ständig? Bloß weil die GEW das mal für ihre vielen tausend Lehrer ausgehandelt hat?)! Natürlich habe *ich* keine Ferien, so daß irgendwelche sinnvollen Regelungen getroffen werden müssen.

Der Sohn hat sie schon parat:

Am Montag erstmal so richtig ausschlafen (das ist gut, bis er aufsteht, bin ich von meinem Ganztageseinsatz auch fast wieder zurück!). Dienstag geht er dann nach dem Ausschlafen zu Peter. Der hat dieses und jenes Neue, das er vorführen will. Er könne dort auch schlafen, die Mutter habe nichts dagegen. Am Mittwoch kommt er dann früh genug zurück zum Mittagessen, dann muß er packen, und dann geht es zu Wandergruppe und Schule – dort ist großes Tanzfest, zu dem viele Gruppen aus Deutschland und Österreich kommen. Ganz viele Jugendliche kennt er schon, und es wird wieder ganz geil ...

Schön, dann wollen wir das mal exakt planen:

„Wenn das Tanzen am Mittwoch um 17 Uhr anfängt, mußt du gegen 16 Uhr hier los. Vorher in Ruhe packen – es dauert schließlich vier Tage und drei Nächte. Also sei bitte allerspätestens gegen 13.30 Uhr zu Hause, damit alles noch geregelt werden kann. Bis dahin werdet ihr ja wohl ausgeschlafen sein, was?"

Und was geschieht? Wie immer: Ich hetze mich mit dem Dienst und dem Rückweg ab, um pünktlich daheim zu sein, um für den abenteuerlichen Sohn noch was Vernünftiges zu kochen, bevor sie sich für vier Tage im Hordentopf alles mögliche zusammenmanschen.

Wer *nicht* da ist, ist der Sohn. Auch eine halbe und eine Stunde später immer noch nicht! Nicht, daß ich mir etwa Sorge mache – aber meine Wut steigt minütlich. Warum nur muß *ich* mich immer an die Vereinbarungen halten, wenn es um *seine* Interessen geht? Und abgehetzt für ihn habe ich mich in den letzten 15 Jahren wahrlich genug.

Nach anderthalb Stunden erscheint er endlich. Natürlich benützt er nicht seinen Schlüssel – dafür haben der Herr doch

Personal. Dann schlumpft er herein – total übernächtigt, mit einem Gestank nach Kneipe, daß es mir hochkommt. Noch bevor ich das erste Wort sage (von dem ich noch nicht genau weiß, wie es lauten wird), macht er eine blöde Bemerkung. „Geil" war's natürlich. Und die ganze Nacht – fast – haben sie geile Videos gesehen. Und die Mutter hat Pommes gebracht – auch zum Frühstück, das so gegen 13 Uhr stattfand. Und Eis gab's in Mengen (bei Peters Mutter gab es noch nie was anderes als Kuchen, Eis und Pommes!) und überhaupt – es war „echt geil". Am liebsten wäre er geblieben, was er eigentlich hier soll? Das ganze patzig, beleidigt, kränkend.

Das ist zuviel. Ich explodiere und beordere ihn, nicht so verpennt im Türrahmen zu lehnen, sondern endlich mal was in die Hand zu nehmen. In einer guten Stunde wolle *er* schließlich los, und ich habe mich seinetwegen gehetzt.

„Wieso denn? Hab ich dir das gesagt?"

Ich bin auf achtzig und raunze ihn an, er solle endlich mal was anpacken. Abwaschen oder Kartoffelschälen – könne er sich aussuchen …

Da explodiert er! Er schreit und kreischt, und das Ganze endet in der gebrüllten Feststellung, er sei nur noch mein Arbeitstier, mein Sklave, er habe die Schnauze voll, das sei Mißhandlung, wer er überhaupt sei, er sei doch nicht verrückt, hier noch irgendwas anzufassen …

Es ist zuviel – ich scheuere ihm ein paar – und verlasse unglaublich wütend die Küche. Das darf doch wohl nicht wahr sein!

Ich lege mich völlig erschöpft aufs Sofa und denke nur noch: Beruhige dich, reg dich ab, in zwei Stunden geht er, dann ist hier wieder Ruhe …

Aber die Wohnungstür klappt schon nach einer knappen Stunde. Keine Verabschiedung – immerhin will er vier Tage wegbleiben. Auch egal! Das alles ist ja nicht mehr menschlich …

Nach einer halben Stunde erhebe ich mich – ich bin todmüde, die Knie zittern mir, ich fühle mich wie Pudding. Im Flur liegt ein Zettel. Ein „Abschiedsbrief":

„Ich gehe ohne Essen und ohne Geld nach B. Ich rufe Dich von dort vielleicht mal an. Ich will ein paar Tage einfach nur alleine sein. Ich bin in ein paar Tagen wieder zurück. Bis dahin bist Du mich erstmal los. Ach ja, wenn ich wieder da bin, wasche ich alle drei Tage ab. Das ist doch was, oder? S.

P. S.: Ich bin gespannt, wie lange man geht."

Ich starre auf den Zettel. B. ist 45 km entfernt. Er ist noch nie alleine hingegangen, -gefahren. Ich gucke aufs Schlüsselbrett – der Schlüssel für das Wochenendhäuschen fehlt tatsächlich.

Erstmal heule ich los. Das ist mir alles zu viel! Und das ist ja wohl erst der Anfang. Schließlich ist dieses Gör erst 15!

Inzwischen ist es draußen stockdunkel. Ich fange an zu rechnen – wo kann er jetzt sein? Mit den beiden U-Bahnen – dafür hat er seine Schülerkarte. Dann muß er mit dem Zug – hoffentlich hat er dafür Karten mitgenommen oder wenigstens Geld, sonst ist er auch noch Schwarzfahrer. Und wie dann weiter? Busse fahren mit Sicherheit nicht mehr um diese Zeit – es sind eh nur drei bis fünf pro Tag – und in den Schulferien sind es sogar noch weniger! Und noch nie hat er den Weg allein gemacht.

Ich rufe eine Nachbarin dort in dem Dorf an mit der Bitte, mich zu benachrichtigen, wenn sie Licht im Haus sieht, damit ich weiß, daß er angekommen ist. Dann muß ich den Tisch decken – ein Kollege hatte sich angesagt, um eine verworrene dienstliche Situation mal in aller Ruhe zu bereden.

Als er die letzten Stufen erklimmt, sieht er mir ins Gesicht und fragt erschrocken: „Ist was mit dem Sohn?" Ich erzähle es ihm (lasse auch die Ohrfeige nicht aus), und er lacht laut los! „Na also, der nabelt sich endlich ab! Seien Sie froh, das ist doch eine gute Entwicklung!" Also sooo kann ich das nicht sehen – und das Abendessen verläuft weniger mit den dienstlichen als mit meinen erzieherischen Angelegenheiten. Er ist ein älterer Herr – erfahren in der Erziehung einer Reihe Pubertierender, die noch ganz andere Dinge probiert haben, als „auf Wanderschaft zu gehen". Im übrigen findet er den Abschiedsbrief köstlich: „Ohne Essen und ohne Geld!" „Neigt er zum Selbstmitleid?" fragt er. „Ich glaube ja, auf alle Fälle kann er manchmal sehr theatralisch werden!"

Er findet das alles jedenfalls sehr „hübsch" – ich gar nicht. Das Telephon läutet. Die Nachbarin ist dran. Nein, er sei noch nicht da, sie habe extra die ganze Zeit am Fenster gestanden und sei auch einmal ums Häuschen gegangen. Nun müsse sie aber ins Bett, sie habe morgen Frühschicht und müsse kurz nach vier Uhr aufstehen. Sie habe aber auch schon ihren Mann angerufen, der kommt in einer Stunde vom Spätdienst, daß er dann guckt ...

Es ist 22 Uhr! Bei vorher gezielter Planung brauchen wir dorthin zweieinhalb Stunden. Wenn wir auf gut Glück losfahren und diese seltenen Busse in den Landkreis nicht so recht fahren, haben wir für die 45 km auch schon mal viereinhalb Stunden gebraucht – aber er ist inzwischen schon mehr als sechs Stunden unterwegs!

Ich habe arg mit den Tränen zu kämpfen. Mein Kollegengegenüber betrachtet mich lächelnd und sagt dann plötzlich: „Na los, nun sagen Sie doch schon, daß wir hinterherfahren sollen. Ich warte die ganze Zeit drauf. Ich habe vorhin gerade vollgetankt, das ist überhaupt kein Problem!"

Ich könnte ihm um den Hals fallen. Als ich die Schuhe anziehe, zeigt sich der Praktiker: „Und nehmen Sie ein Stück Brot und noch was Warmes zum Überziehen mit!" Ich packe alles ein, und wir fahren los.

Über die Autobahn in rasendem Tempo, und als wir die Kleinstadt erreichen, in der er normalerweise mit dem Zug ankommt, geht es im Schneckentempo diejenigen Straßen entlang, die früher sein Vater mit dem Auto gefahren ist.

Wir kriechen geradezu dahin. Er sieht nach links, ich nach rechts in die Straßengräben. Fußwege gibt es nicht, es sind alles Kreisstraßen. Hinter uns hupen die Autos, die Fahrer zeigen uns beim Überholen einen Vogel – aber mein Fahrer ist durch absolut nichts zu erschüttern (ich weiß, daß er sowas und Schlimmeres schon alles hinter sich hat!). Als wir durch den Wald kommen, habe ich sehr mit meiner Fassung zu kämpfen.

„Was machen wir eigentlich, wenn ...?"

Ja, was kommt denn in Frage?

Wenn er schon im Haus ist, sehen wir nach ihm und verabschieden uns dann wieder. Wir wollten nur gucken, ob du gut angekommen bist! Sagt der Erfahrene.

Und wenn wir ihn unterwegs finden? Dann sammeln wir ihn auf, bringen ihn hin und verabschieden uns. Schließlich will er dort ja ein paar Tage alleine sein, hat er geschrieben.

Und wenn …? Ja, er gibt zu, daß das eine kitzlige Sache wird, wenn wir ihn nicht treffen und wenn er nicht angekommen ist – inzwischen sind schon sieben Stunden vergangen. Polizei? Er lächelt mich schief an.

„Naja, kann man machen. Aber die tun nach so ein paar Stunden bei Jugendlichen dieses Alters überhaupt nichts! Und was sollen sie auch tun? Mehr als wir können sie nicht machen!"

Im Schneckentempo kriechen wir weiter – aus dem Wald wieder raus, über die große Kreuzung, durch die Wiesen, den Berg hoch …

„Da vorne … das Grüne … das könnte er sein … sein grüner Rucksack …"

Auf der Kuppe des Hügels holen wir ihn ein. Er schleppt sich vorwärts wie ein alter Mann. Er kann nicht mehr, das sieht man schon von weitem. Mein Fahrer betätigt das Knöpfchen zum Scheibe-herunter-Lassen auf meiner Seite, und als wir genau auf seiner Höhe sind, sage ich: „Na, junger Mann, sollen wir Sie ein Stück mitnehmen?" (Ich bin sooo wahnsinnig erleichtert, daß ich aus dem Auto springen könnte!)

Er ist wie vom Donner gerührt, starrt mich an, guckt ins Auto rein, mit wem ich da komme und sagt „Gott sei Dank, ich kann nicht mehr!"

Rucksack auf den Rücksitz, Sohn hinterher, wir fahren weiter. „Warum bist du denn erst hier? Hast du keinen Bus ab W. gekriegt?"

„Ich bin gar nicht mit dem Zug gefahren. Ich bin nur mit der Straßenbahn bis zum Kanal und dann den ganzen Kanal langgelaufen. Den kenn' ich doch, weil ich oft mit Papa mit dem Schiff da unterwegs war. Aber ich bin nicht gut vorwärtsgekommen, weil sie den Weg gesperrt haben. Die baggern den Kanal aus, und da mußte ich rechts ab über die ganzen Kuhweiden und Stacheldrahtzäune."

„Hast du denn eine Taschenlampe mit?"

„Nee. Aber ich habe von weitem immer den großen angestrahlten Kaliberg gesehen, und da wußte ich immer ein bißchen wo ich war." Das waren also fast vierzig Fuß-Kilometer.

Als wir beim Häuschen ankommen, schläft er hinten im Auto. Die Nachbarin steht mitten auf der Straße – sie konnte vor Aufregung und Angst um den Jungen nicht schlafen (sie kennt ihn von Babyjahren an!), und außerdem sei vor ein paar Minuten ihr Mann heimgekommen. Er habe unterwegs einen Mann mit einem grünen Rucksack gesehen, sich aber nichts dabei gedacht. Nun hat sie ihn die ganze Strecke zurückgeschickt, damit der den Sohn aufsammelt. Mein Gott, diese viele Aufregung!

Wir wecken den Sohn, schieben ihn durch die Tür – ich nehme seinen Rucksack und breche fast zusammen.

„Was hast du denn alles mitgenommen?"

„Mein Zelt, falls ich die Strecke nicht schaffe. Das hätte ich dann irgendwo unterwegs aufgestellt. Und dann habe ich mir sieben Bücher eingepackt, damit ich was zum Lesen habe!"

In der Küche stelle ich Wasser auf. Er zieht seine Schuhe aus – die Füße sind weiß vor Blasen – wie große Luftkissen. Fußbad, zwei Wärmflaschen ins Bett, heißen Tee mit Zitrone und Honig neben ihn auf den Tisch, ein 50-DM-Schein daneben und ... und dann: „Also wir fahren jetzt wieder. Hier ist Geld, da kannst du morgen was zum Essen einkaufen. Schlaf dich gut aus, und wenn du Lust hast, kannst du ja wieder nach Hause kommen. Kannst ja auch mal anrufen."

Der Sohn ist maßlos verblüfft! „Ihr wollt wieder fahren?"

„Ja", sagt mein Fahrer. „Es ist schon nach Mitternacht. Ich habe morgen früh einen dringenden Termin! Also mach's gut. Wenn du zurück bist, lad' ich dich mal in mein Stammlokal zu einer besonders großen Pizza ein, okay?"

Und weg sind wir.

Unterwegs seufzt mein Kollege: „Ach ja, man hat ja auch sonst nichts zu tun!"

Um halb zwei in der Nacht setzt er mich vor meiner Haustür ab – um zwei liege ich endlich im Bett! Ich bin so fix und fertig, als hätte ich einen Marathonlauf hinter mir. Gleichzeitig bin ich zutiefst dankbar für diesen Ausgang (was hätte ich ohne diesen erfahrenen Mann gemacht?) und beunruhigt, wenn ich daran denke, wie es die nächsten Jahre weitergehen wird. Ob ich das – alleine! – schaffe? Aber immer wieder tun sich „Freunde in der Not" auf!!!

21. 10. Wieder kommen?

Das Abenteuer hat sein Ende gefunden. Am Tag nach der großen Wanderung rief der Sohn mittags an – er habe gut geschlafen, die Straße schon gefegt, ein bißchen aufgeräumt, die Dach-
rinnen gereinigt, und nun wolle er mit dem Rad ins Dorf runter, etwas zu essen einkaufen.

Wann er wiederkommen solle?

„Och, du kannst bleiben, solange du willst. Du hast ja Feri-
en. Oder willst du noch zur Tanztagung?" Nee, will er erstmal
nicht. Er wird sich wieder melden ...

Am Freitagnachmittag erschien er dann wieder hier. Gut ist
es ihm da draußen gegangen. Die liebe Nachbarin – tief besorgt
um ihn – brachte Suppe und Kuchen und einen Fernseher!
Bücher waren ausreichend vorhanden, die 50 DM reichten
auch ganz schön weit (er rechnet den Restbetrag sauber ab!) ...
und nun ist er wieder da. Er kann beim Tanzen ja mal kurz vor-
beischauen ...

Es herrscht wieder Friede.

Für wie lange?

18. 11. Besuchswochenende

Seine Urlaubsfreundin hat uns für ein ganzes Wochenende
besucht. Drei Tage vorher wurde schon aufgeräumt, wegge-
räumt ... und als ihm die Zeit davonlief, hat er alles nur noch
lose in Kartons geworfen und mich angefleht, ob er die „mal
eben nur fürs Wochenende" in meinem Schlafzimmer deponie-
ren dürfe, er schaffe es nicht mehr, alles in den Keller zu bringen. Er durfte.

Nun ist sie da: Lang und elegant und eindeutig magersüch-
tig! Ich kannte sie schon und konnte mir die Diagnose vorstellen. Deswegen habe ich die Parole ausgegeben: Wir sitzen am
Tisch wie immer, essen wie immer (klar, ein bißchen besser),
und wir achten bitte beide nicht drauf, was und wieviel sie ißt.
Der Sohn hatte es sofort verstanden.

Und dann kamen die Mahlzeiten. Der Sohn und ich saßen
uns – wie immer – gegenüber, sie saß seitlich, so daß ihr Essen/

Nichtessen nicht automatisch ins Auge fiel. Natürlich fing sie sofort mit dem Thema an. Sie esse sehr wenig. Sie wolle nicht zunehmen.

„Ja?" habe ich locker gesagt und dem Sohn einen bedeutungsvollen Blick zugeworfen. „Wir essen gerne!" (Was man mir auch ansieht.) Und aus den Augenwinkeln nahm ich dann wahr, daß sie plötzlich aß. Ohne die Unterhaltung, die sehr hübsch und lebendig war, zu unterbrechen, schob ich immer die Schüsseln hin und reichte ihr ohne hinzusehen den Brotkorb rüber. Und dieses elfenhafte Magerwesen aaaaß!!! (Von zu Hause schrieb sie ein paar Tage später, daß sie bei uns in zwei Tagen fünf Pfund zugenommen habe! Aber – und das fand die Mutter auch – die müßten wieder runter!)

Wo sie schlafen wollte, durfte sie sich aussuchen. Sie nahm das Wohnzimmer. Der Sohn war etwas enttäuscht, schien mir – in aller Naivität. Er wollte wohl noch sowas wie Geisterstunde und/oder Kissenschlacht.

Dann waren sie im Kino. Ins Kino „ab 16"! Bis dahin hätte er noch acht und sie elf Monate Zeit. „Was anderes läuft aber nicht!" (Natürlich nicht! Dieser Kinopalast bietet ja auch nur zehn Parallelprogramme!)

Am Sonntag haben wir zu dritt einen eiskalten Spaziergang durch die historischen Gärten gemacht (*sie* wollte Bildung, *er* hatte sich wohl mehr Action erhofft).

Alles in allem war es schön harmonisch … fand ich!

Und er?

„Ich wünschte, sie würde hier in der Stadt wohnen."

„Sie kann doch öfter kommen oder du fährst hin!"

„Ach, das ist doch nicht dasselbe. Ich bräuchte eine Freundin, die hier direkt um die Ecke wohnt, wo ich eben mal so rübergehen kann."

„Gibt es keine in deiner Klasse?"

Er blickt mich überlegend an – aber die einzige, die vielleicht – aber nur sehr vielleicht – in Frage käme, „ist in so 'ner blöden Clique!" Und die eine schlägt (!), wenn ihr was nicht paßt. Auch Jungen? Ja klar. Und eigentlich sind die auch alle zu doof. Und dieses blöde Kichern immer …

„Und in anderen Klassen?"

Auch darüber muß er schon mal nachgedacht haben. Aber

die eine, die ist einfach zu klein. „Und die Zehntkläßler, die gucken doch auf uns herab."

„Und mit den Kleineren ist das ja auch so: Wenn man da als Junge zwei Jahre älter ist, meinen die gleich, dann hat man auch Knete und kann ständig was ausgeben!"

„Dann such dir doch mal ganz gezielt einen Freund!"

Er braust auf: „Bin ich vielleicht schwul?"

So muß eben auch diese Frage (noch) offen bleiben!

22.11. Zusammengezuckt

So ganz fertig scheint er mit dem Besuchswochenende noch nicht zu sein.

„Also so eine richtige Freundin, wie ich sie gerne hätte, ist sie ja doch nicht!"

„Wieso denn nicht?"

„Nee, die ist so ... so ... Also im Kino, da hatte sie immer Angst, und wenn ich ihr meine Witze erzählt habe – du weißt doch, die, die ich dir auch immer erzähle – dann ist sie immer richtig zusammengezuckt!"

Armer Kerl!

24.11. Gewalt

„Haste von der Demo in Berlin gehört?"

„Ja, ich hab davon gelesen."

„Also da wäre ich ja echt gerne dabei gewesen!"

„Wieso das denn?"

„Also da war ja eine dolle Schlägerei im Gange. Echt geile Gewalt, sag ich dir!"

28.11. Baseball

„Kannst du mir mal etwas mehr Geld geben?"

„Wofür denn nun schon wieder?"

„Ich will mir einen Baseballschläger kaufen."

„Was??? Was willst du denn mit dem?"

„Mit dem?" Er überlegt. „Na, Baseballspielen natürlich."

„Seit wann spielst du Baseball?"

„Ich? Schon lange! Wir spielen in der Pause immer auf dem Sportrasen. Aber ich kann nicht immer mitspielen, weil ich keinen eigenen Schläger habe. Bei K. gibt es ganz geile Teile jetzt, ich hab mir schon welche angesehen."

„Ach, nicht doch schon wieder für ein paar Stunden von irgendeinem Sport Anschaffungen machen."

„Ach Mutter, das verstehst du nicht. Ich brauche eben einen. Und den nehme ich auf dem Schulweg dann auch immer hin und her zurück mit!"

Oh, ich verstehe seeehr gut! Der Baseballschläger ist *das* Statussymbol schlechthin derzeit. Sie krachen vor Kraft aus allen Nähten. Und wohin damit? Sie wird einfach nicht „abgerufen"!

1.12. Keine Lust

Nach all den „Gewalt"-Diskussionen ist mir schon längst klar: das bißchen zensurengesteuerter Schulsport reicht einfach nicht mehr aus bei diesen Kerlen, die am liebsten von sich behaupten, „zweimeterachtzig zwischen den Schultern" zu haben.

„Geh doch mal wieder schwimmen!"

„Allein hab ich keine Lust."

„Dann nehme jemanden mit."

„Wen denn? Der eine kann nicht schwimmen, der andere hat was am Fuß, der dritte darf nicht – und mit Mädchen kann man beim Schwimmen doch nichts anfangen."

„Dann geh Schlittschuhlaufen. Die Bahn hat schon offen."

„Schlittschuhlaufen?" Er kreischt fast. „Sowas Doofes!"

„Und eine Radtour?"

„Das Rad ist kaputt."

„Dann reparier es doch endlich mal."

„Hab' kein Geld."

„Nee, wenn du alles ausgibst, hast du auch keines. Du hast in dieser Woche 30 DM ausgegeben für Comics und kleine Autos!"

„Na und? Wenn ich die doch sammel?"

Nichts, nichts, nichts.

Er liegt täglich (*neben* der Nachtruhe!) vier bis sechs Stunden im Bett und liest, ißt Schokolade und holt sich seine Mahlzeiten zwischen die Kissen! Und das seit Wochen! Und dann schwärmt er von „geiler Gewalt", weil da endlich mal was los ist! (Wenn dieses Kraftpotential in „falsche" Hände kommt – dann Gnade uns Gott! Einer hat es ja mal zu nutzen verstanden. Aber seither fällt auch keinem Politiker oder Pädagogen mehr was ein!)

„Warum gehst du eigentlich nicht zum Chor?"

„Kein Bock! Ist doch auch nichts los!"

„Und zur Theater-AG? Da ist doch dein Äktschn!"

„Nee, das bindet mich so an."

„Und warum liegst du stundenlang im Bett?"

„Hab doch nichts zu tun!"

Ich zähle auf, was er alles zu tun *hätte*.

„Äääh??? Ach so. Nee, keine Lust!"

6.12. Skin-Advent

„Guck mal, was ich heute in der Schule mit Peter gedichtet hab'!"

Während er mir den Zettel herüberreicht und ich mich nicht enthalten kann zu bemerken, daß er aus anderen Gründen als des Dichtens in die Schule geht, grinst er mich breit an.

Ich lese:

„Advent, Advent, ein Skinhead brennt,
erst ein, dann zwei, dann drei, dann vier,
dann steht das Christkind vor der Tür.
Und wenn der 5. Skinhead brennt,
dann haben die Autonomen Weihnachten verpennt."

Er sieht mich erwartungsvoll an – und ich kann es nicht glauben!

„Sag mal, was habt ihr euch denn dabei gedacht?"

„Wieso?" Er wird ganz unsicher.

„Das handelt sich um Menschen, über die ihr hier ‚gedichtet‘ habt!"

„Mensch Mutter, wir haben das doch über Skinheads gemacht."

„Du kennst meine politische Position, und daß Skinheads meinem Geschmack auch nicht entsprechen, weißt du. Aber das spielt hier überhaupt keine Rolle. Es sind *Menschen* – ob wir sie nun mögen oder nicht, spielt überhaupt keine Rolle. Menschen werden nicht verbrannt!!"

Ich brauche nicht viel mehr darüber zu sagen – er weiß sehr genau, was ich meine und grummelt auch nur noch ein bißchen Entschuldigendes vor sich hin ... „nur Spaß gemacht ..."

„Mit sowas macht man keinen Spaß. Aus Spaß kann schnell Ernst werden. Und was du aus Spaß gemacht hast, kann jemand Blöderes als Ernst nehmen oder sogar als Aufforderung. Also bitte ..."

„Ja, ist ja klar ..."

Das zweite Gedicht auf dem gleichen Blatt zeugt auch nicht gerade von besserem Geschmack. Es geht um „Zehn kleine Skinis", die – entsprechend dem berühmt-berüchtigten Kinderlied sich langsam reduzieren. Die „Autonomen" kommen drin vor, die Asylanten ...

„Sprich bitte mit Peter auch noch mal darüber."

„Ach, bei dem hat das kein Zweck. Das hat der alles von seinem Vater!"

8.12. Bedürfnisse

Langsam kann ich es nicht mehr hören: Ich brauch noch ... ich hab noch keins ... das muß ich noch haben ... das muß ich mir noch mal holen ... warum hab ich eigentlich noch nicht ... wann krieg ich endlich ... warum krieg ich eigentlich nicht ...?

Und immer gucke ich mir das an und denke: So hast du ihn selber erzogen!

Nein, das habe ich nicht! Das kommt nur von außen! Und wenn ich nochmal höre: „Es sind doch die Mütter, die die Söhne erziehen!" dann raste ich aus und werfe mit was um mich!

15. 12. Weihnachten alleine!

Weihnachten, das friedliche Fest ist gekommen!

Und wie! Vor allem so friedlich! Nach Tagen voller Konsum-
diskussion schlägt er nun alles kaputt: „Weihnachten kannst
du alleine feiern!" Er kreischt geradezu. Und warum? Der liebe
Patenonkel hatte mich gefragt, was er dem Sohn dieses Jahr
wohl schenken solle. Ich habe einen Vorschlag gemacht – und
damit offenbar alle Planungen des Sohnes auf Unterhaltungs-
elektronik zunichte gemacht. Ahnungslos, muß ich gestehen.
Aber wenn *ich* gefragt werde? Und er hat ja schließlich sehr
viele Wünsche, von denen ich eben einen genannt hatte.

Weihnachten alleine! Noch nicht mal vor diesem schönen
Fest macht er halt mit seinen Ausfällen!

8. 1. Schöne Zeiten

Weihnachten ist vorbei – friedlich und schön wie immer.
Nichts von der Ankündigung, ich könne alleine feiern! Und
anschließend sind wir nochmal zusammen verreist. In Wien
hatte ich dienstlich zu tun und ein paar Tage Budapest per
Bahn haben wir angehängt. Es war eine selten schöne Zeit!
Solange es hell war, waren wir zu Fuß unterwegs – kreuz und
quer durch die Städte, durch Parks, Schlösser, Antiquariate –
und entlang der eistreibenden Donau. Strahlend blauer Him-
mel, minus zehn Grad tagsüber, Sonne. Und wenn es abends
dunkel und noch kälter wurde, sind wir in die heißen Thermen
gegangen, haben uns dort ins Wasser gelegt und nichts getan.

Wie immer auf Reisen hatten wir ein paar feste Anlauf-
punkte – immer die gleichen Restaurants, in denen man uns
schnell kannte und uns ganz familiär behandelte.

Die Reisen mit dem Sohn – das steht für mich schon heute
fest – waren Highlights im Leben mit ihm. Ich werde sie später
sehr vermissen. Aber ich werde immer von ihnen zehren können.

13. 1. Flämmchen

Na? Tut sich da etwas? Ein kleines Flämmchen? Von Flamme kann man ja wohl noch nicht sprechen. Zum Geburtstag hat „sie" ihn eingeladen, selber noch um einiges jünger – und jetzt telephonieren sie erstmal. Ob sie mal „was zusammen machen"? Dem Sohn fällt Kino ein. Langes Hin und Her. Ich verfolge es mit halbem Ohr von der Küche aus. Sie scheint nicht abgeneigt und fragt die Mutter – die scheint zuzustimmen. Prinzipiell. Also: Was gibt's denn so? Er durchblättert das Kinoprogramm und findet den Film, den er „immer schon sehen wollte": „Ein unmoralisches Angebot". Ich muß mich in der Küche beherrschen, nicht rauszuplatzen!!

Sie geht offenbar wieder fragen – und darf nicht. Es kommt nun also für heute nichts zustande. Er ist wirklich sehr enttäuscht und fragt mich etwas später, warum sie denn wohl nicht in diesen Film dürfe? Der wäre doch „bestimmt ganz geil"!

Eben, das dachte die Mutter am anderen Ende der Strippe vermutlich auch, als sie diesen Titel hörte!

15. 1. „Mutter"

Ohne daß es mir so richtig bewußt wurde, habe ich in den letzten Tagen mehrfach seltsame Veränderungen in unseren Gesprächen „registriert". Irgendwas war anders als sonst, und es hatte mich irritiert.

Vorhin fiel es mir schlagartig ein: Er sagt „Mutter"! Anderthalb Jahrzehnte war ich „Mama" (oder „Mamaaaaa" – je nach Dringlichkeit)!

Ist jetzt auch *das* vorbei?

6. 2. Sichtweisen

Mein Sohn hat eine seltsame Sicht von seiner Mutter, scheint mir. Und außerdem ist er offenbar von einer unglaublichen Naivität, was den Sinn für Be-Deutungen anbelangt.

Zum Geburtstag hat er mir ein Gedicht abgeschrieben und geschmückt:

„Arm am Beutel,
krank am Herzen
schlepp' ich meine langen Tage ...
Armut ist die größte Plage ..." (Goethe)

Und das zum 48.!

Aber Weihnachten war ja auch nicht schlecht gewesen. Da bekam ich von ihm einen Krimi mit dem Titel: „Schade, daß du ein Miststück bist!"

4.3. Täglich ein Baum!

Er stöbert in der Zeitung – und liest Immobilienanzeigen. „Hör mal Mudder! Das ist ja hier geil! Also das müssen wir machen: Also hier sind 37569 Hektar Land für nur 50000 DM zu verkaufen! Die kaufen wir, ja?"

„Waaas? Wo hab ich denn 50000 DM? Und außerdem muß das ein Druckfehler sein, so billig gibt's in Deutschland kein Land mehr."

„Also wo das ist, weiß ich nicht – hier steht ‚Eiderniederung', aber das ist bestimmt kein Druckfehler!"

„Eiderniederung! Das ist pitschnaß und zwar das ganze Jahr über, auch wenn es mal gerade nicht überschwemmt ist!"

Er holt den Atlas und sucht und findet. Dort wo weit und breit keine Ansiedlung eingezeichnet ist, wird es wohl sein!

„Also, das *müssen* wir machen! Kaufst du mir das? Ich meine, schon so für später. Wenn ich erwachsen bin, ist das so teuer, daß ich mir das nicht mehr kaufen kann!"

„Ach nun hör doch auf! Was willst du denn mit einem Zehntel von Schleswig-Holstein, das wahrscheinlich nur aus Gras besteht und von Entwässerungsgräben durchzogen ist?"

„Da werde ich Wald anpflanzen!"

„Wie denn das? Wo willst du denn dort wohnen? Und wie willst du ohne Auto Bäume transportieren ... und überhaupt ...!?"

„Das ist doch alles kein Problem. Ich bau mir eine Hütte, und dann bohr ich einen Brunnen. Wenn das sowieso alles dort so naß ist, stoße ich ja schnell auf Grundwasser. Ja und dann kaufe ich Bäume und pflanze sie ein."

„Wo kaufst du Bäume? Wie transportierst du sie? Ach, hör doch auf."

„Mensch, das ist doch alles überhaupt kein Problem. Das mach ich alles mit dem Fahrrad. Ich fahre jeden Tag mit dem Rad in das nächste Dorf und kaufe einen Baum. Den transportier ich dann gut festgebunden, und dann pflanz ich ihn ein. Jeden Tag einen, das wird schön schnell ein Wald!"

Er sieht mich erwartungsvoll an.

„Nein! Das geht nicht! Ich hab auch keine 50000 DM und wenn ich sie hätte, wüßte ich damit was Besseres anzufangen."

„Ach Mensch, du bist richtig doof. Wenn ich groß bin, kann ich mir das nicht mehr leisten!"

Er ist fast den Tränen nahe und schleicht sich in sein Zimmer. Ach Junge!!

10. 3. Cherchez l'homme

„Weißt du, warum mich Nadine vor ein paar Wochen zu ihrem Geburtstag eingeladen hat?"

„Na, vermutlich weil sie dich dabei haben wollte!"

„Ach! Du weißt doch, ich war der einzige Junge dort, nicht?"

„Hm!"

„Nee, die hat mich eingeladen, weil die mich haben will!"

Er ist regelrecht empört! Aber dann schwillt ihm doch die männliche Heldenbrust ob des hohen Marktwertes.

„Aber das ist ja noch 'n Kleinkind! Und dann hat sie einfach zu dünne Beine! Streichholzbeine!"

Macho!

11. 3. Ranhalten

„Weißt du, die Mädchen in unserer Klasse, die geben sich mit uns gar keine Mühe!"

„Mit wem?"

„Mit uns Jungs!"

„Und wieso sollten sie das tun?"

„Mensch, die müssen sich doch ranhalten! Die sind doch viel mehr als wir Jungs. Und wenn die sich keine Mühe geben, dann gehen sie eben leer aus!"

21.3. Auf ein Bier

Ich will abends zu einer Schulaufführung. Er hat „keine Lust drauf", ist müde, will sich lieber mit einem Buch hinlegen.

„Naja, ich geh dann jetzt. Es fängt um 18 Uhr an, da werde ich kurz nach 20 Uhr wieder zu Hause sein!"

„Also Mutter, ich wollte dir das schon lange mal sagen: Du brauchst nicht immer gleich nach Hause zu kommen, weil du meinst, ich bin alleine zu Hause und weil ich dir leid tue. Mir macht das nichts aus, wenn du weg bist."

„Ach, mir macht das nichts!"

„Ich meine, du kannst dich doch auch mal verabreden oder nachher auf ein Bier (!) weggehen. Ich meine nur!"

Irgendwie sagt er das so unsicher, so zaghaft. Fühlt er nur vor?

Ich sage: „Ich komme doch aber gern nach Hause, wenn ich weiß, daß du da bist. Auf ein Bier kann ich später immer noch gehen, wenn du mal ausgezogen bist und niemand mehr auf mich wartet, außer den Katzen."

Er sieht mich lange prüfend an – und dann dreht er plötzlich auf, lacht laut und ruft: „Habt ihr das gehört, Katzen? *Euretwegen* kommt sie dann nicht mehr nach Hause!"

Der Abend – nach meiner Heimkehr – verläuft in lang nicht mehr erlebter Harmonie.

4.4. Beschissene Welt

Mal wieder eine zähe und scharfe Diskussion. Er will im Sommer zusätzlich zu unserem Nordseeurlaub noch verreisen. Ich melde (finanzielle) Bedenken an. Er widerspricht, fordert, wird scharf.

„Du hast lauter kleine Reisen mit deiner Wandergruppe hinter und vor dir: Januar, Ostern, Juni ..."

„Na und? Wie sollen wir denn später in dieser beschissenen Welt mal leben, die ihr uns hinterlaßt, wenn wir noch nicht mal gute Erinnerungen haben?"

9.4. Eingenebelt

Durch unsere Wohnung zieht ein schon lange nicht mehr gerochener Duft. Ich sitze am Schreibtisch und kann gar nicht einordnen, um was es sich handelt. Irgendwie ... das riecht ja nach ... also ... Ich gehe nachsehen. Ich mache seine Zimmertür auf und falle fast hintenüber: Der Sohn sitzt am Schreibtisch und ist dick eingenebelt.

„Was machst du denn da?"

„Gut was? Ich war vorhin im Bahnhof, da hatten die Pfeifen im Sonderangebot. Und da hab ich mir eine gekauft und gleich noch Tabak dazu. Den Tabak, den Papa früher geraucht hat."

„Mensch, das geht doch nicht! Dazu bist du doch noch viel zu jung! Du bist doch noch 15! Du kannst doch nicht schon Pfeife rauchen!"

„Aber das riecht doch so gut nach Papa!"

... Wir können uns nur wortlos ansehen. Dann streichele ich ihn über den Kopf (er wehrt es noch nicht mal ab) und gehe wieder raus. Mir ist nach Heulen zumute. Seinetwegen. Wenn vom Vater nur noch zwei Karten pro Jahr kommen, dann muß man die Erinnerung eben anders aufrechterhalten!

12.4. Rußland

„Du weißt doch, daß L. im letzten Jahr eigentlich mit unserer Wandergruppe nach Rußland wollte, nicht? Da hast du dich noch so tierisch aufgeregt! Da wollte er mit uns ein großes Floß bauen und dann die Wolga runter."

„Ja, ich erinnere mich. Aber ihr seid dann ja Gott sei Dank nach Masuren gefahren."

„Jaja, aber jetzt kommt's: Wir fahren nun diesmal nach Rußland!"

„Nein!"

„Doch!"

„Ich dachte, dieses Thema hatte sich erledigt. Irgendwas sprach damals doch dagegen – selbst aus L.s Sicht", (und das bedeutet schon was!!!).

„Ja, weiß ich auch nicht mehr. Aber für dieses Jahr plant er was ganz anderes. Also ohne Floß. So ganz steht das alles noch nicht fest. Er kennt da ja Leute in einer Schule bei Moskau, wo er auch immer so 'ne Fortbildung für Waldorflehrer macht. Und die helfen uns oder laufen mit oder so. Ist ja egal – aber das sag ich dir: Da fahre ich mit! Mutter!! Rußland!!!"

„Naja, das guck ich mir vorher aber nochmal an!"

„Ach, du immer mit deinen Bedenken. L. macht solche Fahrten schon seit hundert Jahren, und noch nie ist was schiefgegangen. Also verbieten kannst du mir das nicht. Bei dieser Fahrt will ich dabei sein!"

...

„Und weißt du was? Dann schreibe ich wieder Tagebuch, und dann drucken die das vielleicht wieder. Und das mache ich dann jedes Jahr so. Wie findest du das?"

„Ja, das finde ich gut. Du gehst dann in die Reihe der großen jugendbewegten Autoren ein!"

Er grinst! Sowas findet er gut!

„Ach und übrigens, ich hab da noch ein Plan. Ich sammele jetzt alles, was mit unserer Wandergruppe und den Fahrten zu tun hat, und dann mache ich ab und zu mal Ausstellungen. Ein paar Sachen habe ich ja schon. Und ganz viel später mach ich dann ein Wandergruppenmuseum auf. Nicht?"

Ja, das finde ich auch gut! Museen wollte er schon immer gründen. Eines über sich und eines über mich!!

22. 4. Grenzen!

Mit Verblüffung stelle ich in letzter Zeit immer wieder fest, daß jeder minimale Fehler, jede kleinste Inkonsequenz sich sofort rächt. Er wird sofort ausfällig oder überanspruchsvoll. Merkwürdig: Wenn ich meine, ich tu ihm mit meinem Verhalten (mal) was Gutes, kriege ich prompt von ihm was ins Genick. Es ist, als wenn er sagen würde: Setz' Grenzen und halte sie gefälligst auch ein!

Seine Achtung scheine ich nur zu haben, wenn ich keinerlei „Schwächen" zeige. Vor allem aber, wenn ich aufhöre zu reden und *handele!* Wenn ich bei Tisch aufstehe und rausgehe, weil ich seine Ekelthemen nicht mehr ertrage (und bei dreimaligem Ersuchen keinen Erfolg habe), oder wenn ich einfach das Rad wende und zurückfahre, wenn er keine Schlammpfütze ausläßt, durch die er fahren kann mit entsprechenden Dreckfontänen in meine Richtung. Komisch!

1.5. Unfall

Da sitze ich nun – völlig aufgelöst! Ich komme gerade aus dem Krankenhaus – geschockt vom behandelnden Arzt meines Sohnes ... ob er sein rechtes Auge behalten wird, kann er noch nicht sagen ...

Gestern abend Einladung zu Marias Geburtstag, sie wird 15. Sie wohnt sehr weit außerhalb auf irgendeinem Kuhdorf – und deshalb dürfen alle eingeladenen Mitschüler dort übernachten. Feiern in den ersten Mai – der Sohn war schon tagelang freudig erregt. Als er mit Sack und Pack abzieht, will ich an den Schreibtisch gehen – es liegt noch soviel Unaufgearbeitetes. Als ich das Fenster schließen will, sehe ich unten in der Pizzeria Freunde sitzen – gemütlich unterm Sonnenschirm ... und hier oben unterm Dach ist es noch soo heiß. Warum nicht auch mal ich? Wann habe ich schon mal frei? ... Und dann gehe ich runter und setze mich dazu.

Es wird gemütlich. Noch ein weiteres befreundetes Paar kommt auf dem Weg gen Heimat dazu – und als ich wieder in der Wohnung bin, ist es kurz nach 23 Uhr. Während ich noch die Waschmaschine leere – meine fast tägliche letzte Haushaltshandlung – läutet es an der Tür. Ich überlege, ob ich aufmache ... da klopft es an der Wohnungstür. Vor lauter Angst bekomme ich Herzklopfen, öffne dann aber vorsichtig, und vor mir steht mein verlegen lächelnder Sohn. Noch während ich frage, wieso er nach Hause kommt, tritt ein Mann hinter ihm hervor, und ich bekomme einen Wahnsinnsschrecken. Kripo, denke ich, o Gott ...

Aber er stellt sich als Marias Vater vor, der Sohn weist auf sein Auge, und beide erzählen, daß sie x-mal versucht haben, mich am Telephon zu erreichen.

Das Auge sieht schrecklich aus: *alles* dunkelrot, keine Pupille, keine Iris, nichts Weißes. Es sieht aus wie im Gruselfilm.

„Wir haben dich nicht erreicht" – und das Krankenhaus wollte ihn nicht aufnehmen ohne meine Genehmigung – mehr erfahre ich erstmal nicht. Marias Vater drängt zur Eile – nicht etwa, damit der Sohn nun doch noch schnell ins Krankenhaus kommt, sondern weil er selber zu einer Geburtstagsfete zurück will, bei der um Mitternacht „angestoßen" wird.

Ich packe mit fliegenden Händen das Notwendigste, und dann geht es mit rumpelndem VW-Bus noch einmal in die Notaufnahme der Augenklinik.

Unterwegs erfahre ich: Ziemlich zu Beginn der Feier hat irgendjemand dem Sohn eine Sektflasche in die Hand gedrückt, die vorher kräftig geschüttelt worden war – mit der Aufforderung, diese zu öffnen. Daß er auch noch keine Sektflasche geöffnet hat in seinem bisherigen Leben, hat er verschwiegen, mit 15 kann man(n) eben *alles!* Und dann hat er gezerrt und gezogen – und irgendwann mal *geguckt,* ob der Korken kommt. Er kam – mit irrwitziger Geschwindigkeit direkt in sein rechtes Auge.

Alle anwesenden Jugendlichen waren voller Anteilnahme. Von Erwachsenen war keine Spur – weder in dem Haus noch telephonisch erreichbar!

Er legte sich also hin, wurde mit Salaten und Schokolade gefüttert. Dann wurde mehrfach versucht, mich anzurufen (Herrgott, einmal im Leben sitze ich mit Freunden zusammen, weil der Sohn woanders übernachtet!!), und als diese Kinder sahen, daß das Auge trotz allem nicht besser wurde, kam jemand auf die Idee, den Tierarzt des Dorfes anzurufen. Der riet zu schnellstmöglichem Transport in die Augenklinik – 35 km entfernt.

Es war mehr ein Zufall, daß der Vater irgendwann vorbeigeschlendert kam, um nach dem Rechten zu sehen ... Im Krankenhaus dann die nächste Panne – ohne Unterschrift der Erziehungsberechtigten wird niemand aufgenommen!!!

Also wieder ab und den klappernden VW-Bus bestiegen – obwohl die Ärztin gerade strikteste Ruhigstellung angeordnet hatte.

Um kurz vor Mitternacht liegt er dann endlich im Krankenhausbett – beide Augen fest verbunden und verklebt.

Eben bin ich wieder hingegangen. Mich hat nichts mehr im Bett gehalten, allerdings konnte ich nicht einschätzen, was da wirklich passiert ist.

Der Sohn war guter Laune, fast aufgekratzt (endlich mal wieder was los!?) – und dann kam der Chefarzt zur Visite. Mich nahm er nicht zur Kenntnis, grüßte auch nicht, sondern wandte sich erst an mich, um mir Vorwürfe zu machen: „Geht das mit den Sektkorken jetzt schon bei den 15jährigen los!?"

Dann hat er untersucht und sein Resümee lautete: „Dazu kann ich noch nichts sagen. Ich kann nichts sehen. Es steht alles unter Blut. Ich habe in 40jähriger Praxis aber mehr Augen durch Sektkorken *verloren*, als daß ich sie hätte retten können!"

4.5. Volles Aufgebot

Gestern und heute im Krankenhaus volles Aufgebot: es vergeht keine Stunde, in der nicht 1–2–4 Mitschüler – vor allem weiblichen Geschlechts – sich neben, am und auf seinem Bett räkeln. Es macht ihm Spaß – aber wenn alle weg sind, dann merke ich, wie er in sich zusammenfällt.

Zu dem Auge: nichts Neues. Das Blut baut sich zu langsam ab, als daß die Ärzte schon etwas sehen könnten.

Und ich werde langsam hysterisch.

5.5. Die Kinder wollen das so!

Überall breche ich jetzt Diskussionen vom Zaun: Müssen Eltern zu Geburtstagen von 15jährigen unbedingt Alkohol spendieren? Und: Müssen Eltern – möglichst weit weg – außer

Haus gehen, wenn Kinder zu Hause feiern und die Eltern eben nicht dabei haben wollen?

Schockiert bin ich – wie immer – über die Laxheit und Hilflosigkeit der meisten Eltern: Wenn Kinder das so wollen, dann muß man sie auch lassen!!

Was Kinder in diesem und ähnlichem Alter alles von ihren Eltern an Verhaltensweisen verlangen – und wie willfährig Eltern sich darauf einlassen, weil man den lieben Kleinen nicht im Wege stehen will, ist unglaublich.

„Sie wollen bei ihren Feten eben nicht kontrolliert werden!" „Sie will nicht, daß wir im Hause sind, wenn sie mit Freunden feiert." „Er hat gesagt, daß er alle wieder auslädt, wenn wir nicht abhauen würden!" ... Und die Eltern kuschen!

Verantwortung? „Das müssen sie eben lernen!" Ja, dann sollte man aber mindestens die gesammelten Notdienstnummern groß an die Wand hängen, einschließlich Feuerwehr. Wie lernen denn Kinder mit so einer Sektkorkensituation umzugehen, wenn kein Erwachsener da ist, es ihnen zu zeigen? Wenn ihnen außer dem Verfüttern von Salaten und Schokolade letztlich nach Stunden nur noch der Tierarzt einfällt, weil sie den kennen? Da lassen die Eltern sich sogar noch von diesen Gören erpressen, als ob nicht die es seien, die ihre Feten abziehen wollen! Im Hause zu sein, bedeutet doch nicht automatisch Kontrolle. Und außerdem hat ja wohl jeder einen Nachbarn, bei dem er für diese Stunden – erreichbar – unterkommen kann. Nein, habe ich gehört, auch das *wollen* die Kinder nicht! Nun gut, dann lassen sie es eben bleiben.

Und Alkohol? Da höre ich (fast) immer das gleiche – und interpretiere es als Hilflosigkeit und Anbiederung: Wenn wir den Kindern nichts geben (erlauben), dann tun sie es doch sowieso. Dann tun sie es heimlich.

Das ist noch ganz die Frage! Außerdem ist es ein erheblicher qualitativer Unterschied, ob ich Kinder (wissend und duldend) gewähren lasse oder ob ich ihnen meinen Alkohol geradezu aufdränge. Du bist jetzt 15 – jetzt erlaube ich ihn dir, ja, ich schenke dir sogar Alkohol!

Alkohol ist eine Droge und ein Suchtmittel – da beißt keine Maus einen Faden ab. Wenn ich Alkohol fast wie in einem Initiationsritus vergebe, dann bekommt er einen Stellenwert für Jugendliche, den ich später doch nie wieder eliminieren kann.

Natürlich nehmen, holen, klauen, kaufen sie sich hier und da eine Flasche – und „genießen" den Inhalt heimlich. Der Genuß besteht dabei mehr aus der Heimlichkeit als aus dem Geschmack.

Ich lebe auch nicht auf dem Mond – und ich weiß davon. Aber ich sehe noch einen ganz anderen Aspekt: Jugendliche brauchen Heimlichkeiten, und sie brauchen sehr viele „Gesetzes"übertretungen. Wenn ihnen alles erlaubt wird, ja, geradezu hinterhergetragen, anbiedernd von Erwachsenen, die sich dabei ganz toll und aufgeschlossen fühlen, dann suchen sie sich eben andere Heimlichkeiten! Irgendwas Verbotenes muß doch schließlich noch aufzutreiben sein! Alles erlaubt? Wie langweilig!!!

Der Unfall wäre so und so passiert, „trösten" mich mehrere Mütter und Väter. Mag sein! Aber wenn ein Erwachsener in erreichbarer Nähe gewesen wäre, hätte drei Stunden eher reagiert werden können.

6. 5. Krise

Er liegt immer noch mit verbundenen Augen – und erträgt die Situation nicht mehr.

Ich habe also verlangt, den Chefarzt zu sprechen, weil die Stationsärztin angeblich keine Verantwortung hat und keine Auskünfte geben darf. Das ging natürlich nicht – obwohl er an meinem Sohn mit Sicherheit einiges verdient! Vor lauter Nervosität, Angst um das Kind und Wut auf dieses arrogante Professorengetue (gegen 22 Uhr sollte ich es heute abend nochmal versuchen, da besucht „der Chef" „manchmal" noch die Station) bin ich laut geworden. Sehr laut! Und siehe da – ein Anruf genügte, und ich wurde sofort im Allerheiligsten vorgelassen. Widerlich.

Ein bißchen könne er schon sehen, sagte er. Aber immer noch kann er nicht sagen, ob das Auge wird gerettet werden können. Im übrigen – ob ich das nicht wisse – sei der Sohn auf dem anderen Auge, dem gesunden, ziemlich kurzsichtig. Er müsse also dringend eine Brille haben. „Und was ist, wenn ...?" Darüber könne er sich nicht auslassen. Abwarten!

8.5. Erlösung

Morgen kommt er wieder nach Hause – es ist alles noch recht labil, und einmal monatlich muß er zur Kontrolle, aber – so der Arzt – „15-jährige Augen scheinen sich doch viel schneller zu erholen als doppelt so alte!" Das Blut ist rapide abgebaut worden, es besteht noch eine Prellung des Augapfels, aber die Linse ist nicht beschädigt. Prognose? „Innerhalb der nächsten zehn Jahre müssen Sie mit einer Netzhautablösung rechnen!" Er beschreibt dem Sohn exakt alle Symptome einer solchen Ablösung und sagt ihm, daß er, wenn diese aufträten, sofort in die nächstgelegene Augenklinik müsse. Dort würde die Netzhaut dann mit Laserstrahlen wieder angeschweißt werden.

Beruhigung und Dankbarkeit sind mein Hauptgefühl. Noch einmal davongekommen! Aber: Nun kommen unsichere Jahre! In sechs Wochen will er mit der Wandergruppe durch Rußlands Wälder – wo ist da die nächste Augenklinik???

16.5. Auf dem Lande

Traditionsgemäß ist bei Waldörflern in der 9. Klasse ein Landwirtschaftspraktikum dran. Für Stadtkinder ein wahrer Segen. Nun sind sie schon ein paar Tage dort und schuften! Ställe ausmisten, Wände kalken, Hof säubern und endlose Reihen irgendwelcher Pflänzchen einbuddeln. Sechs Stunden sind die Norm, wer nicht pariert, arbeitet „nach". „Geil" ist es natürlich, aber sehr anstrengend. In der Freizeit sind sie mit den Fahrrädern unterwegs – und die Abende scheinen sie überwiegend in der nächsten Dorfkneipe zu verbringen. Dort steht ein Billardtisch. Öfter mal was Neues.

Wenn ich solche pädagogischen Ideen in ihrer Anwendung sehe, könnte ich mich jedesmal begeistern.

26. 5. In die Wälder

Rußland nähert sich langsam! Gestern war Elterninformationsabend – schließlich müssen wir wissen, zu welchen Heldentaten wir unsere Zustimmung geben sollen.

Dann kommen die Informationen: Reiseroute – jedenfalls so in etwa: Erstmal bis Moskau und dann nach Norden. Irgendwie! Vielleicht ein Stück mit Schiff, aber das Gros zu Fuß! Irgendwann tauchen sie ein in unbewohntes Gebiet. Dort werden sie etwa acht Tage lang unterwegs sein, bis sie wieder erste Häuser und Dörfer erreichen.

Unter den Eltern entsteht eine leichte Unruhe (Gott sei Dank nicht immer nur bei mir) – aber das ist alles nicht so schlimm! Begleitet werden sie von einer Gruppe junger Russen aus besagter Schule, zwei oder drei erwachsenen Russen und einem russischen Globetrotter, dem kein Problem des Wanderns mehr fremd ist. Doch, das beruhigt meine Nerven, vor allem der Sprache wegen. Wenigstens er wird in Krisensituationen Auswege wissen.

Alles in allem: Ich bin begeistert (allerdings nicht gleich so, daß ich da auch mitgehen möchte!). Da nimmt sich ein Lehrer Jahr für Jahr eine Horde pubertierender Jungen und Mädchen und „opfert" die Hälfte seiner großen Ferien, um mit ihnen ferne Gegenden zu er-wandern, er-leben, er-fahren! Das Ganze unter erheblichen Entbehrungen, denn das gehört für unsere Luxuskinder mit ins Konzept. Daß sie unterwegs auch werden hungern und dürsten müssen, wird ganz klipp und klar gesagt (die Reaktion aus dem mitreisenden jugendlichen Publikum: „Ey, toll!" !!!!). Nahrung wird mitgenommen, soweit der Rucksack noch Platz hergibt, und danach muß man weitersehen ...

Ich finde es faszinierend! Und die Augen des Sohnes glänzen.

3. 6. Stütze

Morgendliches Schuheanziehen. Ich will im Flur an ihm vorbei – aber: „Nee, stütz mich mal lieber!"

Ich habe einen gutmütigen Tag und stelle mich als Basaltsäule zur Verfügung.

„Ich bin wohl dein Fels in der Brandung, was?"

„Nee, die Hürde, die ich überwinden muß!"

(Kann man's treffender ausdrücken, was wir beide fühlen?)

5.6. „Was willst du überhaupt?"

Gestern abend teilt mir der Sohn sein Programm für heute mit: Schule von 8 bis 13 Uhr, Wandergruppe gleich anschließend bis 16 Uhr. Von 17 bis 20 Uhr Kino, und danach erscheint er bei Bernhards Geburtstag, zu dem wir eingeladen sind um 18 Uhr.

„Wie bitte?" Wieso das alles an einem Tag? Wieso mußt du Kino dazwischenquetschen? Dieser Film läuft doch schon ewig!"

„Na und? Sylvia kann aber nicht anders!"

„Das geht aber nicht, daß du einen Programmpunkt an den anderen klatschst!"

„Also *das* kann ich ja wohl selber bestimmen, wa?" keift er mich an.

„Nein, das kannst du nicht! Schließlich lebst du in einer Familie, und außerdem hast du ja wohl noch was für die Schule zu tun!"

„Ja, das fehlt noch! Die Schule nervt schon genug. Freizeit ist wichtiger, und da misch dich mal nicht rein, ja?!"

Er blickt mich wütend an. „Und außerdem: Was willst du überhaupt? Jahrelang hast du mir erzählt, daß ich endlich mal was unternehmen soll. Jetzt mach ich was, und das ist dir auch wieder nicht recht. Was willst du eigentlich? Weißt du wohl selber nicht, wa?"

Am meisten kratzt mich der Tonfall! Also keife ich zurück: „Du hast deine neun Pflichtschuljahre fast rum. Dann geh eben von der Schule ab, geh in die Lehre und such dir 'ne Bude – da brauchst du niemanden mehr zu fragen ..."

„Das könnte dir so passen! Ich bleib auf der Schule, und ich wohne hier!"

„Dann benimm dich entsprechend!"

„Phhhhh!"

12. 6. Alle, alle ...

„Weißt du was? Was ich neuerdings sammel?"

„Was? Schon wieder was Neues? Mensch, mach Schluß, sonst müssen wir uns bald 'ne größere Wohnung suchen!"

Er lacht.

„Nee, ist nicht so schlimm. Nimmt nicht so viel Platz ein. Ich sammel jetzt Liebesbriefe!"

Ich denke natürlich gleich an die gehobene Literatur, an Goethe mit all seinen Gspusis.

„Ach was! Was soll ich denn damit? Ich sammel Liebesbriefe, die *ich* krieg!"

„Naja, dafür reicht die Wohnung noch. Das wird sich ja wohl nicht so maßlos ausweiten!?"

„Na, mal abwarten! Ich habe schon ein paar Mädchen gesagt, daß ich Liebesbriefe sammel und daß sie mir mal schreiben sollen!"

22. 6. In die Walachei

Nun ist auch dieser Termin gekommen. Es zieht mir den Magen zusammen vor Nervosität und Angst. In zwei Stunden geht es los: Kurz vor Mitternacht ist der große Abschied am Bahnhof angesagt, und dann bricht die ganze Wandergruppe per D-Zug (!) auf nach Moskau! 37 Stunden schleichen sie durch Europa, dann umsteigen und noch 140 Kilometer gen Norden mit Schiff auf Mütterchen Wolga – und ab dann verlieren sich ihre Spuren. Dann wird gewandert – fast drei Wochen lang, davon 80 km durch absolut unbewohntes Gebiet.

Essen? Trinken? Null Ahnung – es wird sich zeigen. Jedes Kind nimmt im Rucksack neben Klamotten für drei Wochen, einer Kohtenbahn, Malutensilien, Tagebuch und ähnlichem noch so viel Reis, Nudeln (und Schokolade!!) mit, wie es irgend tragen kann. Das reicht (vielleicht) für zwei bis drei Tage und dann?

Inschallah! Gott läßt niemanden verderben ... (Ach, wenn ich das so genau wüßte!)

Das Schlimmste: Drei Wochen ohne Nachricht – weder hin

noch her. Wenn der Zug nachher die Halle verläßt, sind sie weg. Weg!! Telephonzelle, Faxgerät, Briefkasten ... nix!

Und wenn was passiert? Nicht dran denken! Immerhin sind für 32 Kinder zwei (!) Erwachsene dabei.

30. 6.

Na toll, das Außenministerium hat eine Liste der Länder herausgegeben, in die man derzeit *nicht* reisen sollte! Darunter sind die GUS-Staaten! Und ausgerechnet mein Sohn latscht jetzt dort herum! Muß man eigentlich in der Jugend *alles* mitnehmen? Auch alle Gefährdungen?

17. Lebensjahr

„Mäzene, die wissen, daß sie keinen Dank zu erwarten haben, nennt man Eltern."

(Oliver Hassenkamp)

„Es ist immer schwer, geboren zu werden ... man muß seinen Traum finden, dann wird der Weg leicht."

(Hermann Hesse)

4. 7. Sechzehn!

Ich habe gestern auf dem Markt Rosen gekauft, und heute nun sitze ich und bin traurig. Heute – an einem wunderschönen Sonntag – wird er 16 und ist soooo weit, daß ich ihn nicht erreichen kann.

16 Jahre! Und schon den zweiten Geburtstag ist er weg. Den 15. hat er auf Wanderung in Masuren gefeiert. Den 16. irgendwo in den Wäldern Rußlands. Wie mag es weitergehen? Ich wünsche ihm so sehr, daß sein Leben gelingen wird. Und ich glaube, daß diese Wanderungen – auch und besonders unter erschwerten Bedingungen – beitragen werden dazu, daß er später im Leben besser zurechtkommt.

Falls er diese Abenteuer überlebt. Meine Wahnsinnsangst, die mich manchmal vollständig gefangennimmt!

10. 7. Lücken

Immer wieder nehme ich mit gelindem Erschrecken wahr, wie schnell sich Lücken füllen. Drei Wochen ohne Sohn – und nun schon wieder keine „vielen Stunden Zeit". Das Denken an ihn ist derzeit eigentlich nur mit Sorgen verbunden: Wo mögen sie jetzt sein? Geht alles gut? Schaffen sie es? Und wenn einer krank wird?

Also besonders ausgeprägt ist mein Vertrauen ins Schicksal nicht.

18. 7. Wieder daheim

Anruf: Alles sei gut gegangen! Und morgen früh noch vor sechs Uhr liefe der Zug wieder ein ... Großes Aufatmen!

Er tat es – sogar mit zehn Minuten Verfrühung. Ich war schrecklich aufgeregt, ich gebe es zu – und dann fielen sie nach und nach aus dem Zug – schwer bepackt, übermüdet und glückstrahlend! Ruhe kehrte in mein geplagtes Mutterherz erst so richtig wieder ein, als mein Sohn in der Zugtür erschien: gesund, alles noch dran – und dann durfte ich ihn nach langer

Zeit mal wieder in den Arm nehmen! Aber noch bevor ich das durfte, hob er zur Beichte an: Die nagelneuen, sündhaft teuren Sportschuhe sind noch in Rußland! Er hat sie gleich bei der ersten Busfahrt durch Moskau unter seinem Sitz stehenlassen. Er wollte sie schonen! Das ist ihm gelungen. Aber das macht alles nichts. Hauptsache er ist wieder da!

Ja, es war schön! Aber auch sehr anstrengend! Und alles war auch nicht so ganz schön! Und daß er abgemagert ist, braucht er nicht zu sagen – an ihm ist noch weniger dran als ohnehin schon. Als die Vorräte alle waren, gab es Kascha: Getreidebrei! Morgens mit Zwiebeln, abends ohne alles. Zucker war schon lange aufgebraucht. Ein paar Beeren und Pilze aus den Weiten Rußlands ergänzten den kargen Speiseplan. Natürlich waren andere krank und wurden auf selbstgemachten Tragen, aus Zeltbahnen und Baumstämmchen bestehend, über weite Strecken getragen. Zurückbleiben ging nicht! Die Wanderwege erwiesen sich weitgehend als unwegsame Sumpflandschaften – das Platschen durch Überschwemmungsgebiete gehörte tagelang zum Programm (ungewollt). Und gelegentlich landete der eine oder die andere auch mal in voller Ausrüstung im Schlamm. Viele Strapazen – aber dann auch wieder viel Schönes: Alte verfallene Dorfkirchen, in denen die Popen vor fünf alten Mütterchen Messen lasen – und die Gruppe russische und deutsche Lieder sang! Begegnungen mit Menschen in unwegsamsten Gegenden – voller Mißtrauen oft, dann aber „auftauend" und voller Zuwendung.

Zum Abschluß in Moskau eine überwältigende Gastfreundschaft, bei der alles aufgefahren wird, was vermutlich sonst für zwei Wochen reichen muß! Und dann die Banjas – überall, wo sie hinkamen: Sauna auf russisch. Insofern ist es nicht verwunderlich, wie sauber er ist (im Gegensatz zur Zeit nach der Polenfahrt, als er immer behauptete, das sei Sommerbräune!). Er will unbedingt wieder einen Wanderbericht schreiben und an die Zeitschrift schicken.

„Und weißt du, worauf ich am meisten gespannt bin? Wo ich meinen 17. Geburtstag feiere. Den 15. war ich in Polen, den 16. in Rußland und den 17. …"

„Oh, das kann ich dir sagen!"

„Jaaa?" Seine Augen leuchten erwartungsfroh. „Sag mal!"

„Den 17. wirst du zu Hause feiern! Da sind nämlich keine Ferien!"

Ich glaube, am liebsten würde er mir an die Gurgel springen ob dieser Konfrontation mit der traurigen Realität!

20. 7. Nordsee!

Den Urlaub habe ich extra um ein paar Tage aufgeschoben – wollte ich ihn doch am Bahnhof abholen, noch umpacken und dann gemeinsam mit ihm unseren Sommerurlaub antreten. Natürlich kostet es Ausfallgebühren – 50 Prozent! Naja!

Als ich etwas sage vom Luxus zweier Urlaube, sieht er mich sinnend an und sagt sehr ernsthaft: „Nee, du. Die Nordsee brauche ich jetzt. Ich bin wirklich ziemlich erschöpft von der Rußlandfahrt. Das war keine Erholung."

Als ich ihn erschreckt ansehe, fügt er schnell hinzu: „Nein, nicht was du denkst, es war schon eine tolle Fahrt!"

Kaum sind wir eingetroffen, hat er seine alten Freunde aus Kindertagen wieder um sich. Und bleibt den Rest des Tages verschwunden. Zu den Mahlzeiten taucht er auf und dann nichts wie weg! Ich komme mir ziemlich blöd vor und sage ihm das. Dabei findet er nun gar nichts! Also muß ich konkreter werden:

„Ich möchte, daß wir wenigstens einmal am Tag was zusammen machen. Es muß nicht viel sein, aber ich möchte dich nicht nur schlafend im Bett oder essend mir gegenüber sehen – und dann nichts wie zu den Freunden."

Das ist ihm ja nicht neu – und er will „Vorschläge".

Überraschend zahm nimmt er sie entgegen: pro Tag eine kleine Gemeinsamkeit. Eine Stunde sollte es schon sein – am Strand, beim Spiel, im Häuschen. Gut, aber festlegen für alle Zeit wolle er sich nicht. Ob wir das täglich nach dem Frühstück absprechen könnten? Dann hat er nämlich die Freunde konsultiert.

Und so machen wir es jetzt – relativ konfliktfrei. Und gestern abend bei einer gemütlichen Strandwanderung hat er mir sogar gestanden:

„Irgendwie ist das richtig schön, mal so ruhig am Strand zu gehen."

„???"

„Naja, immerfort mit den anderen zusammen – das ist zwar absolut geil, aber so in Ruhe ist auch mal schön!"

Ich verbuche es als dickes Lob. Gleichzeitig sehe ich, wie sehr sie fast alle (bis auf die, die tief in sich ruhen!) ständig herumlungern, um zu sehen, was die anderen machen und ob ihnen nicht etwa was entgeht. Und dann – ja dann *muß* man einfach dabei sein und mitmachen!

29. 7. Cidre

Anja hat Geburtstag. Nun ist auch sie 16! Gerade noch war sie sieben und buddelte am Strand. Der Geburtstag hieß „Kindergeburtstag". Heute heißt er „Fete". Eine solche soll steigen – die Sandbuddelfreunde von einst wollen sich in dem Häuschen treffen, in dem sie früher ihre Kindermalkurse absolvierten.

„Was wollt ihr machen?" frage ich den aufgeregten Sohn.

„Weiß ich noch nicht."

„Und was gibt es?"

„Die Mutter spendiert Cidre."

„Was ist das denn?"

„Irgendwas mit Apfel und Alkohol."

Das zu hören reicht mir schon wieder. Vier Flaschen Cidre – mit wieviel Alkohol auch immer – für fünf Jugendliche kurz vor und kurz nach 16. Daß Eltern sich permanent bei ihren Kindern und deren Freunden anbiedern müssen!

... Die Kinder haben gefeiert. Sie haben Spiele gemacht – am Tisch und draußen, sie haben herumgealbert, sich dummes Zeug erzählt, sich köstlich amüsiert und da sie „open end" hatten, sind sie in tiefer Nacht (huhu, wie schaurig!) am Strand entlanggetobt. Warum dafür Cidre? Warum nicht Apfelsaft, Orangensaft, Mineralwasser, Limo?

Am nächsten Tag habe ich die spendable Mutter darauf angesprochen. Sie war konsterniert, befremdet, empört. Meine Erziehung, das ließ sie deutlich merken, sei ja wohl sehr weltfremd. Mit meinen Gedanken konnte sie absolut nichts anfangen!

2. 8. Das letzte Mal?

In diesem Urlaub ist mir klar geworden, daß das wohl der letzte gemeinsame Urlaub in unserem Paradies war, in das wir gemeinsam nun seit mehr als 10 Jahren ein bis zwei Mal jährlich fuhren.

Wir haben kaum noch Gemeinsamkeiten. *Ich* bin Anhängsel. Nein, stören tue ich ihn nicht – er nimmt mich einfach nicht wahr! Und die Schärfe in seinem Ton, wenn er die allergeringste „Einmischung" wittert, ist nur allzu deutlich.

Gestern habe ich mit der Mutter seines Freundes gesprochen. Beide treffen hier seit zehn Jahren aufeinander – sonst hören und sehen sie nichts voneinander, aber dieses eine Mal pro Jahr an Ort und Stelle läßt sofort alles wieder aufleben. Sie ist unsicher, ob es ein nächstes Mal noch geben wird. Sie würde lieber mit ihrem Mann alleine fahren, aber der Sohn sei so lahm, der unternimmt nichts alleine ... Und heute nun bricht der Sohn durch die Tür und fetzt mich an, wieso ich ihn nächstes Jahr nicht mehr mitnehmen wolle!! Im darauffolgenden Gespräch wird mir klar: Es geht nicht ums Mitnehmen, sondern ums Da-sein! Gerne auch ohne mich! Aber nicht ich ohne *ihn!* Und außerdem seien sie fürs nächste Jahr schon alle verabredet: fünf Jugendliche aus fünf Bundesländern, und sie haben es geschafft, daß sich für alle zusammen zehn Tage überschneiden!!!

4. 8. Nach Edinburgh?

Ich treffe L.s Frau – und wir haben wieder viel zu Klönen – über diese Reisen, über ihren Wander-Mann, über den Sohn ...

„Wie war denn eigentlich sein Zeugnis?" fragt sie voller Anteilnahme.

Als ich bei „Englisch" ankomme, nickt sie verstehend und sagt: „Hast du schon mal daran gedacht, ihn für ein paar Wochen oder Monate ins Ausland zu schicken? Wir haben eine sehr gute Waldorfschule in Edinburgh – dort sind immer wieder Kinder von uns. Und den meisten gefällt es so gut, daß sie gar nicht mehr wegwollen."

Das halte ich nun allerdings für übertrieben – aber ich werde den Vorschlag in meinem Herzen bewegen. Über die Kosten weiß sie nichts Genaues, immerhin aber soviel, daß „es nicht ganz billig ist".

Vor allem aber muß ich diese Idee ja erstmal mit dem Sohn ventilieren. Ich rechne mit einer glatten Absage!

„Nach Schottland? Dort in die Schule? Na klar! Da war der X und der Y auch schon", teilt der Sproß daraufhin emotionslos mit. Nix Absage – allerdings nun wirklich auch keine himmelschreiende Freude. Zur Schule in Schottland? Das gehört wohl zum täglich Brot!

10. 8. Eigene Gruppe

„Weißt du was? Unsere Wandergruppe löst sich jetzt auf! Wir sind jetzt die Großen, und wir bekommen eigene Gruppen! Immer zwei zusammen. Wir nehmen die Kleinen, die aus der sechsten und siebten Klasse. Wie findest du das? L. hat sich das so ausgedacht, und ich finde das echt geil! Ich gehe mit Alfred zusammen, und wir nehmen sechs oder acht Kinder. Und das erste, was wir machen ist, wir bauen uns eine eigene Wandergruppenhütte. Hinter unserer großen ist noch Platz, und damit werden wir gleich beim ersten Gruppentreffen anfangen."

Ja, das finde ich toll – aber ist der Altersabstand nicht ein bißchen zu gering? Nö, findet er nicht. Außerdem hat L. das so bestimmt ... Und wie ist es mit einem Gruppenleiterkurs? Das wird er mit L. mal bereden, findet er aber „'ne echt gute Idee, Mutter" ...

14. 8. Hüttenbau

Jetzt klotzen sie ran. Die alte Wandergruppe ist nicht mehr – fast nicht mehr! Der Freitagnachmittag gehört jetzt den Kleinen. Vier Gruppen haben sie gebildet mit je zwei jugendlichen Gruppenleitern.

„Und meine Gruppe ist ganz toll. Da sind echt gute Jungs drin. Und wir haben auch gleich so richtig angefangen. Ich hab

denen gesagt, wir brauchen einen Ort, wo wir uns treffen können. Die eine Gruppe trifft sich in unserer Hütte, eine nimmt
einen alten Wohnwagen, der auf dem Gelände steht, und dann
ist ja noch so eine angefangene kleine – aber wir machen uns
ganz was Eigenes. Die haben gleich richtig rangeklotzt, und die
fanden es gut, daß wir gleich ein richtiges Programm haben ..."

Woraufhin es nun freitags immer recht spät wird – denn wer
gleich nach der Schule im Gelände bleibt, um für die eigene
Gruppe ein Haus zu bauen, kann natürlich nicht mehr auf die
Uhr gucken ... Ich sehe es ja ein. Aber die Hausaufgaben?
„Ach, die ..."

16. 8. Leiterkurs?

„Ich habe L. heute gesagt, daß wir Großen jetzt alle einen
Gruppenleiterkursus machen könnten. Aber er fand das gar
nicht gut. Er hat gesagt, wer mit mir die großen Fahrten mitge-
macht hat, der braucht sowas nicht!"

Er sieht mich erwartungsvoll an!

„Doch", sage ich, „ihr braucht es. Zum einen schon, um mit
einer Gruppe offiziell unterwegs sein zu können, aus ganz ein-
fachen juristischen Gründen. Und dann gibt es eine Menge for-
maler Sachen, die ihr einfach drauf haben müßt. Außerdem
braucht ihr Erste-Hilfe. Und zum dritten möchte ich gern wissen, wie ihr Gruppenleiter versichert seid, wenn ihr mit den
Kindern unterwegs seid. Das ist ja auch eine Frage für die Eltern
– ihr seid noch nicht volljährig, und es könnte sein, daß wir für
diese Fahrten eine extra Versicherung abschließen müssen!"

Er will es L. vortragen, ist aber skeptisch!

22. 8. Nur noch ein Thema

Für meinen Sohn existiert nur noch eines: Seine Gruppe! Seine
Jungen! Seine neue Hütte, die enorme Fortschritte macht!
Seine geplanten Wanderfahrten! Seine Gruppennachmittage!

So gut ich das finde, so sehr sorge ich mich um seine Schul-
leistungen. Das sind jetzt nur noch Nebensachen und zwar

sehr, sehr unwichtige! Da sich seine Jungen in derselben Schule, auf demselben Gelände bewegen und dort auch noch ein paar Meter entfernt die neue Hütte steht, an der man in jeder freien Minute etwas basteln kann, ist an Engagement für Unterrichtsinhalte nicht mehr zu denken.

„Hast du Schularbeiten gemacht? ... Wie sieht es aus mit Vokabellernen? ... Wie weit bist du mit deinem Epochenheft? ... Hast du schon die Sachen von der letzten Woche nachgetragen? ..." – alles geht in die Luft. Mit „Jaja" und „Mach ich noch ..." wimmelt er mich ab, um mir gleich darauf seine neuesten Gruppenpläne zu erläutern ...

23. 8. Erfolg

Die Wanderzeitschrift hat ihm mitgeteilt, daß sie auch in diesem Jahr seine Tagebuchauszüge über die Wanderung drucken wollen. Er ist happy, ihm schwillt der Kamm! Daß er um rund zwei Drittel kürzen muß, nimmt er mit erstaunlicher Gelassenheit hin!

28. 8. Lernen

„Also willst du nun Französisch-Nachhilfe haben oder nicht?"

„Nee, will ich nicht. Ich hab sowieso schon keine Zeit, und wann soll ich das noch machen, und außerdem lerne ich das sowieso nie!"

„Dann ist dein Abitur aber mit dieser Entscheidung erledigt, das weißt du!?"

„Ja, das ist ja die Scheiße! Diese Scheißschule! Wieso kann ich nicht ohne Französisch Abi machen?"

„Weil du zwei Fremdsprachen brauchst!"

Er schimpft – und ich werde schon wieder grantig! Ich sehe es als Angebot, als Chance, noch was zusätzlich zu lernen, aufzuholen. Er sieht es nur als Zeitverlust, Druck, Zwang.

„Überleg es dir bitte bis übermorgen abend. Wir müssen der Lehrerin Bescheid geben!"

Er muffelt von hinnen.

Zwei Tage später:

„Was ist nun mit Französisch?"

„Ach, ich weiß doch auch nicht! Ohne Abi kann ich doch sowieso nur Straßen fegen. Aber ich hab einfach keine Lust, noch mehr von meiner Zeit wegzugeben, ich habe sowieso schon keine mehr!"

„Also: nein!?"

„Naja, also ... eigentlich ... und wenn ich kein Abitur mache, dann kann ich ja auch nicht in die Archäologie gehen!?"

„Doch das kannst du. Es gibt einen völlig neuen Ausbildungsgang, der heißt „Grabungshelfer", der dauert drei Jahre ..."

Ich komme nicht weiter, er unterbricht mich laut kreischend:

„Wie heißt der? Und sowas soll ich werden? Dann kann ich ja gleich ..."

Es ist wieder kein Ende abzusehen! Nach einer halben Stunde sage ich kurz und bündig: „Also was? Französisch-Nachhilfe, ja oder nein?"

Er wütet, er knurrt, er flucht, er windet sich. Und dann stößt er hervor: „Naja, guuut! Dann melde mich eben an!"

Seufz! Mit dieser unglaublichen Motivation wird es wohl nicht allzuviel bringen! Wann bei ihm endlich mal sowas wie Ehrgeiz durchbrechen wird?!

4.9. Vergleiche

Es ist immer wieder heilsam, sich ab und zu ein Wochenende einen weiteren Pubertierenden aufzuhalsen! Da bekommt man Vergleiche, und da sieht man plötzlich, was für ein Goldstück man in der eigenen Wohnung sitzen hat!!! Ich habe wieder so ein Wochenende hinter mir: Der Sohn wollte mit einem Freund eine Radtour machen – schön lang – bis ins Wochenendhäuschen, also 43 km auf eine Strecke. Der vordergründige Sinn: die Strecke abfahren, die sie demnächst mal mit ihrer Gruppe laufen wollen. Der tiefere Sinn: Das bestellte Geburtstagsfahrrad steht im Nachbarort abholbereit.

Sie sollen ruhig die zwei Tage alleine draußen bleiben ...

aber dann lese ich, daß meine feierwütige und krachliebende Stadt ihr großes, lautstarkes Stadtfest feiern wird. Zwei Tage und Nächte – wie gehabt!

Also entschließe ich mich, auch rauszufahren – die beiden können trotzdem alleine wirtschaften.

Dachte ich!

Wenn eine Mutter vor Ort ist, „geht" alleinwirtschaften einfach nicht. Findet meiner. Und der Freund? Der hat anscheinend noch nie gehört, daß man (Mann!) auch mal was anfassen könnte. Er steht nur mit hängenden Armen da und wartet auf Befehle. Mach mal, tu mal, hol mal ..." Deck doch schon mal den Frühstückstisch."

Kein „Ja", kein „wo steht das Geschirr", sondern nur eine Mischung zwischen Rülpsen und einem langgezogenen „Ööööh ..."

„Das Geschirr steht im rechten Schrank!" „Ööööö..."

Er stellt drei Teller hin und setzt sich.

„Wir wollen auch was trinken."

„???"

„Bitte stelle auch Becher auf. Im selben Schrank."

Er steht auf, schleicht hin, nimmt zwei Becher für drei Personen, setzt sich wieder.

Ich verlier die Geduld. „Mensch, wir brauchen auch Besteck, nun mach doch mal ..."

Es ist absolut sinnlos. Das geht die ganzen anderthalb Tage so.

Langsam geht es auch dem Sohn auf den Keks. Der andere sieht nicht, was zu tun ist, handelt nur auf Befehl und ansonsten steht er mit hängenden Armen da.

Als der Sohn sich aufregt, kann ich ihm nur (mit Schadenfreude) sagen: „Das ist eben die Kehrseite der Medaille! Das ist der Sohn einer Hausfrau, die stolz darauf ist, alles selber zu machen, damit Mann und Kinder ‚es gut haben'. So sieht dann das Endergebnis aus!"

Der Sohn schweigt dazu – und das ist meistens ein gutes Zeichen dafür, daß er verstanden und akzeptiert hat.

... Andere brauchen nie was zu tun ... andere brauchen nicht mitzuhelfen ... nur immer ich ...

Ich weiß mal wieder: Mein Sohn ist ein gelungenes Exemplar!! Ziemlich!

13. 9. Zoff

Es geht nichts über regelmäßige Schulzeiten. Diese Woche ist „Projektwoche". Hört sich gut an – aber pro Tag gibt es nur zwei Stunden. Bei den Schülern ist Jubel – vor allem spekulieren eine ganze Menge darauf, daß der jeweilige Projektleiter keine Ahnung hat, wer alles in die Gruppe gehört und man deshalb so wunderbar schwänzen kann. Wo das Leben rund um die Schule doch so viel zu bieten hat!

Bei uns ist die große Freizeit-Woche angesagt. Mein Rat: „Leg einige Termine in diese Woche, damit du nächste Woche entlastet bist", bucht er unter Sadismus mütterlicher Provenienz. Diese Woche nun gerade nicht! Gitarre will er absagen, damit er wirklich nur die zwei Projektstunden hat. Französisch-Nachhilfe am liebsten auch.

„Leg Gitarre vor, damit du nicht so lange Freistunden hast. Und mache einen zweiten Französisch-Termin, um so eher hast du den Anschluß und kannst mit Nachhilfe wieder ganz aufhören."

Auf diesem Ohr ist er taub. Ich erkläre nochmal. Nichts. Ein entsprechender Erinnerungszettel auf dem Schreibtisch wird verkramt (wofür mache ich mir eigentlich soviel Mühe??). Heute beim sehr späten Frühstück (und die Haare sind noch vom Duschen naß, die Tasche nicht gepackt ...) will er nun plötzlich *von mir* die Telephonnummer *seines* Gitarrenlehrers.

„Hab ich nicht."

„Steht in deinem Kalender. Wo ist der?"

„Weiß ich nicht. Außerdem frühstücke ich jetzt. Du hast seine Nummer aber auch in *deinem* Telephonverzeichnis."

„Habe ich nicht! Wo ist denn dein Kalender?"

„Mensch, ich weiß es immer noch nicht."

„Dann such' ihn".

„Hör mal, ich frühstücke jetzt. Und das möchte ich gerne in Ruhe tun, ich habe schon zwei Arbeitsstunden hinter mir."

„Du bist nur zu faul."

„Das verbitte ich mir. Und nun laß mich endlich essen." (Inzwischen schon reichlich scharf!!)

Er fängt an zu schreien. Er wolle Gitarrenunterricht vorverlegen, damit er nicht so viele Freistunden hätte, aber das würde mich ja wohl nicht interessieren.

„Nein", sage ich. „Heute früh interessiert mich das nicht mehr. Ich habe es Freitag vorgeschlagen, Samstag daran erinnert, dir einen Zettel hingelegt. Das hat ja wohl gereicht. *Mir* jedenfalls. Und jetzt ist Ruhe!"

Denkste.

Er benimmt sich wirklich wie ein dreijähriger Trotzkopf. Nur unverschämter. Ich verziehe mich in mein Zimmer hinter den Schreibtisch – frühstücken tue ich, wenn er weg ist. Morgen werde ich mit dem Frühstück nicht auf ihn warten – soviel familiäre Fürsorge ist derzeit für die Katz'!

14.9. Elternabend

Als die Jugendlichen reichlich überstürzt ihre Gruppen übernahmen, habe ich gefragt, was die Eltern der „Kleinen" dazu sagen. Das wußte der Sohn nicht – kannte er diese doch gar nicht. „Die sollten euch aber kennenlernen", habe ich eingewandt und dabei daran gedacht, daß *ich* als Mutter immer gerne wußte, mit wem mein Sohn durch die Walachei latscht. Kurz entschlossen hat er einen Brief an die Eltern entworfen, geschrieben, seinem Mit-Gruppenleiter zur Unterschrift vorgelegt und an die Eltern geschickt: Elternabend!

Hat er einberufen – einfach so!

Ich bin gespannt. Ich wünsche ihm Interesse und Entgegenkommen der Eltern und einen guten Start für ihr gemeinsames Unternehmen.

„Bereite dich ein bißchen vor! Mach dir Notizen, was du ansprechen willst."

„Na klar!"

Zwei Stunden vor Beginn legt er mir seinen Entwurf vor: auf der einen Seite die Grobplanung mit vier Punkten, auf der anderen die Feinplanung zu Punkt vier: Erste Wochenendwanderung!

„Soll ich mitkommen zum Elternabend?"

„Wenn du willst!?"

„Ich will nicht, außerdem habe ich einen Termin. Aber ich

weiß nicht, wie sicher du dich fühlst. Ob du mich brauchen willst."

Lange Pause. Dann: „Ach, komm mal lieber mit, falls die Eltern was fragen, was ich nicht beantworten kann!"

Er fährt eine halbe Stunde früher – damit er am Tor alle Eltern abfangen, begrüßen und in den Sitzungsraum führen kann. Ich radele hinterher – mit leicht bangem Herzen. Das war nicht nötig.

Er sitzt da, sein Mitstreiter, sein alter Wandergruppenführer und sechs Elternteile. Kaum haben alle ihre Plätze eingenommen, fängt er ohne zu zögern und ohne Hemmungen an: „Ja, also, das ist nun unser erster Elternabend, und am Wochenende ist unsere erste Fahrt. Ich heiße ..." Es flutscht nur so! Seinen Zettel hat er hinter sich gelegt und guckt nur einmal drauf, ob er nichts vergessen hat. Ab und zu fragt eine Mutter, ein Vater was – sie sind sehr offen, sehr zugewandt, sie stehen dahinter. Der Wandergruppenführer sagt auch mal was Erklärendes, dann ergreift der Sohn wieder das Wort.

Als alles gesagt ist und niemand mehr was fragt, verkündet er, nun können ja alle, die es interessiert, mal die angefangene Wandergruppenhütte besichtigen.

Wir stapfen durchs Schulgelände, durchs Wandergruppengelände – und da steht sie: deutlich zu erkennen, wie sie einst werden soll. Die Eltern sind voll des Lobes. „Gute Arbeit!" „Toll habt ihr das gemacht!" Und dann erzählen sie, was ihre Kinder jeden Freitag abend zu Hause berichten – wie angetan sie sind, wie spannend sie das finden, wie gut ihre Gruppe läuft ...

Fast zwei Stunden hat alles in allem gedauert, und wir schwingen uns auf die Räder. Ich *muß* es ihm sagen: „Du warst prima! Ein toller Abend!"

Und was sagt er, der sonst immer dazu neigt, an allem ein dickes Haarbüschel in der Suppe zu finden? „Ja, das fand ich auch. Ich hab's richtig gut hingekriegt!"

Eine neue Ära?

Auf alle Fälle Aufbruchstimmung!

Was kann man einem Jugendlichen mehr wünschen???

18. 9. „Meine erste Fahrt"

Freudige Erregung. Der Rucksack steht seit gestern gepackt, alles Notwendige liegt daneben. Unser Erste-Hilfe-Schrank ist geplündert. („Nun sei doch nicht so geizig! Du kannst mir doch ein paar mehr Mullbinden mitgeben! Was meinst du, wieviele wir davon in Rußland gebraucht haben!!") Nun sitzt er beim Frühstück – Uhr fest im Blick! „Ich muß zehn Minuten vor meiner Gruppe da sein. Auf alle Fälle!"

Ich kann nur noch staunen! Mein unpünktlicher Sohn, der es selten schafft, pünktlich zum Unterrichtsbeginn im Klassenzimmer zu sein!!!

Aus Spaß frage ich, ob ich mitkommen soll zum Bahnhof. Er nimmt die Frage ernst: „Wenn du willst!?"

„Ach, ich will nicht unbedingt, ich dachte nur ..."

Er überlegt kurz und sagt dann: „Ja, komm mal mit, du kannst fotographieren!"

Nun habe ich eine neue Rolle: Dokumentarin seiner jugendbewegten Jahre!

Seine Jungen sind alle pünktlich – köstliche Typen dabei. Von mickerig und hiddelig bis zum schwergewichtigen Klops. Das Temperament ist entsprechend verteilt. Die Durchsetzungskraft offensichtlich auch! Das wird kein leichter Job! Der mitfahrende Lehrer – ein Erwachsener aus juristischen Gründen, der aber ansonsten im Hintergrund bleiben wird – hat seine Klampfe mitgebracht. Dann stapfen sie los – Richtung U-Bahn ... „Bis morgen mittag dann irgendwann!" So wird man groß.

21. 9. Schottland

Nun haben wir entschieden: Wenn es dort klappt, wird der Sohn die ersten drei Monate des kommenden Jahres in die Edinburgher Schule gehen. Die Kosten sind exorbitant – dafür muß ich an die Sparbücher, vom Laufenden ist das nicht zu bezahlen.

1. 10. Bruch?

L. ist tatsächlich von einem Gruppenleiterkurs nicht angetan. „Seine" Jungs brauchen das nicht, Erste Hilfe kann die Schulärztin geben und mit Versicherungen ... damit hat er nichts am Hut, das seien sowieso nur Scheinsicherheiten! Das sehe ich anders – und der Sohn ist derzeit soo in Aufbruchstimmung, daß er einen Lehrgang mitmachen möchte, schon alleine um zu sehen, „wie es andere machen. Und außerdem lernt man da bestimmt noch mehr so geile Typen kennen!"

Ich habe ein wenig herumtelephoniert. Einerseits will ich mich wirklich nicht zu sehr in diese Sache reinhängen, anderseits beißen den letzten die Hunde. Und die letzte werde bei einem Schaden, einem Prozeß oder einem Unglücksfall *ich* sein. Ich gehöre nun auch mal zu einer Generation, die sich gerne absichern möchte. Ich habe auch wenig Neigung, den Rest meines Lebens dann vielleicht für die Rente eines verunglückten Jugendlichen aufzukommen ...

Aus meiner eigenen jugendbewegten Zeit kenne ich das auch nicht anders – ganz abgesehen davon, daß *immer* ein Erwachsener dabei war.

Einer meiner Telephonpartner bietet einen Lehrgang im Herbst an: „Man muß das Eisen schmieden, solange es heiß ist." Drei Wochenenden, hier in der Nähe, geringe Unkosten, gemeinsame Anreise ...

Der Sohn ist hochmotiviert. In der Schule bekommt er dafür die Wochenenden frei („Toll, daß ihr das macht!") – und nun geht es neuen Ufern entgegen ...

„Was sagt L. dazu?"

Der Sohn sieht mich skeptisch an: „Das hab ich ihm lieber nicht erzählt!"

Ich bin verblüfft! Der erste Bruch? Bislang gab es nichts, was L. nicht erfuhr!

16. 10. Mecki Messer

Bei uns ist das Dreigroschenfieber ausgebrochen. In der Schule hat die 12. Klasse in vierstündiger Kleinarbeit dieses Werk aufgeführt – unglaublich professionell. Wir saßen im hoffnungslos überfüllten Saal bis Mitternacht. Am nächsten Tag wurde meine alte Lotte-Lenya-Platte ausgegraben mit der herrlich ordinären Stimme: „Und der Haaaiiiifisch, der hat Zäääähne ..." – der Sohn schwelgte. Und mitten beim nachmittäglichen Teetrinken (mal wieder und in freudiger Erwartung eines ruhigen, ereignislosen Sonntags!) verkündete er: „Die muß ich nochmal sehen, die ist soo geil, ajh!"

Und so haben wir uns nochmal in Schale geworfen und sind noch einmal „hingestratzt" – nochmal vier Stunden – mit Zugaben noch länger.

Nun würde er gerne „noch mindestens dreimal" die Dreigroschenoper sehen – aber es gibt sie nicht mehr. Es bleibt nur die alte Platte meiner frühen Jugendjahre – und das Selbersingen. Und davon ist nun die Wohnung erfüllt. Es verfolgt mich bis in den Schlaf ... „Soldaten woooohnen ... auf den Kanoooonen ..."

18. 10. Aussehen

„Gestern im Kino hab ich mich mal so richtig in einem großen Spiegel angeguckt. Ich sehe so richtig Scheiße aus. Wie'n Penner. Wie 'n Fixer, der völlig runter ist. Wie am Ende. So lang und dünn. So richtig Scheiße! So kann man sich doch nirgends mehr sehen lassen. Wieso sehe ich nur so Scheiße aus?"

20. 10. Geld I

„Das Buch über die Sahara-Durchquerung ist toll", sage ich. „Das mußt du auch mal lesen!"

„Sahara interessiert mich nicht!"

„Seit wann das denn? Vor ein paar Tagen hast du mir gerade erzählt, daß du dort mal wandern willst."

„Jetzt aber nicht mehr! Du hast mir doch deutlich gesagt, daß du das nicht auch noch bezahlst!"

Geld II

„Mein Fahrtenmesser geht überall kaputt. Ich brauche ein neues." Er zählt alle Macken und Schrunden auf.

„Das gehört zu einem Fahrtenmesser. Das muß zünftig aussehen und nicht wie neu aus dem Geschäft."

„Aber hier ... und da ... und dort ... so geht das nicht mehr."

„Dann mußt du es eben reparieren."

„Phhh! Reparieren! Ich brauch ein neues, ein größeres (ach
so!). Ich bin jetzt älter, und das ist viel zu klein, das ist was für
Anfänger ..."

„Wenn das so ist, mußt du dir eben ein neues kaufen!"

„Gibst du mir was dazu?"

„Nein, bestimmt nicht. Für sowas hast du Taschengeld!"

„Sag mal, was krieg ich denn überhaupt noch von dir!?!"

Wütend!! Und das nach seiner vierten Ferienfahrt in diesem
Jahr, einer Taschengelderhöhung, einer kompletten Klamot-
tenausstattung und der Aussicht, für sehr viel Geld drei
Monate in eine Partnerschule im Ausland zu gehen! (Bleib bloß
ruhig, Mutter. Zähl bis zehn und geh aus dem Zimmer. Koch
dir einen Tee und kraule die Katzen ...!)

Geld III

„Was liest du denn da?"

„Immobilienanzeigen!"

„Oh, lies mal vor!"

Ich lese vor: Villa vor den Toren Münchens 1,2 Millionen,
Eigentumswohnung in Rom mit Dachgarten (mein Traum!
Venedig wäre noch schöner!) 498 000 DM, Jugendstilvilla in
Berlin-Dahlem, eine knappe Million ... Dann folgt eine dicke
Überschrift: Studenteneltern! 1-Zimmer-Wohnung 28 qm
119 000 DM, 31 qm 130 000 DM ...

Er will es erklärt haben. Wieso Studenteneltern und wieso
nicht die Studenten selber. Ich erkläre und dann kommt's:
„Kaufst du mir auch eine Wohnung?"

Ich lache. Er ist gekränkt: „Ich meine es ernst!"

„Also dann will ich es dir auch ernst erklären: Mach du erst mal die Schule fertig, möglichst mit Abitur. Und dann sehen wir weiter, was du dann machst. Das hat ja wohl noch ein paar Jahre Zeit!"

„Aber bis dahin sind die Wohnungen doch viel teurer geworden."

„Das kann mich heute kaum vom Hocker werfen. Ich habe nicht vor, eine Wohnung zu kaufen. Dafür fehlen mir nämlich ganz schlicht die Mäuse!"

„Aber du könntest doch ... Und wieviel Geld hast du denn eigentlich gespart?"

„Das brauchst du nicht zu wissen!"

Er ist tödlich beleidigt. Und ich weiß genau, daß er der Auffassung ist, daß *meine* Ersparnisse ausschließlich *seiner* Lebensstandarderhöhung dienen müssen. Heute und in alle Zeit.

28. 10. Lehrgeld

Wieder was gelernt! Türenknallen kommt teuer! In meinem Versuch, mich gegen die scharfen Attacken meines Sohnes zu früher Morgenstunde auf nüchternen Magen abzugrenzen, habe ich die Küchentür *sehr* unsanft geschlossen. Sie gab dabei einen außergewöhnlichen Ton von sich: der große Glaseinsatz war in acht Teile zersprungen, die sich beängstigend in alle Richtungen streckten!

Sowohl in der Küche (bei mir) als auch im Flur (bei ihm) trat eine lange Schweigeminute ein ... und dann hörte ich ihn ausnehmend leise die Wohnungstür ins Schloß ziehen.

Kostenpunkt 180.– DM.

10. 11. Macker

Ich kann es nicht leugnen – ohne es zu wollen – und ohne daß ich weiß, wie es geschah, habe ich mir so einen richtigen Makker herangezogen! Eine bittere Erkenntnis, wenngleich sie mich weniger bitter macht als mit grenzenlosem Erstaunen dastehen läßt.

Seit einer Woche liege ich krank im Bett. Es geht mir wirklich nicht gut, sonst würde ich zumindest im Sessel sitzen oder auf dem Sofa liegen. Das stört meinen Sohn nicht besonders – beziehungsweise: Es stört ihn sehr! Er ist nämlich einiger Bequemlichkeiten beraubt. „Keine Butter da?" „Und Milch auch nicht? Womit soll ich denn mein Müsli essen?" „Was gibt's denn heute zu Mittag?" …

Das Wochenende war er aushäusig – gleich nach der Schule losgefahren zu seiner Gruppenleiterfortbildung. Am Sonntag, nachdem es mir an diesen zwei Tagen besonders schlecht ging, erscheint er wieder: völlig versumpft, verpennt, unausgeschlafen, schlaff sich hängen lassend, knatschig. Daß ich „schon wieder" im Bett liege, paßt ihm sichtlich nicht („Und was gibt's zu essen?"). Er verschwindet gekränkt in seinem Zimmer, legt sich hin und schläft erstmal drei Stunden.

Irgendwie kommt mir das bekannt vor: Der Mann, der von den harten Anforderungen der Freizeit völlig abgekämpft nach Hause kommt, dort liebende Arme und ein warmes Mahl sowie ein vorgewärmtes Bett inclusive vieler Streicheleinheiten benötigt. Alles schon mal dagewesen!

Als er wieder auftaucht, ist seine Laune noch schlechter – klar, ich liege ja auch immer noch im Bett, und zu essen gibt es auch immer nur noch das, was er sich selber macht. Er nörgelt und schmiert sich ein Brot. Für mehr Aufwand hat er keine Lust! Als er damit wieder in seinem Zimmer verschwinden will, sage ich: „Komm, setz dich doch ein bißchen zu mir, ich möchte dich am Wochenende auch mal sehen und hören." Maulend läßt er sich auf meiner Bettkante nieder.

Auf einmal sieht er auf die Uhr und sagt vorwurfsvoll: „Ich sitz jetzt schon 25 Minuten hier bei dir!"

Mir verschlägt's fast die Sprache!

„Ja", sage ich, „das ist nett von dir. Aber für ein ganzes Wochenende ist das ja nicht allzuviel, oder?"

Er grummelt böse in sich rein, sitzt noch ein paar Minuten und verkündet dann: „Jetzt reicht's!", steht auf, macht sich bettfertig und verschwindet endgültig in der Kiste. Nachdem ich mich – sanft, wie ich im Krankheitsfalle immer bin – von dieser Unverschämtheit erholt habe, ziehe ich den Wecker auf und bringe ihn in sein Zimmer. „Du könntest morgen mal alleine aufstehen!"

Er ist empört und verlangt Erklärung. „Ich bin derzeit krank, wie du weißt!" Dazu fällt ihm so schnell nichts ein.

Am nächsten Morgen sehe ich am Lichtschein, daß er pünktlich aufgestanden ist. Gerne würde ich ihn erstmal alleine und selbständig ziehen lassen, aber ich muß dringend ins Bad. Also begegnen wir uns im Flur ... und gleich geht es weiter: „Scheiße! Alles muß man alleine machen ..."

„Ja, du bist ein armes Kind. Du führst ein richtiges Hundeleben", versuche ich zu besänftigen. Aber das hilft nicht. Ich mache mir einen Tee (er will keinen: „Tee ist Scheiße") und ziehe mich mit ein paar Zwiebäcken ins Bett zurück. Plötzlich lautes Geschrei: „Hast du meine Zwiebäcke genommen?" „Ich habe von *unseren* Zwiebäcken genommen. Außerdem sind noch welche da!"

„Ja, aber nicht genug. Wieso ißt du *meine* Zwiebäcke?"

„Es sind nicht deine, sondern unsere, und ab und zu muß ich eben auch mal was essen!"

Langes Gemaule. Mein Magensäurespiegel beginnt schon wieder zu steigen. Und dann auf einmal: „Und niemand macht mir Frühstück!" „Mir auch nicht, obwohl ich krank bin!"

„Ja, wer soll dir denn Frühstück machen!?"

„Na, du natürlich!"

„Iiiiich? Ich hab dazu keine Zeit. Aber du hast Zeit, und du könntest mir ruhig Frühstück machen!"

Es ist mal wieder (fast) endlos – Gottlob muß er einigermaßen pünktlich aus dem Haus. Das enthebt uns weiterer Diskussionen.

Irgendwie verstehe ich das Ganze nicht. Ich bin seit seiner Geburt (und schon 15 Jahre zuvor!) berufstätig – aber er sieht in mir nur die dienende Mutter, die – pfadfindergleich – „allzeit bereit" zur Verfügung steht.

Wo liegen da meine Erziehungsfehler?

Vor ein paar Wochen hatte ich meinem Sohn aufgetragen, das Klo zu putzen! Unser eigenes! Das gemeinsam seit 16 1/2 Jahren benutzte! Die Ausfälle seinerseits dazu waren schlicht zum K ...! Wieso er (er!!) dazu käme, ein Klo zu scheuern? Wer er denn wäre? Und was er mit meinem (meinem!) Klo zu tun hätte? Und das wäre eine Ekelarbeit und eine Sauerei und ihm würde schlecht davon ... und überhaupt ...

Nach geduldigem Erklären, daß auch ich nicht die professionelle Toilettenfrau sei und Kloschüsseln auch auf mich nicht appetitanregend wirken würden und er schließlich auch dieses Möbel benutze ... usw ... usw ... habe ich dann ganz schlicht gebrüllt, er hätte das jetzt zu machen und fertig. Er hat's gemacht. Und danach hat er verkündet, das sei das letzte Mal gewesen!

11.11. Abwanderung

„Ich nehme mal das Telephon mit in mein Zimmer und mach ein Ferngespräch, nicht?"

„Ja, aber bitte erst nach 18 Uhr! Wen willst du denn anrufen?" (Er hat sichtlich auf diese Frage gelauert.)

„Ich überlege die ganze Zeit, ob ich mit meiner Gruppe zu den Wandervögeln gehe. Von denen habe ich jetzt schon so viele kennengelernt. Die sind nämlich so 'ne richtige Organisation mit Satzung und Regeln und einer Kluft und einer Fahne ..."

Ich muß lachen. Das mißfällt ihm.

„Ich meine das so: Ich würde dann mit meiner Gruppe einer größeren Gruppe angehören, und wir könnten dann größere Fahrten mit denen zusammen machen. Und außerdem haben die ja die Burg, auf der sich immer alle treffen. Also ich fände das besser als bei uns.

Letztes Mal hatte ich Krach mit L., weil ich gesagt habe, wir müssen an der Hütte weiterbauen, das Dach muß endlich fertig werden, und da sind wir nicht zum Singen gegangen. Das kann er nicht ab. Wenn er was sagt, müssen wir gehorchen."

(Da kommen doch nicht etwa Platzhirsch-Kämpfe auf???)

„So, nun habe ich G. angerufen. Der ist doch mit L. befreundet. Und den habe ich gefragt. Er hat mir gesagt, an wen ich mich wenden muß und hat mir gleich die Nummer gegeben. Den habe ich auch gleich angerufen, der war irre gut drauf und fand es geil, wenn ich mit meiner Gruppe zu den Wandervögeln kommen würde. Er wird mir gleich Informationsmaterial schicken. Und beiden habe ich von unserer Rußlandfahrt erzählt. Die hatten schon davon gehört und fanden es toll, daß wir die gemacht haben ..."

Ich denke nur an die hohen Telephonkosten ... und ahne nichts Böses!!!

18. 11. Sauer

„L. hat vorhin gesagt, daß wir uns mal alle zusammensetzen müssen. Er war ziemlich sauer."

„Warum?"

„Weiß ich nicht! Hat er nicht gesagt. Er war wieder ziemlich eilig. Von dem sieht man doch immer nur eine Staubwolke. Also wann kannst du?"

19. 11. Termin

„L. hat mir einen Termin gegeben. Da sollst du kommen."

„Gut, aber um was geht es? Ich hatte dich gebeten, das mal zu ermitteln."

„Das hat er nicht gesagt. Außerdem war er irgendwie ganz komisch. Er hat mich noch nicht mal angeguckt."

„Hast du was ausgefressen?"

„Ich? Nee, was soll ich wohl ausgefressen haben? Ich weiß auch nicht, um was es geht. Ich hab wirklich nichts gemacht!"

„Gut, dann rufe ich ihn nachher mal an".

„Na gut, dann gehe ich jetzt erstmal in die Badewanne ..."
...

Ich habe L. angerufen und kann es nicht fassen. Dieser faszinierende Pädagoge, dieser tolle Mann hat mich am Telephon zusammengeschnauzt wie ein freches Schulgör.

„Ich möchte wissen, um was es geht."

„Das laß dir von deinem Sohn erklären. Der weiß, was er angerichtet hat!" (Wüüütend!!)

„Er weiß von nichts ... (L. lacht höhnisch) und ich möchte im Moment nicht viel Aufregung. Ich bin krank, und mir geht es nicht gut ..."

Und was sagt darauf dieses Vorbild der Jugend, dieser Angebetete? „Das interessiert mich überhaupt nicht! Morgen werden wir das Gespräch haben. Du kannst dir aussuchen, wo. Bei dir oder bei mir!"

Ich bin so perplex – außerdem will ich diesen Alp hinter mich bringen. Also sage ich: „Lieber bei dir!" und er blafft in den Hörer: „20 Uhr" und legt ohne Gruß auf ...

Mir zittern die Knie. Mein kaputter Magen revoltiert. Ich schleiche ins Bad, wo der Sohn im Schaum vergaben liegt.

„Ich muß jetzt endlich wissen, was los ist! Was hast du gemacht? Der ist ja nicht mehr wiederzuerkennen!"

Der Sohn kriecht noch tiefer in den Schaum. „Ich hab dir doch schon gesagt, daß ich das nicht weiß. Er sagt mir ja auch nichts. Ich merke ja auch nur, daß er was gegen mich hat! Vor allem sagt er immer, daß man über alles sprechen muß."

„Aber irgendwas muß doch vorgefallen sein!"

„Das weiß ich doch nicht!"

Ich dringe weiter in den Sohn. Ich bin so aufgeregt, daß ich zu heulen anfange. Und ich merke dem Kind an: er lügt nicht! Er war immer „ein schlechter Lügner" – man sah es ihm stets sofort an. Jetzt ist nur Ratlosigkeit in seinem Gesicht.

Gut, also denn morgen abend!

21. 11. Unvergeßlich!

Diesen Abend werde ich zeit meines Lebens nicht vergessen – nicht einmal, wenn ich 100 Jahre alt werden sollte! Es war unwahrscheinlich, unglaublich, unfaßbar ...

Es war ein fulminantes Getöse. Ein Geschrei, Gebrüll, Wutanfall, Zornausbruch, ein Herumspringen – und dann wieder für ein paar Sätze absolute Ruhe, Sanftheit, scheinbare Zuwendung.

Und um was ging es nun eigentlich? Um zweierlei – und eines war davon so fragwürdig wie das andere. Zum einen hatte der verehrte G., seines Zeichens nicht nur großer Wandervogel-Guru, sondern auch noch gehobener Studienrat für Ethik (!!!) sofort „gepetzt", nachdem der Sohn ihn angerufen hatte. Motto: „Vorsicht, da will jemand abhauen!" Und dann hat er brieflich eine Version von dem Telephonat von sich gegeben. Ich habe den Brief zwischen zwei Schreiattacken erbeten und mit Abscheu gelesen. Es stimmte absolut *nichts*, außer, daß L. sich *langsam* aus Altersgründen zurückziehen wolle – und genau das hatte er Wochen zuvor sogar in meinem Beisein verlauten lassen (immerhin ist er näher an 70 als an 60!).

Ja und der zweite Punkt war eben: Er wolle die Gesamtwandergruppe verlassen und sich selbständig machen mit seinen Kleinen. Es fiel an Kränkungen und wüsten Beschimpfungen alles, was sich dieser Mensch nur ausdenken konnte – ich habe nur auf das Wort „Verräter" gewartet. Das kam nicht, aber die Umschreibungen ließen keine andere Deutung zu.

Es war unglaublich.

Sie endete mit dem Schlimmsten: Er könne abhauen, aber seine Gruppe und seine Hütte sei er los.

Die ganze Vorstellung dauerte knapp anderthalb Stunden.

Dann standen wir draußen vor der Tür. Wie ohnmächtig. Ich wußte nicht einmal mehr, welche Richtung ich einschlagen mußte, und der Sohn sagte mit großer Trauer in der Stimme: „Heute abend hat er alles zerschlagen, was er drei Jahre lang aufgebaut hat!"

24.11. Sei froh ...

Zwischen uns herrscht ein eigenartiges Klima: eine sehr verhaltene Trauer. Wir gehen miteinander um, wie mit rohen Eiern, sprechen leiser, es fällt kein böses Wort. Der L.-Abend sitzt uns beiden tief in den Knochen, und etwas ist zerbrochen, das ist deutlich zu spüren. Nun um Himmelswillen nicht noch mehr kaputtmachen!

Abends habe ich meiner Freundin und ihrem Mann von diesem Abend erzählt. Beide kennen L. Ja, das sei er eben *auch!* Die andere Seite der Medaille. Wo viel Licht ist (und das ist – war – es ja zweifellos), da ist auch viel Schatten.

Anderen Jugendlichen ist es in früheren Jahren schon ähnlich gegangen: „Sei froh, daß er sich früh genug gelöst hat. Das ist die richtige Entwicklung."

2.12. Zauberwörter

Noch immer krank, versuche ich (blöderweise!), den Haushalt wenigstens einigermaßen zu versorgen. Beim Wäscheaufhängen denke ich plötzlich: Sei nicht blöd. Du zeigst ihm doch nur, daß eine Mutter auch im Krankheitsfalle *voll* einsatzfähig ist, seine T-Shirts kann er sich selber aufhängen. Ich sage ihm im Vorbeigehen: „Im Waschbecken liegen deine T-Shirts, häng die mal eben auf."

Er tut erstaunt, spielt den stutzend Innehaltenden und sagt dann sehr von oben herab: „Hab ich das kleine Zauberwort gehört?"

„Nein, vermutlich hast du es nicht gehört! Ich hab es nämlich nicht gesagt, schließlich handelt es sich um deine eigene Wäsche, die ich für dich gewaschen habe. Dafür habe ich auch kein kleines Zauberwort gehört!"

„Nein", sagt er bedeutungsvoll. „Das war ja wohl auch nicht nötig. Die Wäsche wurde schließlich von der Waschmaschine gewaschen!"

Nachdem er am gleichen Tag noch zweimal „die kleinen Zauberwörter" bei mir vermißt, sage ich abends: „Mein lieber Sohn, würdest du bitte, bitte endlich deiner Pflicht nachkommen und die Kackkiste deiner beiden Katzen säubern, wie es deine Pflicht ist? Ich danke dir im voraus von ganzem Herzen!"

Er sieht mich streng an und sagt dann: „So ist es richtig. So gehört sich das. So hab ich es gerne!"

... Und ich habe das verdammte Gefühl, daß er es todernst meint!

7.12. Inkonsequent

Ab heute bleibe ich wohl hoffentlich endlich mal konsequent – mindestens bis zum Jahresende. Die frühmorgendlichen Szenen gehen mir schon seit Monaten (um nicht zu sagen „Jahren") auf den Keks. Jahrelang die Machtspielchen um „mach nicht so langsam, bummel nicht so, du kommst zu spät, nun geh endlich, nun mach endlich ..." Damit habe ich mit viel

Mühe und sehr viel Kraftanstrengung irgendwann aufgehört. Geschafft habe ich das Ignorieren dieser Bummelei nur, indem ich mich ins Bad verzog oder mich wieder ins Bett legte – und die jeweilige Tür laut und deutlich schloß.

Meiner Berechnung nach müßte er an mindestens vier Tagen morgens zu spät in der Schule sein. Er leugnet das – aber soo schnell kann er gar nicht mit zwei U-Bahnen und Umsteigen und zehn Fußminuten sein ...

Nun, dafür bin ich nicht mehr zuständig. Aber darum ging es wahrscheinlich all die Jahre gar nicht – es ging um den herzerfrischenden (für ihn!) Zoff mit der müden Mutter, die an mehreren Tagen der Woche extra seinetwegen anderthalb Stunden eher aufstand als für sie selber nötig gewesen wäre.

In den letzten Wochen nun immer wieder ein anderer Anlaß. Die Müsli-Milch ist nicht eiskalt, weil zu früh (!) aus dem Kühlschrank genommen. Die Socken sind plötzlich zu eng, und das ist Anlaß für ein zwanzigminütiges aggressives Geschimpfe. Ein Heft oder Buch fehlt, das man heute nun ganz dringend braucht (liegt irgendwo mitten im Müll des Zimmers!). Die Haare sind verfilzt und „gehen nicht durch". Schön ist es auch, beim mütterlichen Personal ein bestimmtes Frühstück zu ordern und dann „keine Zeit" zum Frühstücken zu haben, während ich im Bademantel todmüde in der Küche herumgewirtschaftet habe. Sein permanentes „Scheiße"-Geschrei auf (meinen) nüchternen Magen nervt mich völlig, und oft fühle ich mich schon morgens um 7.35 Uhr das erste Mal fix und fertig. Wenn er besonders gute Laune hat, ist es nicht besser. Dann brüllt er durch die ganze Wohnung nach mir, um mir dann lachend mitzuteilen, er wisse jetzt – wo ich sooo lange gebraucht hätte, mich herzubequemen – nicht mehr, was er eigentlich wollte. Oder er ruft, schon in der offenen Wohnungstür stehend, bis zu vier Mal, ob ich „dem lieben Sohn nicht bye-bye sagen" wolle ...

Nun ist Schluß – ab morgen früh steht er alleine auf und wenn er sämtliche Wecker, Reisewecker, Weck-Radios und anderes mit in sein Zimmer nimmt. *Das* Theater ist vorbei.

Ein paar Mal habe ich's im laufenden Jahr probiert. Zwei Tage ging es immer gut – dann fing die Bummelei und das „Verschlafen" an und die Bettelei, ihn doch zu wecken und

„so ein schönes Frühstück zu machen". Und ich wurde rückfällig!

Letztlich ist das Zuspätkommen in diesem Alter eine Sache zwischen Schüler und Lehrer – und nicht zwischen Mutter und Sohn!

12. 12. Keine Ersparnis

Morgens klappt es überraschend gut: Der Sohn steht alleine auf (ob er pünktlich zur Schule kommt, weiß ich nicht – und eigentlich interessiert es mich inzwischen auch nicht mehr brennend.)

Aber eingetreten ist genau das, was meine weise Freundin, Mutter vier solcher Exemplare prophezeit hat: Man kriegt alles, was einem zusteht. Und was man sich morgens spart, bekommt man dann eben abends zusätzlich.

Wie wahr! Der Knatsch geht jetzt bis Mitternacht. Letztes Schlachtfeld ist immer noch das Badezimmer, das ich ab Mitternacht *in Ruhe* benützen möchte. Aber just dann braucht er es. Meistens kommt er nicht wieder raus – noch schlimmer aber ist, daß er genau zu dem Moment *rein* muß, an dem ich beginne, mich fertigzumachen.

Natürlich hindere ich ihn dann am Schlafen, das er doch so nötig hat. *Er* müsse viel (!) eher aufstehen als ich. *Ich* habe mich also „gefälligst zu beeilen" … Es ist mal wieder endlos!

15. 12. Investitionen

Müde und abgeschlafft kommen wir beide aus der Stadt. Der große Klamotteneinkauf für Winter und Schottland war fällig. Er ist immer ein wahres Angehen und eine Prüfung für meine noch nie sehr ausgeprägt gewesene Geduld. Ich gebe ja zu, daß es verdammt schwierig ist, Hosen zu finden, die für einen Knaben von 195 cm passen, der sehr schmal ist.

Als ich in Gedanken versunken neben ihm herlaufend die Kosten überschlage (von 700 DM sind gerade noch 30 übrig!), sagt er auf einmal unglaublich beleidigt: „Andere Eltern investieren aber viel mehr in ihre Kinder!" Ich muß zweimal nachfragen, um die Ungeheuerlichkeit zu begreifen. Aber nein, es ist so: Er ist wieder schlecht dran – und andere haben es viel besser! Ich schwanke zwischen Wut und Trauer. Ich kann es nicht fassen!

24. 12. Ohne Mut

Heiligabend – schön wie immer. Schottland hat seine Schatten – auch was den Gabentisch betrifft – vorausgeworfen: dicke warme handgestrickte Socken von der Großtante, ein Bildband Schottland, ein kleiner Reiseführer Schottland – und auch ich habe mal wieder gestrickt: einen langen, weichen, warmen Wollschal aus schwarzer (!) Babywolle, damit's ja nicht etwa kratzt – und dann habe ich mich in das Abenteuer eines besonders langen Wollpullovers geworfen. Er ist sogar fertig geworden – fast!

Der Sohn packt aus und aus – und plötzlich sagt er mit gesenktem Kopf und Moll-Stimme: „So langsam verlier ich allen Mut!"

O je!

Da fällt mir auch so schnell nichts ein. Aber ich glaube es ihm auf Anhieb! Mit 16 Jahren ein Vierteljahr in die fremdsprachige Ferne ... Aber er hat's schließlich so gewollt.

„Du brauchst nicht zu fahren", sage ich voll Mitgefühl. „Wir können alles jederzeit absagen. Es kann alles rückgängig gemacht werden! Das ist nicht schlimm!"

„Nein, nein", sagt er schnell. „Ich will ja auch hin. Aber trotzdem ..."

„Probier' es", sage ich und wiederhole noch einmal, daß er jederzeit abbrechen könne, wenn es nicht geht. „Anruf genügt" und „Ich habe dein Flugticket extra so ausstellen lassen, daß du ohne allzu große Kosten einen früheren Rückflugtermin wählen kannst."

Nein, nein, das will er möglichst auch nicht – dennoch ... das flaue Gefühl bleibt! Das Raus-in-die-Welt ist eben nicht so einfach!

„Und außerdem", sagt er trübsinnig, „muß ich ja auch mal lernen mich anzupassen, wenn alles nicht so ist ..."

27. 12. Auf die Burg

Bevor es nach Schottland geht, „muß" er aber dringend mit den Wandervögeln noch „auf die Burg". Dort ist großes Winterlager: Sylvester, Neujahr, Wanderungen, Arbeitsgemeinschaften – sechs Tage lang. Da darf er nicht fehlen, das darf er nicht versäumen. *Ich* finde ja, daß man noch genug vorzubereiten hätte, wenn man für drei Monate ins Ausland geht – aber wer fragt schon *mich?*

Damit es aber nicht das Chaos gibt, greife ich ein: Alles was nach Schottland mit muß, kommt nicht mit auf die Burg – wie soll ich innerhalb von vier Tagen, die dazwischenliegen, dicke Wollsachen und Hosen waschen und vor allem trocken bekommen?

Jaja, er ist mit allem einverstanden – Hauptsache er darf und es geht los!!!

„Also dann bis bald, Mutter, nicht? Und sieh mal zu, daß du für mich noch einen Arzttermin kriegst wegen der Medikamente, ja?"

Sechs Tage alleine – mit *seinen* Reisevorbereitungen beschäftigt, vor allem aber: Sylvester und Neujahr solo! Das erste Mal in meinem Leben!!! So langsam geht es los! Für mich!

4. 1. Auch das noch!

Er ist zurück – begeistert! Ich bin zurück – hatte mich einfach bei Freunden eingeladen für zwei Tage, die sehr schön waren. Das wichtigste aber: Der Sohn hat sich verliebt! Und am liebsten würde er nun gar nicht nach Schottland fahren! Rein in die Kartoffeln, raus aus den Kartoffeln!

„Dann schreibt ihr euch eben, und in drei Monaten könnt ihr euch ja wiedersehen!"

Er seufzt tief – diesmal hat er wohl nicht damit gerechnet, daß ich sage: Dann bleib eben zu Hause!

Vier Tage kennen sie sich – und schon soll die ganze Lebensplanung umgeworfen werden!

8.1. Up, up and away!

Huh, war das ein Streß! Was wir in diese letzten Tage noch alles reingequetscht haben! In jeder freien Minute hat er sein Zimmer zusammengepackt – zunächst noch recht ordentlich ausgesiebt und durchgesehen (und gelegentlich sogar etwas weggeworfen). Als die Zeit davonlief, hat er dann alles nur noch in große Kartons geworfen, „Krimskrams" draufgeschrieben und zugeklebt. „Aufbewahren für alle Zeit!"

Dann fehlte ihm noch eine Hose – und möglichst noch ein Sweatshirt. Auch das wurde erledigt. Die Ärztin fand seinen Blutdruck immer noch zu niedrig und die Eisenwerte auch – also alles noch besorgen.

Seine Abschiedspizza wollte er dann noch mit mir einnehmen, und er wurde immer fröhlicher und aufgekratzter. Plötzlich – das erste Mal seit ein paar Wochen – zeigte er Vorfreude auf seine große Reise, erzählte den italienischen Kellnern davon, die er seit Jahren kennt und die sich mit ihm freuten. Klar – sie bewunderten ihn auch für seinen Mut – und das tat ihm deutlich gut! Daß er dort aber keine so gute Pizza bekäme, wurde ihm geweißsagt – aber er wäre dann ja auch bald wieder da!!!

Ich konnte in der kommenden Nacht kaum schlafen – vor allem auch, weil ich fürchtete, den Wecker nicht zu hören. Um sechs Uhr kam das Taxi, um sieben Uhr checkte er ein – und dann kam noch eine kleine Überraschung: Eine Bekannte, die seit Jahren auf dem Flughafen arbeitet, ließ ihn ausrufen … und stand dann an dem Informationspunkt, an dem er sich einfinden sollte. Großer Abschied – und dann mußte er auch schon rein.

Ja und dann hob die Maschine ab – und mir wurde reichlich flau. Da geht er nun dahin, dachte ich mit einer Riesenwehmut im Herzen.

Langsam bin ich dann in die Stadt zurück – dort war noch alles geschlossen, dann über den Flohmarkt, der gerade erst aufgebaut wurde – und dann habe ich mir zu Hause einen langen Vormittagsschlaf gegönnt, der auch nötig war. Bei jedem Aufwachen habe ich gedacht: Wo ist er jetzt? Hat das Umsteigen geklappt? Ist er in Edinburgh abgeholt worden? Haben sie sich erkannt ...? Und da läutete auch schon das Telephon: „Ich bin gut angekommen, und jetzt sitze ich hier in einer ganz gemütlichen Küche und habe eine ganz süße Katze auf dem Schoß! Und ein schönes Zimmer habe ich auch unterm Dach. Das wird schon alles gut gehen. Aber weißt du was, als ich im Warteraum saß und dann in die Maschine ging, da habe ich doch richtig Schiß gehabt. Da wäre ich am liebsten umgekehrt!"

Ich kann's verstehen, sage es ihm auch und sage ihm auch, daß ich ihn *mutig* finde! Und daß es mit seinen geringen Englischkenntnissen mit dem Umsteigen auch gut geklappt hat, ist auch ein Grund zum dicken Lob!

So, und nun beginnt für mich nach sechzehneinhalb Jahren das erste Mal eine lange, lange Zeit „ohne"! Meine Gefühle sind *sehr* ambivalent: Endlich mal wieder ich selber sein dürfen, endlich mal wieder mehr Freizeit, endlich mal sehr ruhige Arbeitszeit, selbstbestimmte Zeiteinteilung ... aber, aber das große Loch, das er hinterläßt.

9. 1. Neuer Mann

Ein sehr ruhiger Sonntagmorgen. Nun ist er schon einen Tag und eine Nacht dort. Hoffentlich wird es ihm gut gehen. Bei aller Erleichterung – nach den letzten sehr nervigen Wochen – ist mir doch auch schwer ums Herz.

Hat er das geahnt? Oder hatte er ganz andere Phantasien, was passieren wird, während er abwesend ist? Auf alle Fälle hat er mir zum Abschied noch gesagt, daß er nichts dagegen habe, wenn ich mir für die Zeit seiner Abwesenheit einen Mann suchen würde!!!

„Und was mach ich mit dem armen Kerl dann, wenn du wiederkommst?" Er war ganz ratlos (demnach sollte er also nicht bleiben dürfen.) „Das können wir dann ja sehen", rettete er sich.

20.1. Schottland

Die Zeit rast! Ich hätte nicht gedacht, daß sie mir während seiner Abwesenheit soo schnell vergehen wird! Ich hatte es wohl auch mit seiner Rußland-Wanderung verglichen, bei der es mir einfach schlecht ging, weil er mich nicht und ich ihn nicht erreichen konnte.

Jetzt ruft er einmal pro Woche an – ein Lockruf („Rufst du zurück?"), und dann klönen wir ausführlich (und teuer). Ab und zu kommt auch noch eine schöne Ansichtskarte – Stadtbesichtigung, auf der Burg, über die Brücke am Tay ...

Er hat einen Freund gefunden – einen deutschen 18jährigen (worunter das alltägliche Einüben der englischen Sprache natürlich leidet), mit dem er viel unternimmt. Am Telephon macht dieser Knabe einen ausnehmend netten Eindruck. Einen Teil seiner Samstage verbringt er auf dem aufgelassenen Gut seiner Wirtin. Unter einem großen Feld, das jetzt brachliegt, war um die Jahrhundertwende eine Müllkippe angelegt worden, auf der aller Hausmüll landete. Dort buddelt er – und Samstagabend oder Sonntag erzählt er mir von seinen Wunderfunden! Im Rucksack schleppt er sie nach Hause, und dort werden sie mit einer alten Zahnbürste im Seifenwasser gereinigt. Da scheint einiges Interessante zusammenzukommen. Er ist richtig euphorisch.

Seine Unterkunft ist wohl nicht so das Wahre. Kalt und vor allem zugig. „Windy point" hat er seine Dachstube genannt. Im Bett kann er auch nicht richtig liegen, es ist zu kurz. „Leg dich diagonal". „Ja, ja, das geht schon alles."

Und die Schule – auf die es ja in erster Linie ankam! „Die ist echt geil, Mutter, du!" Und dann folgen die Lobgesänge. Viel Sport – auch in den Pausen dürfen sie die Halle benutzen. Badminton steht ganz oben! Und zehn Tage nach Ankunft wurde er in den Chor aufgenommen – „das ist eine Ehre" – und da singen sie Gluck's „Orpheus" in altenglisch. Das wird dann bald aufgeführt. Und sonst!? Alle Lehrer sind „echt gut" und sehr nett. Nur – ja leider, nur die Lehrerin für englische Grammatik ... ja, leider, aber die könne er nun wirklich nicht leiden! Täte ihm ja auch sehr leid ...

31.1. Nicht zurück

Anruf vom Sohn. Er schwärmt von der Schule. Es ist phantastisch. Im März ist Chor-Aufführung – das würde eine tolle Sache werden!!! Und dann? Dann kommt das alte und nie verdaute Thema L. dran. Und wie es seiner Gruppe gehen mag, seinen Jungen? Ob er diese Gruppe je wird wieder übernehmen können? Und er könne ja vielleicht mit der Gruppe bei der Schule bleiben und nur alleine zu den Wandervögeln gehen? Aber andererseits sieht er es ganz realistisch: Egal, was er macht, bei L. kriegt er nie mehr ein Bein an den Boden!

Am liebsten würde er gar nicht mehr zurückkommen, sagt er abschließend und sehr traurig!

3.2. Archäologe

Über den Freund eines Freundes habe ich mich auf Bitten des Sohnes erkundigt, wie man Archäologe wird. Es klang alles sehr appetitlich. Als der Auskunftgeber dann aber die Charaktereigenschaften eines guten Archäologen schilderte, dachte ich, er beschreibt meinen Sohn: alles sehr langsam, sehr geduldig, sorgfältig, vorsichtig, ruhig . . :

Ich hab's ihm am Telephon erzählt, und er war sehr angetan davon. Seine Buddelei führt er fort mit Ausdauer und Neugierde.

23.2. Hunger!

Nun ist es endlich raus. Nach einem herumgedrucksten Telephonat, das mich mitten in meinem ungestörten Winterurlaub aufgestört hat, habe ich jetzt also erfahren, was los ist – und das seit Wochen: Der Sohn wird nicht satt. Er hat ständig Hunger. Das Essen wird ihm zugeteilt, von allem nur sehr wenig und oft auch „überhaupt nicht frisch". Frühstück und Abendessen ist „im Programm", Schulbrot muß er sich selber machen, aber dazu kommt es oft gar nicht, weil sie ihn zu spät weckt (eigener Wecker! Und dann reinhauen!!) und weil manchmal eben auch gar nichts zum Mitnehmen da ist. Er hat sich bei den anderen Gastschülern in letzter Zeit schon manchmal „durchgefressen" – vor allem bei der Englischlehrerin, die auch zwei junge Männer beherbergt. Dort seien die Zimmer groß und warm, es ist immer Milch, Obst, Yoghurt und Müsli für „Zwischendurch" da – und niemand habe was dagegen, daß er sich dort satt ißt. Nur seine Alte, die hat was dagegen … Und gestern habe es einen lautstarken Streit gegeben um einen alten Brotkanten. Den habe er sich genommen, als er aus der Schule kam. Durchschneiden konnte man ihn nicht mehr, weil er so hart war. Und zum Draufschmieren war nichts da. Kaum hatte er reingebissen, kam die Alte nach Hause mit ihrer kleinen schottischen Lieblingsschülerin. Sie habe ihn furchtbar ausgeschimpft, weil er sich einfach Brot genommen habe – und dann hat sie für das Mädchen und sich selber Tee gekocht und Kekse dazugestellt. Er habe nichts abbekommen. Er habe auch nichts zu sagen und zu fragen gewagt …

Mir ist alles vergangen! Ich bin dermaßen aufgeregt … wie lange das denn schon gehe? Ja, von Anfang an. Also schon sechs Wochen? Ja. Und warum sagst du nichts? Ich wollte dich nicht aufregen …

Dafür zahle ich nun mehr als 800 DM im Monat – nur für Unterkunft und Verpflegung – die Schule kommt mit über 1000 DM noch dazu! Und dann noch nicht mal sattwerden!

Auf alle Fälle schicke ich ihm noch einen Hundertmarkschein für die nächste Zeit, damit er sich zwischendrin wenigstens was kaufen kann, wenn er Hunger hat. Und dann berate ich mich mit Freunden. Was macht man in einem solchen Falle? *Ich* bin ja immer für sofortiges Eingreifen und Protestieren. Aber alle raten mir ab. Laß es. Die Frau ist alt, die änderst du nicht. Und da der Sohn nicht zu einer anderen Familie wechseln will, hat es eh keinen Zweck …

5.3. *Aus dem Ruder*

Die Anrufe aus Schottland beunruhigen mich derzeit mehr als daß sie mich freuen würden. Mir scheint, da läuft so einiges aus dem Ruder. Spätabends in den Pub, nachts ins Kino (bis

zwei Uhr! Spätvorstellung!!!!), übernachten mal hier, mal da ...
dafür sitzt die englische Grammatik überhaupt nicht! Mir
scheint, meine Schonzeit ist vorbei!

19. 3. Abholen!

Ich habe mich ganz kurzfristig entschlossen, den Sohn aus
Schottland „abzuholen". In zehn Tagen endet sein „term",
dann ist Heimkehr angesagt. Ich habe noch acht alte Urlaubstage zu bekommen. Schottland kenne ich nicht. Die Fluglinien
unterbieten sich mit Sonderpreisen, und der Sohn hat Massen
an „Souvenirs" der unterschiedlichsten Art angesammelt, die
er allein nicht tragen kann.

Meinen Vorschlag hat er begeistert (!) aufgenommen – zu
meiner völligen Verblüffung.

Und nun bin ich gespannt. Morgen mittag fliege ich. Dann
haben wir dort noch sechs gemeinsame Tage ... aber nein, das
hat der Sohn abgelehnt. Meinetwegen würde er *nicht diese
Schule schwänzen!* Na gut, einen Tag, damit wir einen Ausflug
machen können ... aber ansonsten müsse ich schon alleine
klarkommen. Gegen 17 Uhr würde er aus der Schule erscheinen und dann könnten wir beide ja ...

Mir scheint, es hat sich bei uns einiges geändert! Ich bin sehr
gespannt, wie ich ihn vorfinde, wie er sich weiterentwickelt
hat – und wie die Zukunft bei uns aussehen wird. Im Moment
bin ich voller guter Gefühle, voller Vorfreude, voller Hoffnun-
gen!

23. 2. Gemischt

Nun wohne ich in einem süßen kleinen Zimmer mitten in
Edinburgh. Alles geblümt, alles gerüscht. Eine Miniveranda,
eine Dusche, die entweder kochend oder eiskalt ist, ein Fenster, das nicht schließt (das ist hier aber die Standardausfüh-
rung, wie ich höre und sehe – nix Wärmedämmung), ein opu-
lentes Frühstück mit Bohnen (!), Speck (!), Eiern und allem
möglichen anderen – und ganz zauberhafte Wirtsleute!

Als der Sohn mich vor drei Tagen vom Flughafen abgeholt hat, habe ich einen Schock bekommen. Er lehnte lässig an einer Säule, als ich um die Ecke bog – und ich blickte auf seine Füße, um zu sehen, auf was er stand. Er stand nur auf seinen Füßen. Er war endlos. Er muß mindestens fünf Zentimeter gewachsen sein in diesen elf Wochen! Ich kann es nicht fassen, und ich kann mich nicht daran gewöhnen, zu meinem Kind aufblicken zu müssen.

Der andere Schock kam nach einer Stunde. Nachdem er mich in meinem Zimmerchen abgesetzt hatte (und sich freute, daß seine Auswahl mir gefiel), liefen wir zu Fuß zu seiner Adresse. Dort wartete (angeblich) ein Abendessen auf mich! Aber darauf hätte ich gut und gerne verzichten können: Mein erster Gedanke, nachdem ich aus meiner Starre erwachte, war: Wie konntest du es *hier* mehrere Wochen aushalten???

Und das Essen, das auf dem Tisch stand – wartend auf den Gast!!! – war ganz schlicht ekelerregend.

„Ich merke das schon gar nicht mehr!" hat der Sohn geantwortet in einer Mischung aus Belustigung über mein Entsetzen und Resignation. Nein, in seiner Haut möchte ich all die Zeit nicht gesteckt haben!

Sein Zimmerchen ist nett, sehr ordentlich aufgeräumt (offenbar das einzige im ganzen Haus) und eiskalt, keine Heizung, kein Ofen! Durch die Tür muß er sich tief bücken, und im Zimmer selber kann er nicht aufrecht stehen. Wieso man in dem Bett nicht diagonal liegen kann, spüre ich nach fünfminütigem Sitzen selber an der Metallschiene, die aus irgendwelchen Gründen das Bett in zwei Hälften teilt. Und die Tür ist nicht nur nicht abschließbar, sondern noch nicht einmal einzuhaken. Da es ständig zieht, schlägt sie immerfort leicht auf und zu. Apfelsinenkisten als Regale, überall die Farbe abgeblättert, und trotzdem hat er es sich mit Bildern, Postern und seinen Exponaten hübsch gemacht. Dennoch ...

„Aber die Schule, Mutter, die ist echt Spitze", sagt er, wie um *mich* zu trösten!

1.4. Durchhalten

Die gemeinsamen/nicht gemeinsamen Schottland-Tage waren sehr anstrengend. Der Sohn hatte sich offenbar vorgenommen, mir vorzuführen, daß er jetzt erwachsen ist. Er weiß alles (und vieles besser), er trumpft auf, er tut, als wäre ich von Geburt an blöde gewesen. Er bringt mir bei, daß in Schottland *alles* anders ist (und Jugendschutzgesetze gibt es seines Wissens dort auch nicht!) – und daß ich eben davon keine Ahnung hätte!!! *Er* ist der Kenner und der Meister – und ich bin selbst zum Straße-Überqueren zu dummerhaftig!

Es ist kein Tag vergangen, an dem wir uns nicht mindestens vier mal in den Flicken gehabt hätten, und langsam war ich wirklich froh, daß er sich weigerte, die Schule zu „schwänzen", nur weil ich da war! An einem Tag – da hat er sich erweichen lassen – hat er mit mir was unternommen, und die Unternehmung ging in Hektoliter Regen pro Quadratmeter unter. Ich war noch nie im Leben so naß.

Später – als er meinte, die Wanderung könne sich ruhig ein bißchen abenteuerlicher gestalten – gerieten wir dann über Stacheldrahtzäune („Betreten verboten") auf eine Weide, die mehr und mehr zum Schlammbad wurde. Ich war mit meinen Nerven völlig am Ende – zumal der Bauer uns sah und sich mit lachenden Augen an unserer Misere weidete. Aber in solchen Fällen läuft mein Sohn zu voller Form auf – das ist was für ihn! Das Überspringen eines zwei Meter breiten Grabens, der in großer Geschwindigkeit aus einem Wasserfall in den See strömte, der schon weit über die Ufer getreten war, habe ich dann aber verweigert. Komischerweise gab es dafür mal keinen Ärger – ich glaube, es gibt vor allem dann keinen Zoff, wenn mein Sohn deutlich seine Über- und meine Unterlegenheit demonstrieren kann. Das stellt ihn dann schon ausreichend zufrieden.

Aber insgesamt: Es war eine angespannte Woche. Immerhin war er so gnädig, mich mitzunehmen, als eine ältere Lehrerin ihn für den letzten Tag seines Aufenthaltes zu einer Ganztageswanderung einlud. „Meine Mutter ist aber da", hatte er ihr erklärt, worauf sie ganz spontan meinte, dann würden wir eben zu dritt gehen.

Es war ein wunderschöner Tag! Eine wunderschöne Wanderung – und somit ein wunderschöner Abschluß meiner (und seiner?) Reise!

Noch immer völlig irritiert über sein Ausharren in *diesen* Zuständen bin ich in ihn gedrungen, warum er denn nicht seine Unterkunft gewechselt hat, das hätte überhaupt keine Schwierigkeiten gemacht! Doch, das hätte es, erklärt er. Sie hätte das einmal erhaltene Kostgeld nicht mehr herausgerückt. Das Taschengeld für ihn, das ich aus Kostengründen mit auf ihr Konto überwiesen hatte, hat er auch nicht ausgezahlt bekommen. „Und außerdem wollte ich mal lernen, durchzuhalten!" (???)

6.4. Reifung

Der Sohn knüpft genau dort an, wo er im Dezember aufgehört hat. Wer hat mich nur auf die völlig abstruse Idee gebracht, er könnte bei drei Monaten Auslandsaufenthalt einen Entwicklungsschritt machen in Richtung Selbständigkeit, Verantwortung, Reife, Erwachsenwerden (-wollen)!? Warum bitte schön, soll einer von unseren verwöhnten, verweichlichten, materiell überfütterten Jugendlichen den Wunsch haben, selbständig zu werden? Sie wären ja schön blöd. Zu Hause stehen kostenlos die Fleischtöpfe Ägyptens, in die man nur hineinlangen muß und die sich permanent geheimnisvoll selber füllen. Und ansonsten: Freiheit, Freizeit – und das große *Ich, Ich, Ich!!!* Der Nabel der Welt, um den sich alles dreht, vor allem die blöden Mütter!

Der alters- und entwicklungsbedingte Fortschritt des Sohnes nach drei Monaten Schottland besteht aus einem verdammt gewachsenen Selbstwertgefühl, was seine (vermeintlichen!) Rechte anbelangt! *Sehr* selbstbewußt lehnt er jegliche Verantwortung für sich selber und für irgendwelche Tätigkeiten im gemeinsamen Haushalt ab. Er hat schlicht „keine Zeit". In der Tat: Er langweilt sich keine Minute, die er aus dem Fenster starrt. Aber er ist nur darauf aus, seine Vergnügungen unter Dach und Fach zu bekommen. Dienstags Kino (weil er seit Schottland so einen Entzug hat), mittwochs Kino, weil Hans nur noch diese Woche in der Stadt ist. Freitag Wandergruppe bis

19 Uhr, dann Bettruhe („Ich bin sooo geschafft!"), dann zwei
Stunden puzzeln („wieso, das wolltest du doch, oder?" Ich hatte
nur gebeten, das Puzzle mal langsam vom Eßtisch zu räumen,
damit wir die Suppenteller nicht noch länger am Couchtisch
auf den Knien balancieren müssen!), anschließend lange, lange
unter die Dusche. Samstags nach nur zwei Unterrichtsstunden
Flohmarkt, danach Mittagsruhe (wovon nun das Ausruhen?),
eine Mahlzeit und dann ab zu Hans, der einen großen Spiele-
abend organisiert. Heimkehr? „Weiß ich nicht!" Also „Open
end?" „Wieso denn nicht? Sonntag kann ich doch ausschlafen!"
Eben! Und das bis weit in die frühen Nachmittag rein. „Wieso,
was liegt denn sonst an? Hattest du was geplant? Na, siehste!"

Das ist sein Keine-Zeit-Programm! Es erlaubt ihm leider
nicht, täglich einmal abzutrocknen, seine (seine!!!) Katzen zu
füttern und ihr Klo ordnungsgemäß zu säubern. „Wieso, wenn
ich doch keine Zeit habe?"

Vorhin wollte ich darob ein so oft gepriesenes pädagogisches
Gespräch mit ihm führen. Marke: „Man muß darüber reden!"
„Man muß zu einem Konsens finden", „Probleme müssen in
der Familie ausdiskutiert werden" ... blablabla ...

Ich stand vor ihm, er hing auf dem Stuhl, kippelte, spielte
mit Schnüren, kaute Pfefferminz – und ließ mich genußvoll so
richtig auflaufen.

„Dann mach du doch mal einen Vorschlag, wie sich das in er
nächsten Zeit gestalten soll."

„Iiiich?"

„Ja, du!"

„Wieso iiiich?"

„Weil es um deine Pflichten geht!"

„Aber wenn ich keine Zeit habe?"

„Du hast Zeit!"

„Ich bin in dieser Woche schon zweimal zu spät zur Schule
gekommen, weil ich meinen Pflichten nachgekommen bin!"

„Dann mußt du eben fünf Minuten eher aufstehen!"

„Pah! Noch eher? Ich bin zu spät gekommen, hast du das
gehört? Bloß wegen der Katzen!"

„Dann mußt du dir die Zeit eben besser einteilen!"

„Wenn ich aber keine Zeit habe? Wenn ich Zeit habe, mache
ich das doch alles. Aber wenn ich keine Zeit habe?"

„Du hast zur Zeit sehr viel Zeit. Für die Schule fällt wegen der Abiturszeit fast nichts an, aber du hängst ja ständig im Kino oder im Bett oder bei Hans herum."

„Na und? Der ist ab nächster Woche doch nicht mehr da!"

„Das tut doch nichts zur Sache. Für den und fürs Kino hast du doch Zeit. Als erstes kommen Schule und Hausaufgaben – im Moment ja wohl wenig genug, und dann kommen deine paar popeligen Verpflichtungen zu Hause. Und alles was dann an Zeit übrigbleibt, ist deine Freizeit."

Schweigen.

„Also was ist jetzt?"

„Was?"

„Was nun ist?"

„Womit?"

„Mit Abtrocknen, Katzen versorgen usw."

„Woher soll ich den das wissen?"

„Es geht um deine Pflichten, und ich möchte gerne hören, wie du es dir für die nächste Zeit vorstellst!"

„Iiiiich? Gar nicht!"

Er sieht mein Gesicht, grinst und sagt: „Naja, wenn ich mal Zeit habe, mache ich es ja!"

„Gut und wenn nicht? Was soll dann erfolgen?"

„Wiiiie?"

„Wenn du angeblich keine Zeit hast, und ich deine Arbeiten übernehmen muß – was dann?"

„Weiß ich doch nicht!" Nachdenken. „Naja, dann kannst du mir ja mal wieder was vom Taschengeld abziehen!"

„Nee du, die Zeiten sind vorbei. 1 DM für Nicht-Füttern ist für dich inzwischen doch ein Klacks. Da gehst du nebenan ein paar Kisten auspacken und hast deine 30 DM auf der Hand."

„Ja, geil, nicht?"

„Bleib bitte beim Thema!"

„Bei welchem?"

Und ich Kamel bleibe immer noch geduldig! Woher habe ich das gelernt? Geht es mir zur Zeit soooo gut, daß ich das leisten kann? Andererseits: Was sind die Alternativen?

Also verlasse ich das Zimmer und werfe lautstark den Staubsauger auf höchster Stufe an. Inzwischen bettet er sich um: Nun sitzt er nicht mehr an seinem Tisch und kippelt, sondern am Wohnzimmertisch und puzzelt. Alles noch in voller Montur, in Windjacke und langem Wollschal. Lässig!!

Ich beginne das Spiel nochmal.

„Hast du es dir überlegt?"

„Was?"

„Die Sache mit deinen Pflichten. Wie soll sich das in nächster Zeit regeln?"

„Ach Mutter, du siehst doch, daß ich hier puzzele, und gleich will ich auf den Flohmarkt. Kommst du mit?" Er feixt mich an. „Nein, wenn wir die Arbeit nicht teilen, teile ich mit dir auch nicht mehr meine Freizeit." Er grinst. Er nimmt nichts mehr ernst – aber immerhin bringe ich ihn damit um irgendein kleines Flohmarkt-Präsent, das immer „drin" ist, wenn wir gemeinsam stöbern gehen.

Nun, auch das kann ein „Besserverdiener" notfalls noch verkraften – man ist schließlich Mann!

Ein paar Minuten später erscheint er in der Küchentür. „Gib mir mal 10 DM!"

„Wie bitte?"

„10 DM brauch ich. Mein Taschengeld. Zwei Mark kannst du ja abziehen, weil ich einen Tag nicht gefüttert habe."

„Du hast kaum einen Tag was gemacht, nicht nur einen Tag nicht!"

„Ist doch jetzt egal, ich will jetzt los. Gibst du mir das Geld?" (Das war sein Fehler! Wenn man keine Alternativen anbietet, sollte man nicht *fragen* – dann kann ja *oder* nein rauskommen.)

„Nein!"

„Wieso nicht?"

„Warum sollte ich dir Taschengeld hinterherwerfen, wenn du nicht bereit bist, vernünftig mit mir zu sprechen, um Lösungen zu finden?"

Er fängt an zu kreischen: „Das darfst du überhaupt nicht. Taschengeld steht mir zu, du kannst mir ja was abziehen, aber du kannst mir doch nicht einfach kein Geld mehr geben."

„Oh doch, natürlich kann ich das. Das hörst du doch!"

Er schreit, tobt – und entschwindet in Richtung Flohmarkt

mit den Worten: „Ich bin vielleicht nur ein blöder 16jähriger und ein blöder Deutscher (????), aber so blöd bin ich nun auch nicht!"

Rums, Tür zu. Abgang.

Ich sauge weiter und schreibe ihm dann einen scharfen Brief, den ich auf seinem Schreibtisch postiere. Kindheit und Vollbedienung sind vorbei. Wenn du was willst, dann tu was dafür. Wenn von dir nichts kommt, kannst du von mir nichts mehr erwarten – weder Haushalt, noch Mahlzeiten, noch Wäsche, noch Taschengeld.

Und erstmals meine ich das wirklich ernst! Sehr, sehr ernst.

10. 4. Nie mehr ohne

Der Sohn kann sich hier nicht mehr reinfinden. In gar nichts mehr. Am schlimmsten findet er natürlich mich. Ich hätte in der Zwischenzeit all meinen Humor verloren, sagt er mir täglich – auch in Situationen, in denen ich überhaupt nicht weiß, wo ich hätte humorvoll reagieren sollen.

Er ist nur noch eines: *Unzufrieden!!!* Und das in einem Ausmaß, daß ich es einfach nicht fassen kann.

„Ich denke, du hattest es so schön in Schottland!? Warum bist du dann jetzt so unausstehlich?"

Die Antwort ist eindeutig: Hier ist alles Scheiße. Die Schule sowieso, das Zuhause (Danke!) ... und überhaupt! Hier kann man einfach nicht (mehr) leben. Alles ist hier so eng. Und nichts los. Und alle sind sie blöd.

Das Ergebnis vieler langer mehr oder weniger unfreundlicher Gespräche: „Ich kann ohne Schottland nicht mehr leben!" Und: „Es gibt nur eine Schule auf der Welt, die man besuchen kann, und das ist die in Edinburgh."

Neu auch ist seine entsetzliche Musik! Nie habe ich gedacht, daß sich solche Kakophonien einmal durch meine Wohnung quälen würden. Hoffentlich ist das nur eine Übergangslösung – und Erinnerung an das einzige Land, in dem man leben kann ...

17.4. „Bullen"

Nun ist wohl nichts mehr aufzuhalten: Der Sohn will von der Schule abgehen und „zu den Bullen". Die suchen Personal – und sie verlangen vor allem kein Französisch!

„Wenn du *abgehst,* hast du keinen Abschluß. Wenn die dich dann überhaupt nehmen, dann im alleruntersten Dienst."

„Na und?"

„Weißt du, was du da tust? Erstmal kommst du für zwei Jahre in die Kaserne – Sechs-Bettenzimmer ..."

„Ist doch geil. Bin ich doch von der Wandergruppe gewohnt. Da sind wir manchmal zwanzig und mehr in der Kohte."

„Mensch, das sind zwei Wochen Ferien. Da ist nur Freizeit, das kannst du doch mit Beruf nicht vergleichen."

„Also ich finde Kaserne geil!"

„Ja, geil bestimmt. Und weißt du, was du in den ersten Jahren zu tun hast? Du hängst in einer Hundertschaft herum und wartest auf Einsätze. Du kloppst dich abwechselnd mit Links- und Rechtsradikalen und zur Abwechslung dann auch mit Kurden oder Türken. Und wenn Fußball ist, dann darfst du dort auch noch mitmischen." Ich bin richtig aufgebracht. Er grinst!

„Ist doch geil! Mensch Mutter, davon verstehst du nichts. Das ist endlich mal Action, da ist wenigstens was los. Hier langweile ich mich doch zu Tode und diese Scheiß-Schule ..."

Ich rede. Ich argumentiere. Alles für die Katz. Ob ich was sage oder in China fällt ein Sack Reis um ... wo liegen da die Unterschiede? Nirgends!

19.4. Nächtliches Badminton

Seit Schottland gibt es nur noch eine sinnvolle Tätigkeit, sein Leben zu gestalten: Badminton zu spielen. Auf meine Frage, was das denn sei, hat er mich sofort für lebensfremd, inkompetent „und überhaupt" erklärt. Das, was er dann erläutert, hört sich schlicht und ergreifend wie unser simples Federball-Spielen an. Das weist er entschieden und bös' befremdet von sich.

Ohne Badminton – so er – kann man nicht existieren, und er wolle es hier auch spielen. Er erzählt seinem Mathe-Freund

Andi von dieser Weltneuheit – und erfährt, daß dieser wöchentlich einmal zum Badminton geht – seit langem. Er ist so verblüfft (wahrscheinlich darüber, daß auch in Deutschland nicht alle Leute auf den Bäumen hausen), daß er vergißt, Näheres zu erfragen. Mit den üblichen Sperenzien („Ruf du ihn doch für mich an!") dehnt sich diese Thematik – bis er sich entschließt, auf alle Fälle schon einmal einen Badminton-Schläger zu kaufen. Wie ich das hasse! Nichts ist geklärt, aber erstmal wird Geld ausgegeben. Ob und wo er spielen kann – und wie lange er überhaupt dazu Lust haben wird … alles egal, Hauptsache das Ding füllt hier auch noch die Wohnung. Damit teilt es das Schicksal vieler anderer Spiel- und Sportgeräte, die „ganz nötig und dringend" angeschafft werden mußten. Den Reigen eröffnete in der zweiten Grundschulklasse der teure Tischtennisschläger mit Bällen und Hülle … Das irrwitzig teure Ruderhemd (eher -hemdchen), das wirklich zu nichts anderem zu gebrauchen ist, nicht einmal als Schlafanzugersatz, gehört ebenso dazu. Das Wasser unterm Ruderboot hat es nicht öfter als drei Mal gesehen, dann war auch diese Herrlichkeit schon wieder vorbei. Für Aikido hatte ich Gottlob noch nichts Spezielles angeschafft, bevor auch diese Freude wieder ihr trauriges Ende fand.

Also – der Schläger wird gekauft („Wieviel gibst du mir dazu?" „Gar nichts! Du hast Taschengeld!" Mecker-mecker!) – und dann gehen die Erkundigungen los. Badminton für Anfänger in der Uni-Sporthalle von 21–22.30 Uhr, für Fortgeschrittene anschließend bis Mitternacht! Betont lässig lehnt er in meiner Tür und setzt sein blasiertestes Erwachsenengesicht auf. (Klar weiß er, was kommt!!!)

Nun gut – es folgt die entsprechende Debatte – aggressiv, lautstark, „Ich bin kein Baby mehr" und „Du hast mir gar nichts zu verbieten, ich mache, was ich will!" Das ganze ca. 20 Minuten, während ich eigentlich termingebunden am Schreibtisch arbeiten müßte – schließlich muß ich ja nicht nur mein Brot, sondern auch noch die Butter auf seine Brötchen verdienen! Mit „Laß mich jetzt endlich in Ruhe, ich habe zu arbeiten" – in wiederholtem und immer schärfer werdenden Ton, versuche ich, die Debatte zu beenden. „Und wozu habe ich so viel Geld jetzt extra für den Schläger ausgegeben? Kannst du mir das mal bitte erklären?" scheint *sein* stärkstes Argument zu sein. Und das nach dieser Debatte um den Aufschub des Kaufes, bis alles andere geklärt ist. Also hebt die Diskussion nochmal an – und ich bekomme – wie immer – jedes Wort im Munde umgedreht.

Es ist nicht auszuhalten! Wirklich nicht! Und ich *will* es auch nicht mehr!

Mit Türenknallen und superlauter Musik endet vorerst dieses Thema. Und nun?

Um 18 Uhr verabschiede ich mich kurz und bündig „Ich gehe zum Töpfern" – und bevor er noch was zu seinen abendlichen Aktivitäten sagen, fragen oder maulen kann, klappe ich die Tür zu. Ich werde gegen 21 Uhr zurück sein ... und sehen, ob er meinem Verbot gefolgt oder ob er einfach losgegangen ist.

Ich hoffe ersteres und fürchte zweiteres. Wenn er gegangen ist, bedeutet das einen Dammbruch in meiner Erziehung, in unserer Beziehung. Was dann?

Beim Töpfern, das nicht stattfindet, weil sich sowohl die Lehrerin als auch ich mich im Datum geirrt haben, sprechen wir den ganzen mütterlichen Pubertierendenfrust durch. Sie hat zwei von der Sorte und weiß, um was es geht. Es tut soooo gut! Und sie sagt das, was ich schon lange empfinde: „Irgendwann will man als Mutter ja auch mal wieder man selber sein oder es werden."

Sie, die den Sohn seit acht Jahren kennt, glaubt, daß er zu Hause geblieben sein wird. Und sonst? Ja, sie sieht mich zweifelnd an – was sonst? Eine neue Ära!

Er war zu Hause. Friedlich. Spielte schottischen Blues auf seiner wiederentdeckten Gitarre und träumte von schönen Zeiten in Freiheit.

Armer Kerl!
Arme Mutter!

20.4. Kaserne

Vermutlich will er mich nur piesacken – aber es geht mir auf den Keks. Es gibt (neben Schottland) nur noch das Thema: Abgehen von der Schule und rein in die nächste Polizeikaserne. Info-Material hat er schon angefordert, und die Karte mit der Telephonnummer der Werbeabteilung trägt er im Portemonnaie mit sich.

Seine Argumente sind stets die gleichen – und meine auch! Wie kann man seine Kinder in diesem Alter nur vor Fehlern bewahren? Vermutlich gar nicht!

Hoffentlich geht er nicht selber hin und läßt sich gleich krallen. Die haben Personalmangel und machen eine sehr einschmeichelnde Werbung, die auf Jugendliche zugeschnitten ist: Action, Abenteuer und Macht!

21.4. Kein Halten mehr

„Also Mutter, nimm es mir nicht übel, wenn ich dir jetzt was sag ...“

„Ach du liebe Zeit! Was ist denn?“

„Also seitdem ich in Schottland war, weiß ich nicht mehr, was ich hier noch soll. Weißt du, es hält mich hier einfach nichts mehr!“

Gemerkt habe ich es ja schon die ganze Zeit – aber so ausgesprochen geht es mir doch nahe. Er guckt mich auch entsprechend traurig an.

Es ist ja richtig. Er ist in dem Alter. Er hat Blut geleckt, ist auf den Geschmack gekommen.

Aber „Es hält mich hier nichts mehr“ hat mich sehr getroffen ...

23.4. Trübsinnig

Langsam zerquält es mich auch: seine Melancholie, sein Heimweh in die schottische Ferne – und daraufgesetzt seine Aggressivität gegen mich.

Nicht, daß ich sie nicht verstehen könnte – aber ich bin doch völlig unschuldig an seiner Misere.

Ich habe einen Entschluß gefaßt, mein Sparbuch befragt, die Fluglinie angerufen – und nun habe ich ihm meine Idee unterbreitet.

Als vorgezogenes Geburtstagsgeschenk bekommt er für die Pfingstferien von mir nochmal einen Flug nach Edinburgh!! Für alles andere dort hat er selber zu sorgen: Unterbringung, Ernährung, Taschengeld.

Nach dieser Mitteilung – ich kann es nicht fassen – sieht er mich genau so trübsinnig an, wie vorher.

„Wie findest du die Idee?"

„Ja, gut!"

„Ich meine, freust du dich denn nicht?"

„Doch!"

„Davon merke ich aber nichts!"

„Woran willst du das denn auch merken?"

„Na an deinem Verhalten natürlich!"

„Ach."

Nach drei Tagen habe ich ihn nochmal gefragt – es müßte nämlich gebucht werden, denn die Billigtarife sind an Termine gebunden. Ja natürlich will er fahren. Hat er doch gesagt. Ob das nicht deutlich geworden wäre?

Nun bin ich aber wirklich schwer enttäuscht. Ein bißchen Freude könnte er doch wohl zeigen ...

27.4. Nichts mehr zu suchen ...

Heute habe ich in zunehmender Melancholie mein eigentlich so gemütliches Frühstück eingenommen. Offener Balkon bei sommerlichen Temperaturen, endlich Sonne, zwei schmusige Katzen, der „Sommernachtstraum" auf dem Plattenteller, ein neuer, feiner Tee – und ich in moll!

Der Sohn hat heute Ausschlafsonntag. „Nicht vor 13 Uhr" hat er angekündigt, werde er erscheinen. Und mir ist klar: das harmonische Sonntagsfrühstück in Familie ist vorbei, vorbei, vorbei. Wenn ich mit mir selber ehrlich bin, muß ich mir zugestehen, daß es mit der Gemütlichkeit schon lange nicht mehr weit her war. Wer macht das Frühstück, wer bedient (mal wieder) wen? Warum immer ich? Warum nicht mal du? Und überhaupt ... Und heute? Auch ein gemeinsames Frühstück wäre nicht mehr harmonisch, weil Harmonie nicht mehr angesagt ist. Harmonie und Ablösung scheinen nicht mehr zusammenzupassen. Wahrscheinlich gehören sie einfach nicht zueinander. Alles zieht in die gleiche Richtung: Trennung. Anders geht es nicht mehr. Und Schuld an unserer ganzen familiären Pubertätsproblematik – familie-ein, familie-aus, ist das entsetzliche Schulsystem, das sich noch nie als altersentsprechend oder gar pädagogisch gezeigt hat, jetzt aber einfach Entwicklungen blockiert, die biologisch und sozial unabwendbar sind.

1,80 m sind die Kerle im Durchschnitt, meiner schon 1,98. Wenn man sie ließe, könnten sie ganze Wälder abholzen (und weil man sie nicht läßt, machen sie allen möglichen anderen Unsinn, bei dem sie ihre Bärenkräfte austoben können!) – und dann sitzen sie in immer den gleichen Kinderschulen auf Stühlchen für Zehnjährige, dann kriegen sie von immer denselben Kinderlehrern weitgehend lebensfremdes Zeug eingetrichtert.

Wenn ich mir den Sohn ansehe und seine Bedürfnisse, dann müßte er jetzt, mit knapp 17 – raus aus der Schule und in einen Beruf, der ihn körperlich voll fordert. Möglichst auch noch mit Unterbringung beim Meister (und nicht bei Mutters Fleischtöpfen!). Drei Jahre Ausbildung unter nicht zu verweichlichten Bedingungen – (inklusive Besenschwenken und Bierholen!) und dann weitersehen! Im Beruf bleiben? Diesen in der Praxis ausbauen? Den Meister machen? Weiterbildung? Oder wieder auf die Schule, Abitur und ein Studium, von dem sie wissen, daß sie es wirklich wollen, daß sie es packen werden, das sie in ihren Folgen einschätzen können – und in dem sie nicht in Panik geraten müssen, falls sich nicht automatisch ein Job anschließt, denn den haben sie notfalls noch „von früher". Ganz abgesehen davon, daß sie in der Lage wären, mit sinnvoller Tätigkeit ihr Studium zu finanzieren.

Sehr viel älter wären sie bei Berufseinstieg vermutlich auch nicht! Die 12, 14, 16 Gammelsemester, die immer länger werden, weil niemand weiß, wofür er/sie studiert und weil der Praxisschock langsam zum Lebensschock gerät, würden sich sehr reduzieren lassen bei erwachsenen (!) Leuten, die wissen, was sie wollen!

Und was sagt *mir* das? Wie schaffen *wir* es, aus unserer mittleren Dauerkrise zu kommen? Aus den Endlos-Hackereien zwischen uns beiden, die eigentlich gar nichts damit zu tun haben? Laß ich ihn gehen (von der Schule weg und hin zu „den Bullen") ... dann ist sein Lebensweg vorgezeichnet. Er kann noch nicht einmal nach sechs Kasernen- und Hundertschaftsmonaten sagen: „Das war nichts, ich will doch lieber wieder zur Schule und Abi machen!" Das ist eben vorbei. Also: Durchhalten? Aber wie am Sinnvollsten? Ich will ihn ja nicht festhalten, ich will ihn nicht um jeden Preis zu Hause behalten – aber wie sonst?

Mir scheint, als Pubertierenden-Mutter bin ich genauso hin- und hergerissen, wie der Pubertierende selber. Einerseits und andererseits, sowohl – als auch, wenn – dann ...

Und was tut er, während ich dieses hier schreibe? Er sitzt – Sonntagmittag um 13 Uhr – im Schlafanzug und ungekämmt an seinem Tisch, spielt mit seinen Modellhäusern und Modellautos in Ermangelung seiner Eisenbahnanlage, hört seinen Lieblings-Ekel-Sender ... und grübelt vermutlich darüber nach, wie seine Zukunft aussehen wird.

Seine nächste Zukunft – der heutige Nachmittag – bietet wieder die klassische Mischung: Essen, Ausruhen (vom Essen!), dann ins Museum zur Donald-Duck-Ausstellung (mehr Museumskultur ist nicht drin – und diese auch nur, weil er sich von mir das Ausstellungsposter erhofft – vermutlich!), und dann will er wieder in meinem Büro ranklotzen, weil er Geld braucht. Das wird wieder stressig, weil er mich dabei ständig kritisiert und mich mit seinen einmalig blöden Pubertätssprüchen belabert, die er albernd „doch echt geil" findet. Und wenn ihm innerhalb von fünf Minuten mal nichts einigermaßen Sinnvolles zu sagen einfällt, fragt er: „Ey Mutter, heute schon gekotzt?"

30. 4. Amerika!

Ich habe die Möglichkeit, eine „Dienstreise" in die USA zu machen. Kosten sind alleine zu tragen, Versicherungen auch – aber ich bekomme einen „Zuschuß" an freien Tagen, ohne meinen Jahresurlaub nehmen zu müssen. Ach, es gibt noch liebevolle Chefs!

Dem Sohn deute ich es zart an – wobei für ihn ohne jeden Zweifel feststeht, daß er ganz selbstverständlich mitfährt. So hatte ich es auch gedacht, aber die Selbstverständlichkeit verblüfft mich doch einigermaßen. Da meine „Geschäfte" tief im Süden liegen, wo leicht und locker 40–45 Grad Celsius im Sommer herrschen, muß ich von den Sommerferien absehen. Bei diesen Temperaturen bin ich nicht in der Lage, auch nur einen Schritt zu gehen, geschweige denn, mich auf irgendein berufliches Thema zu konzentrieren. So kommt also nur der September/Oktober in Frage – und da ist Schule.

Darin sieht der Sohn natürlich überhaupt kein Problem! Gar keines. Amerika ist wichtiger, findet er. Die Frage ist natürlich, ob seine Schule das auch findet. Ganz ohne inhaltliche Begründung wird das wohl nicht gehen. „Wieso nicht?" „Weil du nicht einfach drei Wochen mitten im Schuljahr fehlen kannst!" „Warum denn nicht? Und außerdem: Wieso eigentlich nur drei Wochen, das lohnt ja gar nicht!" (Mir bleibt mal wieder der Mund offen!)

„Ich bin nicht die Tochter vom Kaiser von China!" Ja, das leuchtet ihm natürlich schlagartig ein!

„Dann überleg dir mal eine gute Ausrede für die Schule!"

Aber ihm ist keine eingefallen!

Was wäre er ohne seine nette Mutter?

„Ich hab 'ne Idee!"

„Ach? Sag mal!"

„Du schreibst deine Jahresarbeit über ein Thema dieser Reise und nutzt meine Dienstzeit dort, um Material zu sammeln!"

Also das findet er ja wieder „echt geil, Mutter". Mir wird sogar heftig und anerkennend auf die Schulter gehauen. Wir überlegen gemeinsam – 90 Prozent ich, 10 Prozent er – und kommen auf die Indianer. Natürlich hat er keine Ahnung, und ich auch nicht. Karl May hat weder er noch ich gelesen. Dafür kenne ich aber „Tecumsehs Rache" – irgendwann vor rund vierzig Jahren mit der Taschenlampe unter der Bettdecke gelesen. Tränenüberflutet.

„Dann mußt du die Reise von deinem Thema her aber auch ein bißchen vorbereiten!"

„Na klar doch!"

Am nächsten Tag rufe ich die Klassenlehrerin an und trage ihr mein Anliegen vor. Aus Staatsschulzeiten bin ich ja nur gewohnt, zu solchen perversen Anliegen Schelte zu ernten, was ich mir eigentlich dächte ... Bei Waldis herrscht nicht nur ein anderer Ton, sondern eine immer wieder verblüffende Weltoffenheit. Doch, *sie selber* findet die Idee gut, aber für einen so langen Zeitraum muß sie die Frage an die Gesamtkonferenz geben.

Zwei (zwei!!!) Tage (!!!) später kommt die Antwort von der Schule: Grünes Licht! Gerne kann er fahren! Und schönes Material solle er sammeln! (Ach, was für pädagogische Freiheiten sind doch möglich, wenn man sie zu nutzen versteht und kompetent verteidigen kann.)

Ich teile dem Sohn die Entscheidung mit. Er nimmt sie mit Gelassenheit auf. Das alles sind Dinge, die für ihn völlig klar sind! Ich bin enttäuscht darüber. Ein bißchen Vorfreude, ein lautes Juchzen ... oder irgendsowas erwarte ich. Nix! Es herrscht Coolness!

10.5. Landvermessung

Seit einer Woche herrscht hier wieder Ruhe – der Sohn ist im Praktikum. Zwölf Tage vermessen sie irgendeine traumhaft schöne norddeutsche Feld-, Wald- und Wiesenlandschaft. Höhenmessung, Winkelmessung, Feinkoordinierung, Winkeljustierung ... all so schöne Sachen! Dabei ganztags an frischer Luft in Kleingruppe. Ab und zu kommt mal ein Lehrer vorbei, um Ergebnisse zu überprüfen, und das letzte Quartal Mathe findet handfeste Anwendung. „Echt geil" geht es ihm, hat er geschrieben. Nur reichte mal wieder das Taschengeld nicht. Zu trinken gibt es nur alternativen Pfefferminztee, und da geht natürlich das Angesparte an die Getränkeindustrie.

„Bei dir ist es sicher zu ruhig zu Hause", schreibt er. Spöttisch! Oder meint er es wirklich? Ich stelle immer wieder fest – ich genieße die Ruhe, und vor allem genieße ich es, mir meinen Tag nach *meinen* Zeiten und Bedürfnissen einzuteilen. Aufstehen, frühstücken, arbeiten, Tee trinken, einkaufen, Schreibmaschine, Staubsauger, Nachmittagsschlaf ... und vor allem kommt abends nicht zehnmal jemand, der (vor allem) maulen will, weil irgendwas auf der Welt mal wieder nicht so läuft, wie es zu laufen hätte.

Ich brauche mich nicht täglich zehnmal zu fragen, was *ich* eigentlich für alle Übel der Welt kann und auch nicht, warum ich dafür verantwortlich gemacht werden muß.

19. 5. Keine Ahnung

„Ich habe aufgehört zu rauchen, ist das nicht gut?"

„Wieso rauchen? Ich weiß nur, daß du hin und wieder mal eine qualmst. Du hast doch nie richtig geraucht, oder?"

„Ach Mutter, du hast ja keine Ahnung! Du hast nie 'ne Ahnung! Aber ist ja auch egal, ich habe jetzt aufgehört!"

„Na prima!"

P. S.: Das Aufhören hat nicht lange angehalten. Drei oder vier Tage vielleicht. Wenn er die Wohnung betritt, gibt es kein Leugnen – meine Nichtraucher-Nase nimmt's wahr. Meine jeweiligen Warnungen („Mensch, fang bloß nicht wieder an!" „Sei doch etwas vorsichtiger mit deiner Gesundheit!" „Du bist doch noch im Wachstum – und soo gut geht es dir doch auch nicht zur Zeit...") – alles in den Wind gesprochen.

„Ich paß schon auf", „Ich werd schon nicht süchtig", „Ach, die paar Zigaretten..."

Wie kann man seine Kinder bloß vor all dem Schrott und Schund bewahren, vor all dem, mit dem sie sich mehr oder weniger bewußt kaputtmachen?

Müssen sie denn wirklich alles und alles ausprobieren, um zu wissen, was sie daran haben, oder was sie eventuell sonst verpaßt hätten?

22. 5. Nochmal „Schotti"

Nun ist er wieder abgedüst – schon ganz wie ein Alter. Umsteigen in London? Ein Klacks. Sich dort zurechtfinden? „Mann, ich hab dort drei Monate gelebt..."

Was mich völlig umhaute war, daß er von all seinen Freunden keine einzige Adresse, keine Telephonnummer und von manchen nicht mal den Nachnamen kannte. „Wie willst du die den wiederfinden?"

„Ach, da geh ich eben über die Straße, und dann finde ich sie schon!" Adressen vorher noch besorgen, hier nochmal herumtelephonieren – alles Quatsch! Und siehe da, er hat sie alle getroffen. In der Schule ist er aufgetaucht – zur Stippvisite, und fast alle hat er wieder gefunden. Sein Quartier hat er bei der Lehrerin bezogen, die mit uns die herrliche Wanderung am letzten Schottlandtag machte. Phantastisch geht es ihm dort – ich habe das Gefühl, er wird nach Strich und Faden verwöhnt.

Na, das wird ihn hoffentlich zufriedenstellen.

30. 5. Zur Ruhe gekommen

Zurück! Und *sehr* verhalten! „War's schön?" „Klar!" „Und?" „Was und?"

Er ist offenbar zur Ruhe gekommen. Der Schottland-Hysterie ist die Spitze abgebrochen. Anscheinend kann man auch wieder in Deutschland leben und zur Schule gehen. Vieles war eben ganz anders. Er gehörte in der Schule nicht mehr zum Klassenverband. Sein Lieblingsfreund hatte wenig Zeit, weil er jobbte – es war eben Realität angesagt. Und das ist ja wohl noch immer das Beste!

4. 6. Gustav

Der neue Freund, der ab und zu mal in meinem Telephon auftaucht – höflich! – scheint konkretere Formen anzunehmen. „Wir haben uns überlegt, daß wir in den großen Ferien zusammen mit dem Rad durch Dänemark wollen. Acht oder zehn Tage. Du hast doch nichts dagegen?"

„Nein, im Prinzip nicht. Aber ich würde ihn gerne mal kennenlernen."

„Ja klar (Was? Kein Widerspruch?). Wir wollten doch sowieso

ins Wochenendhaus. Da kann er doch mitkommen. Wir nehmen unsere Ausrüstung mit und zelten im Garten ..."

Das war vor ein paar Tagen – und nun ist Samstag abend. Es ist schon fast dunkel. Ich sitze auf der kleinen Veranda. Zehn Meter von mir entfernt flackert das Lagerfeuer, auf dem die beiden sich eine entsetzliche „Tütensuppe" gekocht haben („Tütensuppen sind geil. Die gehören zum Fahrtenleben!").

Aus allen möglichen Gerätschaften haben sie ein flaches Zelt errichtet, vor dem sie sitzen ... und: musizieren!!! Der Sohn spielt auf der Gitarre und der Freund auf der Flöte. Ich kann es nicht glauben. Sind das dieselben furchtbaren Pubertierenden, mit denen man wochenlang nur noch am Verzweifeln ist?

Romantische Lieder, der Sohn singt sie leise mit, getragene Melodien ... und ich sitze im dunklen Sommerabend, genieße voller Freude (und Überraschung) und werde wehmütig, weil *das* meine Jugend war: Freunde, Gruppe, Klampfe, Lieder, Lagerfeuer ...

Doch, dieser neue Freund gefällt mir. Die beiden kann man zusammen ziehen lassen!

17.6. Ausziehen

Bei uns läuft nur noch ein Thema: Ich mache, was ich will, und du hast mir gar nichts zu sagen. Das Ganze aber nicht mehr vorsichtig testend wie einst, sondern mit deutlicher Wut im Bauch. Was auch wann stattfindet: Er bestimmt alleine. Er möchte kommen und gehen, wann er will, wohin er will, mit wem er will.

Okay!

Aber dann will er natürlich seinen Schrank bitteschön mit *sauberer* Wäsche gefüllt wissen. Und seine Mahlzeiten auch – und zwar immer dann, wenn er gerade mal antanzt („Gibt's nichts zu essen?" – zu jeder beliebigen Zeit. Notfalls und bei besserer Laune: „Was gibt's denn heute zu essen?"). Keine Milch da? Und Müsli, ist das auch schon wieder alle? Also wenigstens Zwieback könnte es ja mal geben!

Als wieder alles aufeinanderprallt, jedes „Du hast mir gar

nichts zu sagen" und „Ich brauche Geld für ..." und das in einem Ton, der mich an einer überempfindlichen Stelle in meinen grauen Zellen trifft, sage ich ihm: „Wenn dir hier nichts mehr paßt und du nur noch Forderungen hast, dann ziehe bitte aus. Du bist fast 17 – suche dir was und sieh zu, wie du alleine klarkommst."

Er ist noch nicht mal erstaunt. Nachdem er seit Jahren damit droht, „spätestens an meinem 18. Geburtstag hier abzuhauen", scheint er keine Absicht zu haben, mich auch nur einen einzigen Tag früher von seiner pubertären Gegenwart zu befreien.

„Pääh! Das könnte dir so passen. Ich bleibe hier wohnen und bestimme selber, wann ich ausziehe!"

„Dann füg dich aber hier auch ein. Sonst können wir zusammen hier nicht existieren. Und ich will auch nicht im Dauerzoff leben."

„Dann mußt du keinen machen!"

18. 6. Kinderliebend

Eigentlich wollte er seine Patentante besuchen – aber dann stellt er fest, daß er sich noch immer so schlaff fühlt, und husten tut er wie ein alter Mann, der seit Jahren im feuchten Keller lebt. Und dann Freitag neun Stunden hin und Sonntag neun zurück? Lieber nicht.

„Dann laß uns ins Wochenendhaus fahren. Wir müssen einiges im Garten tun."

„Naja gut." Ohne viel Begeisterung.

Abends kommt er von der Wandergruppe wieder. „Ich hab mal wieder den Gustav getroffen. Die fahren morgen auf die Burg zum Kirschenfest."

„Aha! Kirschenfest? Die sind doch noch gar nicht reif."

Er trollt sich in sein Zimmer. Eine halbe Stunde später klingelt das Telephon: Gustav. Und mit beziehungsreichen Blicken in meine Richtung höre ich: „Nee, geht nicht. Nee. Is was anderes. Hab ich nicht hingekriegt ..."

Ich ziehe fragend die Stirn kraus, was ihm sonst nie auffällt – diesmal reicht es aber, sofort den Hörer hinzulegen und mich erwartungsfroh zu fragen, was denn sei.

„Wolltest du da mitfahren?"

„Na klar!"

„Naja, dann fahr doch mit!"

Er jubelt geradezu ins Telephon ... und verabredet sich.

Anschließend frage ich ihn, warum er nichts davon gesagt habe, daß er mitwolle. Na, also *das* müßte ich doch schließlich schon lange wissen. „Wie soll ich das wissen? Und warum fragst du nicht klar und deutlich?"

„Also ich finde, das müßtest du auch so wissen, wenn du kinderliebend wärst!"

20.6. Leben contra Goethe

Ich komme ausgeruht und zufrieden aus meinem Wochenend-häuschen und treffe den Sohn an der Haustür, als er gerade vom Rad steigt: sonnenverbrannt, mit voller Ausrüstung, Begeisterung im Gesicht.

„Es war sooo affengeil, Mutter, das kannst du dir nicht vorstellen!"

Kirschen gab es beim Kirschenfest fast nicht – aber es gab wieder ein riesiges Kohtendorf mit mehreren hundert Kindern und Jugendlichen, und ständig kam jemand vorbei, der ihn kannte und den er kannte ... Und dann die Nacht – natürlich fast durchgemacht. Irgendwer zupfte immer auf seiner Gitarre, und es wurde gesungen – und als dann gegen fünf endlich Ruhe einkehrte, war die Nacht auch schnell wieder zu Ende, denn um acht wurde das Jagdhorn zum Wecken geblasen ...

Und am Sonntag dann eine stramme Wanderung noch zur Geschwisterburg, und da gab es dann endlich auch prallvolle Kirschbäume, auf denen sie sich zwei Stunden lang die Bäuche vollgeschlagen haben ... und dann mit dem alten Volvo aus den 60er Jahren mit 200 über die Autobahn – also alles voll geil, Mutter!

Dann wechselt er selber das Thema und teilt mit, daß keiner von denen aus seiner Klasse, die auch auf der Burg waren, gedächte, Hausaufgaben zu machen, schließlich sei man am Wochenende ja nicht dagewesen! Peng, gibt's Krach! „Es ist jetzt 19 Uhr – da hast du noch ein paar Stunden Zeit."

„Ich denke ja gar nicht dran, nach so einem Wochenende mir alles zu versauen mit Poetik, mit so blöden Gedichten, die mich überhaupt nicht interessieren, und dann noch so viele und die Rhythmen, die ich sowieso nicht verstanden habe. Nee, also das kannst du nicht von mir erwarten. Das mach ich einfach nicht. Ich war ja auch nicht da."

„Du warst sehr wohl da – am Freitag hattest du nur zwei Stunden Unterricht morgens und bist erst am Samstagmittag gefahren."

„Ja, aber davor mußte ich ja ausschlafen!"

Hin und her – er ist gekränkt und trotzig, verschmäht aus lauter Bockigkeit sogar seine Pizza – und ich bin hochgradig wütend! Ein traumhaft schönes Wochenende – so finde ich – verpflichtet zu sorgfältigerer Pflichterfüllung. Aber mehr als ein „Pah!" ernte ich nicht!

Eine Stunde später – er scheint sich wenigstens entschlossen zu haben, das Heft zu öffnen – sagt er: „Weißt du, Mutter, da komme ich von der Burg und dann muß ich sowas hier machen. Das ist nicht zu fassen. Weißt du was? Das, was wir am Wochenende gemacht haben – das ist das Leben! Leben, sag ich dir. Mutter, so will ich leben!" Er wird richtig melancholisch. (O Gott, wie ich ihn verstehen kann!)

„Und dann das hier. Totes Zeug! Goethe und all so 'n Zeug! Poetik! Kannst du mir mal sagen, was das mit Leben zu tun hat? Das brauche ich doch nie, nie, nie! Das ist doch alles Schwachsinn ... Und dann auf der Burg mit all den anderen ..."

Ich merke ihm an – er könnte fast losheulen!

Und ich denke an mich und an „meinen Langsee", der seiner „Burg" entsprach – und an den Alltag in der Öde und Langweiligkeit. Und an all das „Muß", durch das man sich zeit seines Lebens kämpft – nicht wissend, was das alles mit Leben zu tun hat! Wenn's wenigstens immer nur Goethe und Poetik wäre!!

21. 6. Kanada

„Kann man nach dem Abitur eigentlich machen, was man will?"

„Nee, das kann man nie im Leben!"

„Also ich meine, kann ich dann erstmal weg, oder muß ich gleich mit dem Studium anfangen?"

„Du *mußt* überhaupt nicht ein Studium anfangen, du *darfst*. Und im übrigen mußt du irgendwann Ersatz- oder Wehrdienst machen. Wieso meinst du denn?"

„Also ich würde am liebsten gleich nach dem Abi erstmal für ein Jahr nach Kanada gehen und dort Bäume fällen."

„Du bist vielleicht ein Naturschützer! Bäume fällen!"

„Naja gut, dann forste ich eben auf. Dann kaufe ich mir ein Riesenstück Land, das gerodet worden ist, und das forste ich mit ein paar Freunden auf."

„Und woher nimmst du das Geld für so viele Hektar?" (Also nicht etwa von mir, bitte schön!!!)

„Ach, das kostet doch dort nicht viel, das sind doch Pfennig-beträge!"

„Und wovon willst du in dieser Zeit leben?"

„Na, vom Aufforsten!!"

„Da mußt du aber jemanden finden, der dich dafür anstellt. Wenn du deinen eigenen Grund und Boden aufforstest, bezahlt dir doch niemand einen müden Penny!"

Er denkt langsam nach und seufzt.

„Naja, dann lasse ich mich eben von Greenpeace für diese Aufgabe anstellen. Dann bezahlen die mich. Ob die das machen würden?"

„Keine Ahnung. Kannst ja dann mal anfragen, wenn es so weit ist. Aber bis dahin sind ja noch drei Jahre Zeit!"

„Ja klar, aber so langsam muß ich ja schließlich mal planen!"

22. 6. Wer bin ich eigentlich?

Gestern nun haben all die täglichen Herumnörgeleien ihren Höhepunkt erreicht – und bei mir ist jetzt erstmal Sendepause. Der Sohn hat offenbar beschlossen, hier der Boß zu sein, der macht, was er will und der das Personal … äh, die Mutter … springen läßt.

Um 7.30 Uhr verläßt er das Haus in Richtung Schule. Nach der Schule schwimmen, nach dem Schwimmen wieder in die Schule, um Hausaufgaben zu machen (?) und danach dann zu den Pfadfindern. Zwischendrin nach Hause zu kommen, „lohnt nicht". Naja! „Um 20 Uhr ist Schluß, da bin ich gegen 21 Uhr zu Hause!"

Reichlich spät. Natürlich ist er dann „völlig fertig", kann absolut keinen Finger mehr krumm machen und kann natürlich auch nicht mehr mit mir reden, weil er „auch mal seine Ruhe braucht". Essen kann er meistens noch! Heute ist es 22.35 Uhr.

Er kommt rein, locker, lässig. „Ist 'n bißchen später geworden, nä?"

Und sofort bricht der Konflikt los, als ich sage: „Kannst du nicht wenigstens anrufen, wenn es später wird?"

Nein, natürlich kann er das nicht. Telephonzellen scheint es im Umkreis von mehreren Kilometern nie dort zu geben, wo mein Sohn sich aufhält. Und außerdem weiß er nie, wie spät es ist. Immerhin hat er ja endlich mal seine Armbanduhr dort, wo sie hingehört, aber „da guckt man schließlich nicht immerfort drauf!" Und was mit Hausaufgaben sei, jetzt kurz vor 23 Uhr? Die sind angeblich alle schon längst gemacht.

„Die möchte ich sehen!"

Aber das läßt sich leider nicht bewerkstelligen – die Hefte für Französisch, Englisch und Mathe wurden gerade heute eingesammelt. „Und worin hast du dann die Hausaufgaben gemacht?"

...

Es ist nur noch Geschrei. Natürlich läßt er mich nicht ausreden. Natürlich dreht er mir jedes Wort im Munde um – wenn ich was gesagt habe – vor allem aber, was ich denke und meine, weiß er. Das Ganze gipfelt in seinem Geschrei, er wisse, daß er in meinen Augen nur ein Stück Scheiße sei, nur ein ganz beschissener, blöder Kerl. Das sei er schon immer gewesen, aber das mache ihm inzwischen gar nichts mehr aus, dann sei er eben Scheiße, na und? Da würde man sich dran gewöhnen. Und als Kind habe ich ihn gehaßt. Und gehalten habe ich von ihm noch nie was, und alles, was er mache und leiste, sei sowieso nur Scheiße, insofern könne er es auch gleich bleiben lassen ... das kommt in Variationen zum Thema wie aus der Maschinenpistole.

Ich versuche ab und zu, den Fuß in die Tür zu kriegen, aber

er motzt mich an, er habe ein Recht, auszusprechen, und dann hebt er erneut mit dem Stück Scheiße an, das er sei, was ihm aber schon längst nichts mehr ausmache.

Mir wird es zu bunt, und ich brülle ihn an, dann möchte er doch bitte endlich hier ausziehen. Es sei ihm ja auch nicht zuzumuten, mit so einer Mutter unter einem Dach zu leben.

Das könnte mir so passen, läßt er mich wissen und: „So schnell wirst du mich nicht los. Ein Jahr mußt du mich noch ertragen, und dann haue ich hier ab. Nicht einen Tag länger. Das ist doch hier sowieso alles nur noch beschissen. Was ist denn hier noch los?" Und dann kommt's:

„Wenn ich von der Schule komme, sitzt du am Schreibtisch und stehst noch nicht mal auf. Gerade einmal in der Woche vielleicht stehst du in der Küche, wenn ich komme. Und Essen gibt es schon seit zwei Jahren nicht mehr, wenn ich komme. Dann setze ich mich an meinen Schreibtisch – na und? Was ist das für ein Leben? Dann brauche ich doch nicht erst nach Hause zu kommen. Dann kann ich doch gleich wegbleiben. Da gehe ich doch lieber woanders hin. Lieber lasse ich mich beim Überlebenstraining quälen, als daß ich hier bei dir rumhänge. Alle zwei Minuten kommst du in mein Zimmer, weil die Musik zu laut ist oder weil sie an ist oder weil ich dasitze und Comic lese und mich ausruhe. Du suchst doch nur noch Streit. Du brauchst jeden Tag deinen Streit, und weil du keinen anderen dafür hast, wartest du, daß ich nach Hause komme, um dann loszulegen. Du siehst es ja heute abend, ich bin noch nicht ganz zur Tür rein. Hast wohl den ganzen Tag drauf gewartet, wa? …"

Eine Stunde hat das nun gedauert, und ich verlasse sein Zimmer. Aber da kenne ich meinen Sohn noch immer nicht – der ist schon als kleines Kind dem Konflikt hinterhergelaufen, den ich abzubrechen versuchte. In all den Jahren hat er nichts dazugelernt. Er fegt hinter mir her, *er* sei noch nicht fertig, und *ich* könne nicht bestimmen, wann er nichts mehr zu sagen habe …

Auf dieser Ebene sehe ich keine Basis des Zusammenlebens mehr. Er sondert sich ab – und wirft mir vor, daß ich mich nicht um ihn kümmere. Er mäkelt an dem bißchen Essen, das er überhaupt zu sich nimmt, permanent herum und teilt jeden zweiten Tag mit, daß er keinen Appetit habe, sich das Essen abgewöhne ... um sich dann seine Tüte Zwieback in die Schüssel zu bröckeln, mit Zucker dick einzudecken und mit Milch zu vermatschen – natürlich nicht am Eßtisch, sondern in seinem Zimmer, wo die Comics neben der Schüssel liegen und das Gedröhne aus der Anlage röhrt. Betrete ich sein Zimmer – egal aus welchem Grunde, werde ich unfreundlich empfangen, weil ich darauf bestehe, daß er die Lautstärke wegnimmt, damit ich sie nicht überschreien muß. Natürlich unterbreche ich immer sein Lieblingsstück – egal, welches gerade spielt.

An irgendwelchen Haushaltsarbeiten beteiligt er sich überhaupt nicht mehr – und wenn ausnahmsweise mal, dann nur noch nach Auseinandersetzungen. Aber jeweils nur *ein*mal; daß er prinzipiell die eine oder andere Aufgabe zu übernehmen hätte, stört ihn nicht im geringsten.

Zum Milchholen hat er keine Zeit, trinkt pro Tag aber einen Liter. Hole ich keine, motzt er rum, ob ich überhaupt noch für irgendwas sorgen würde. Das Klo zu scheuern liegt weit unter seiner chauvinistischen Manneswürde – das Benutzen natürlich nicht. Einkaufen? Nee, keine Zeit. Und wenn er sich mal überreden läßt, was vom Supermarkt nahe der Schule mitzubringen, vergißt er es mindestens jedes zweite Mal. Mülleimer ausleeren? Was, nochmal die fünf Stockwerke runter und wieder rauf? Nee, also das könne ich vergessen, dazu sei er zu kaputt, schließlich habe er schon Sport gehabt ...

Und überhaupt: Er brauche eben auch mal seine Freizeit, wäre ja wenig genug ...

All die guten Ratschläge, nichts mehr zu tun, gehen in einem Zwei-Personen-Haushalt doch ins Leere. Soll ich die eingekaufte Milch in meinem Arbeitszimmer einschließen, damit er keine vorfindet oder selber welche kaufen gehen muß? Und das Brot auch? Dann hortet jeder in seinem Zimmer das, was er dann alleine in sich reinstopft? Jeder an seinem Schreibtisch – er mit Comic und ich mit Zeitung?

Nein, natürlich ist es nicht mehr „gemütlich" bei uns – wie sollte es auch? „Trinkst du mit mir eine Tasse Tee?"

„Tee? Du weißt genau, daß ich keinen Tee trinke, der schmeckt doch nach Scheiße!"

„Du kannst ja auch was anderes trinken!"

„Was haben wir denn da?"

„Wir haben nur das an Getränken da, was du vom Kiosk holst."

„Also gar nichts!?"

„Vermutlich."

„Na, dann eben nicht! Oder gibt's wenigstens Kuchen?"

„Nein, aber ich habe ein bißchen Gebäck."

„Was für eins? Daaas? Ach ne, ach, ich nehm mir das auf dem Teller mit in mein Zimmer, da kann ich wenigstens dabei Musik hören!"

Gemeinsam essen? Wann denn? Ganz offenbar ist mein Sohn der Meinung, ich habe bereits in der Küche zu stehen, wenn er den Schlüssel im Schloß herumdreht (das scheint ein genetischer Defekt in der männlichen Linie seiner Vorfahren zu sein – sein Vater war der gleichen Überzeugung!). Aber es ist nicht etwa so, daß er dann auch essen möchte – das wäre ja zu einfach! Entweder will er gar nicht essen, weil er keinen Appetit hat oder weil er sein Schulbrot erst gerade in der U-Bahn gegessen hat. Oder er fragt mit langen, sehr langen Zähnen, was es denn überhaupt gibt. Und wenn es nicht gerade Eierkuchen sind, dann lande ich sowieso schon lange keinen Treffer mehr! Gemüsesuppe? Schon wieder! Milchreis? Schmeckt immer so mehlig! Pellkartoffeln mit Quark? Pellll-kartoffeln? Da mach ich mir ja die Finger schmutzig, und das klebt dann so. Also nur, wenn du die pellst! Erdbeeren? Wieviel Schnecken sind denn darüber gekrochen! Ich habe keine gesehen! Keine? Na, dann sind sie gespritzt, nein danke! Den Schafskäse ißt er nur von einem ganz bestimmten Türken (und schmeckt es auch, wenn's von einem anderen ist). Irgendwelche neuen Gemüse? Lieber nicht – „Wat de Buer nich kennt, dat freet he nich!"

Ich weiß nicht, was mich aus den gestrigen Anwürfen am meisten getroffen hat. Daß ich ihn als Kind gehaßt habe, ist so absurd, daß ich noch nicht einmal beginne, darüber nachzudenken, wann das gewesen sein könnte. Ich kann mir nach solchen Anwürfen sogar sagen: Er war ein geplantes Wunschkind und vom ersten Tag an geliebt!

Daß ich am Schreibtisch sitze, wenn er kommt … und manchmal um noch zehn Minuten Wartezeit bitte, bis ich aufstehe, um in die Küche zu gehen, hängt schlicht damit zusammen, daß ich berufstätig bin, diese Berufstätigkeit zum großen Glück für die Kindererziehung seit 17 Jahren teilweise zu Hause ausüben kann und er sein Luxusjugendleben ausschließlich aus dieser meiner Schreibtischarbeit gestaltet.

Ich kann es nicht fassen! Wenn mir nochmal irgendwer flapsig vorhält, schließlich seien es die Mütter, die die Söhne erziehen, dann springe ich dem mit allen Vieren gleichzeitig ins Gesicht.

Meine spontane Idee: Ich fahre für die nächsten drei Tage ins Wochenendhaus, und du kannst sehen, wie du hier klarkommst. Aber ich kann nicht alle Arbeit mitnehmen, und außerdem will ich ihm nicht vorführen, daß man Probleme durch „Weglaufen" löst. (Obgleich mir auch das langsam egal wäre – wer bin ich denn hier eigentlich???)

23. 6. Noch schlimmer!

Kurzes Gespräch mit einer anderen Mutter – gleiche Probleme. „Das ist doch überall dasselbe", hat sie resigniert gesagt. Und was macht sie? Sie redet auch nur. Allerdings schreien sie sich nicht an – schreien tut in dieser Familie schon der Vater genug. Und ansonsten? „Woanders ist es noch schlimmer. Da geht es schon bei den 13-/14jährigen los. Unsere sind immerhin 16/17!" Sehr tröstlich. Und wie sie das im Haushalt macht? Immerhin sind sie zu fünft, und sie selber arbeitet auch noch halbtags. „Nein, das sehe ich auch nicht ein, daß ich alles alleine machen muß!" Und wie sie es dann hinkriegt mit der Mithilfe? Sie zuckt nur die Schultern. Also: gar nicht.

Toll, was wir uns da herangezogen haben!

24. 6. Wie lange?

Es hat sich wieder eingerenkt – für wie lange? Eine Woche? Zwei Tage?

Heute nachmittag kam er aus der Schule – und grüßte freundlich von der Tür aus. Ich habe mit gebremstem Schaum reagiert – merkte aber mein spontanes Zucken in der Bewegungsmuskulatur, aufzustehen und in die Küche zu eilen, weil jetzt der Herr erschienen ist und seine Ansprüche hat. Ich habe es geschafft, am Schreibtisch sitzenzubleiben. Es erfolgte zunächst nichts – bis er nach ein paar Minuten, in denen Geschirr geklappert hatte, in der Tür erschien.

„Ich gehe mal eben Milch holen. Teewasser habe ich schon aufgestellt. Siehst du nach ein paar Minuten mal danach?"

Donnerwetter! „Soll ich auch ein Stück Kuchen vom Bäcker mitbringen?" Er soll nicht, aber er darf.

Ich sehe also nach dem Teewasser und stelle fest, daß sogar der Tisch gedeckt ist! Mannomann!

Und wie seit Monaten nicht mehr, haben wir eine gemütliche Teestunde mit Unterhaltung – sachlich und aggressionsfrei. Ich kann mein Glück kaum fassen. Habe ich *diese* Zeiten „damals" eigentlich genug genossen? Oder wenigstens gewürdigt? Mit Sicherheit nicht. Ich habe sie als selbstverständliche Familiengemeinschaft hingenommen. Heute weiß ich, wie schön es war und wie wenig ich darauf geachtet habe!

27.6. Kein Grund

„Du hast nächsten Montag Geburtstag. Hast Du Pläne?"

„Wofür?"

„Na, ich meine, wie willst du feiern?"

„Feiern? Überhaupt nicht! Mein Geburtstag ist kein Grund zum Feiern", sagt er mürrisch.

„Naja", sage ich. „Möchtest du denn nachmittags mit mir Kaffee trinken? Ein schönes Stück Torte, oder so?"

„*Ein* Stück? Zu meinem Geburtstag könnte es ja mal eine ganze Torte sein."

„Wer soll die denn essen, wenn du niemanden einladen willst?"

„Na ich, mir wird schon nicht schlecht werden!"

Na denn!

„Wollen wir dann noch was zusammen machen?"

„Was denn?"

„Wozu du Lust hast! Wenn dir nichts anderes einfällt, können wir ja mal wieder zusammen ins Kino gehen, wenn was Vernünftiges läuft."

„Da läuft zur Zeit nichts Vernünftiges, aber wir können ja trotzdem hingehen."

Sehr begeistert klingt das ja nicht. Also lassen wir das Thema.

29. 6. Auch das noch!

Als in der letzten Woche der Knatsch wegen Nachhausekommen anfing, der inzwischen ungeahnte Ausmaße angenommen hat, dachte ich mit einem Anflug von Dankbarkeit: Also wenigstens noch keine Mädchengeschichten! Hahaha! Die Sache ist schon voll im Gange. Die Pfadfinder haben sich als fröhlicher Mädchenlieferant entpuppt. Nicht nur, daß „sie" zu allen möglichen Tageszeiten hier anruft (und er dann mault, daß er schon wieder ranmuß!) – selbst, wenn er kaum aufgestanden ist, ist offenbar ständig „Action". Wo und wie es zu den jeweiligen Verabredungen kommt, entzieht sich meiner Kenntnis (muß ja wohl auch nicht), auf alle Fälle scheint ein Teil des Schulweges und (hoffentlich nicht) ein Teil der Schulzeit draufzugehen. Das Ganze spielt sich über jedwede mögliche Entfernung quer durch die Stadt ab – sozusagen an sämtlichen Endpunkten: seine Schule, ihre Schule, seine Wohnung, ihre Wohnung.

Als er sich eben zum Aufbruch rüstete (Pfadfinderabend) und ich mich ob des frühen Aufbruchs wunderte, erklärte er mir locker, ich hätte gesagt, daß er die Gruppe stören würde, wenn er mit ihr vor den anderen knutschen würde – und so würde er sich eben eine Stunde vorher mit ihr treffen.

„Zum Knutschen?"

„Ja und?"

Was dann folgte, war nur eine weitere Fortsetzung meiner Bemühungen, noch erzieherischen Einfluß auf meinen Sohn auszuüben. Verantwortung, erstmal Beziehung aufbauen, du kennst sie doch gerade zehn Tage, wie stellst du es dir weiter vor – alles für die Katz! Wir hätten eben nicht mehr 1940 (!), und heute sei eben alles anders. Sie würden sich lieben, und wenn man sich liebt, spielt es keine Rolle, ob man sich drei oder zehn Tage kennen würde ... Kennenlernen? Er kennt alle ihre Daten – er betet sie her. „Das kann ich auch vom Einwohnermeldeamt erfahren", sage ich, „dafür brauche ich jemanden noch nicht mal vom Gesicht her zu kennen ..."

Es ist sinnlos. Absolut sinnlos. Er ist der Große, der Macker, er hat alles im Griff!!! Voll!!! „Und ich habe später die Folgen zu tragen, nicht?" „Was denn für Folgen, ich höre immer nur, daß du Enkel willst!"

„Mensch, doch aber nicht von meinem *16jährigen* Sohn!"

„Ich bin doch nicht blöd. Schließlich will ich mal Karriere machen und werde mir da nicht jetzt schon ein Kind aufhalsen!"

... Alleine diese Ausdrucksweise! Und was heißt hier Liebe? Der spinnt ja wohl komplett? Dem können doch wohl nicht dermaßen die Hormone ins Blut geschossen sein, daß er den Verstand verliert!!?

„Nicht zurechnungsfähig in diesem Alter!" hat mir kürzlich eine andere Mutter in ähnlich prekärer Lage gesagt. Das war wohl die einzige Wahrheit.

„Eifersucht" wirft mein Sohn mir vor – mein Gott, wenn's das nur wäre! Er noch nicht mal 17, sie noch unter 16 – und er pleekt mich an, daß er selber entscheiden würde, ob er nach drei Tagen oder Wochen mit ihr schlafen würde.

Mein einziger Gedanke: Weg! Flucht! Einsame Insel!

Wenn wenigstens noch eine Klassenfahrt anstehen würde! Aber was ansteht, ist nur ein gemeinsamer Urlaub.

Nächster Tagesordnungspunkt: Ein Gespräch mit „ihrer" Mutter!?

Also ehrlich, *das* hätte ich mir gerne für die nächsten zwei Jahre noch gespart!

2.7. Schon verabschiedet

Sicher, das Schuljahr ist dieses Jahr besonders lang – aber dafür war das Vergangene eben um so kürzer. Aber: „Die Lehrer haben doch selber keine Lust mehr. Guck sie dir doch an. Wenn die keinen Bock mehr haben, dann brechen sie 'nen

Streit vom Zaun, schrein 'rum und verlassen das Klassenzimmer, weil wir heute nicht zu unterrichten wären. Wieso sollen wir uns da noch anstrengen?"

Aber selbst, wenn die Lehrer noch „voll Bock" haben sollten – der Sohn hat sich innerlich längst verabschiedet. Seine ganzen Termine löst er nur noch mittels Fahrrad, weil er da all die städtischen Querverbindungen schneller schafft. Sehe ich mir die letzten zwei Wochen an, dann stelle ich fest, daß ich eigentlich die große Wohnung bald aufgeben könnte. Dafür müßte ich mir dann aber ein Bild des Sohnes über den Küchentisch hängen, damit ich ihn jedesmal wiedererkenne, wenn er gelegentlich eine Gastrolle gibt. Um 7.30 Uhr verschwindet er – in höchster Eile und sowieso zu spät. Und dann erscheint er wieder irgendwann zwischen 21 und 23 Uhr. Dann hat er volles Programm abgehakt: Schule und Sport und Musik und Gruppe und Freund und Freundin ... Und dann ist er „total am Arsch" – von Schularbeiten aber noch keine Spur. Erstmal essen. In aller Ruhe natürlich. Und dann ... langsam, ganz langsam ... kann man ja mal sehen, was die Schule so für morgen erwartet.

Jetzt ist es 23.20. Er sitzt an seinem Schreibtisch und er ... nein, er macht keine Hausaufgaben ... er bemalt eine Kokosnußschale mit dem indianischen Sonnensymbol! Das ist sehr schön und sehr fein und braucht viel Geduld und Zeit ...

Ich sage nicht mehr viel dazu, sondern gehe ins Bett. Vielleicht kommt er eines Tages selber drauf, daß man was tun muß, wenn man was erreichen will.

P. S. Am nächsten Morgen ist sie fertig, die „Bombille" – das Trinkgefäß mit dem Sonnensymbol. Gemalt, lackiert, gebohrt, mit Lederschlaufe als Henkel. Wie lange das wohl noch gedauert hat? Und ob er danach wohl noch was für die Schule getan hat? Und wieso versteht er unter *diesen* Umständen nicht, daß ich mich über so ein kleines Kunstwerk so aus *ganzem* Herzen nicht freuen kann? Er glaubt, ich finde alles, was er macht, nicht gut genug. Und ich denke vor allem an die Schule!

18. Lebensjahr

*„Wenn man in der Jugend nicht tolle Streiche machte und
mitunter einen Buckel voll Schläge mit wegnähme, was wollte
man denn im Alter für Betrachtungsstoff haben?"*

(Goethe)

*„Jugend kann nicht mehr auf die Erwachsenen hören. Dazu ist
ihre Musik zu laut."*

(Oliver Hassenkamp)

4. 7. Siebzehn!

Geburtstag – noch ein Jahr bis zur Volljährigkeit. Wehmut beschleicht mich immer *weniger*, wenn ich sehe, wie die Zeit rast und wenn ich an das süße, dicke Knuddelbaby von früher denke. Mein vorherrschendes Gefühl wird mehr und mehr: Hoffentlich nimmt diese „Erziehungs"-Phase bald ihr Ende. Hoffentlich bin ich bald nicht mehr verantwortlich. Hoffentlich bin ich bald wieder frei und kann endlich leben, wie ich es möchte – soweit Beruf, Alter und Gesundheitszustand das noch zulassen.

Natürlich hat er seinen Geburtstagstisch bekommen – angesichts der zweiten Schottland-Reise stark reduziert. Er freut sich. Er beginnt in den Büchern zu schmökern. Seine scherzhaft-ernst gemeinten Bemerkungen überhöre ich geflissentlich („Du scheinst endlich zu merken, daß ich kein Kind mehr bin!"), und wunschgemäß gibt es Torte satt. Abends gemeinsam ins Kino, anschließend gute Diskussion über Aids und Sterben – und damit hat die Harmonie denn auch ihr Ende.

Soviel Mutter ist schon nicht mehr erträglich. Der Rest des Abends vergeht in Grummeln. Ich versuche es zu überhören und gehe ins Bett.

Noch ein Jahr. Vermutlich sehnen wir den 18. beide gleichermaßen herbei.

Aber was höre ich von allen Seiten? „Du glaubst doch nicht, daß dann alles vorbei ist? Das geht noch ewig weiter so! Und wenn er nicht ausziehen will, bleibt er in der Wohnung, wo willst du was Bezahlbares finden? Und die Kosten – also bis 26, 28 mußt du schon damit rechnen ..."

Warum nur habe ich meinem Sohn den Floh ins Ohr gesetzt, Abi zu machen und zu studieren? Die Polizeikaserne hätte mich sowohl finanziell als auch erzieherisch enorm entlastet.

5. 7. Nicht Fisch, nicht Fleisch

„Na wie fühlt man sich so mit 17?" habe ich ihn heute morgen gefragt.

„Ach", er mußte sorgenvoll (und völlig verpennt) überlegen. „Nicht mehr jung genug und noch nicht alt genug."

Ja, das ist es wohl. Ein Entwicklungspsychologe hätte es nicht treffender ausdrücken können.

8. 7. Ende der Betreuung

Jetzt ist mir der Kragen geplatzt – und ich hoffe, daß dieser Zustand anhält. Der Sohn gibt seltene Gastrollen zu Hause.

Einen Nachmittag pro Woche hat er mir für „Familienleben" eingeräumt und ein Wochenende pro Monat. Aber auch damit bin ich wieder reingefallen: Der freie Nachmittag ist derjenige, an dem er was zusammen mit mir macht, *weil er da etwas bekommt*. Gestern Sommerfest. Ich mache meinen üblichen Bücherstand – er macht mit, weil er 50 Prozent des Erlöses bekommt (sind zum Teil ja auch seine Bücher). Gleich danach verabschiedet er sich noch an Ort und Stelle, verschwindet und kommt nach drei Stunden wieder. Es ist 22 Uhr – also höchste Zeit, noch die notwendigen drei Telephonate zu machen.

Daß ich um 22.30 Uhr das Abendessen unter den Tisch fallen lasse, nimmt er mir persönlich übel, ist aber immerhin klug genug, nichts zu sagen (die Miene reicht!).

Dann die schnell dahingeworfene Mitteilung, daß er morgen abend – nach Schule, Wandergruppe, Französisch, kurzem Heimspiel – zu seiner Freundin nach Hause ginge. Sie habe ihn eben eingeladen. Sein „Darf ich?" ist nur eine Farce, er setzt nämlich mit drohendem Unterton hinzu, daß er auch dann gehen würde, wenn er nicht dürfte.

Was er dort wolle? Ich versuche, meine Entscheidung via Diskussion noch ein bißchen hinauszuzögern. „Wir wollen uns gemeinsam ihre Wohnung angucken!"

(Früher war es die Briefmarkensammlung!)

„Was soll denn der Quatsch? Sie braucht sich doch wohl nicht ihre eigene Wohnung anzusehen?"

Ach, es ist völlig egal, was ich sage – die Hormone scheinen alle Dämme gebrochen zu haben. Und „sie" scheint nur allzu willig. Ihre Anrufe mit Piepsstimme sind stetig und beharrlich.

Und wenn er „nicht da" ist, wird nochmal und nochmal versucht. Im übrigen scheint sie entschieden besser darüber informiert zu sein, wann der Sohn daheim zu weilen beliebt als ich.

Ob ihre Eltern denn zu Hause seien?

„Ja natürlich ... Äh, also der Vater kommt um halb zehn nach Hause."

„Und die Mutter?"

„Die ist da, die arbeitet abends noch." (Noch so ein armes Schwein wie ich ... damit wir unseren Süßen ein schönes Leben bereiten können!!!!)

Und ansonsten, läßt mich der Sohn wissen, ginge mich das alles gar nichts an. Ich hätte ihn nicht zu fragen, und er habe mir nichts zu erklären. Und im übrigen sei es jetzt spät, er habe noch Schularbeiten zu machen. Es ist 23.30 Uhr.

9. 7. Zitternde Knie

Nach der gestrigen Ankündigung der gemeinsamen Wohnungsbesichtigung bei der neuen Freundin fand ich, es sei vielleicht mal angebracht, die mütterliche andere Seite zu konsultieren. Schließlich geht diese Chose schon einige Zeit, und die abendlichen Verspätungen haben sicher damit zu tun. Wenn's aber jetzt schon familiär wird ...

Ich habe es ein paar Mal versucht – nicht mit gutem Gefühl. Schließlich ist sowas für mich das erste Mal. Und wenn die Mutter so ist wie das Mädchen!?

Sie war noch viel schlimmer. Ich hatte auf Tonband gesprochen, und kurz darauf rief sie zurück.

Mein Sohn wolle heute abend zu ihnen nach Hause kommen mit open end – ob sie davon wisse. Natürlich wisse sie davon, ihre Tochter würde ihr *alles* erzählen! (Oh!) Ob sie oder ihr Mann denn zu Hause wären? Nein, natürlich nicht! Man müsse jungen Leute schließlich Freiräume geben. Die beiden sollten ruhig mal alleine sein! Sie kennen sich doch aber erst 16 Tage! Ja, dabei findet sie gar nichts! Mein Sohn wäre ein sehr netter und gut erzogener Junge, und sie sei froh, daß ihre Tochter endlich so einen gefunden hätte. Ob ich etwa was gegen ihre Tochter hätte? Nein, denn ich würde sie gar nicht kennen. Oder ob ich etwas gegen sie hätte? Am liebsten würde ich sagen: Jede Menge, wenn ich sie so reden höre. Ob ihre Tochter denn die Pille nähme? Nein, was ich denn von ihrer Tochter dächte? (Na, was denke ich wohl? Gelegenheit macht Liebe!) Ihre Tochter würde ihr schon sagen, wenn es so weit wäre, und dann würde sie mit ihr zum Frauenarzt gehen (das dürfte etwas spät sein – da hat sich schon manche Mutter geirrt!). Sie wäre nämlich die beste Freundin ihrer Töchter, und sie hätten keinerlei Geheimnisse vor ihr (o Gott, noch so eine, die zuviel Ratgeber-Ecken in Frauenzeitschriften gelesen hat!) ...

Das Ganze sehr kreischig und ordinär. Sie belehrt mich über Kindererziehung. Dann erfahre ich, daß sie mit 19 noch Schläge von ihrer Mutter bekommen habe, weil sie heimlich die Pille genommen habe. Und das solle ihrer Tochter nicht passieren. Die solle alle Freiheiten haben! „Sie ist aber noch nicht 19, sondern erst 15!" wage ich einzuwenden, aber die Mutter findet: „Das ist doch kein Unterschied." Beinahe fange ich an, mich mit ihr zu streiten. Das ist aber ohnehin kaum möglich – sie spricht wie ein Wasserfall, ich kriege kein Bein an den Boden.

Immerhin erfahre ich, daß ich alles falsch und sie alles richtig mache. Daß sie sich einen Schwiegersohn recht frühzeitig an Land ziehen will – oder zumindest ihre Tochter früh genug sicherstellen will mit einem anständig erzogenen Jungen, wird auch deutlich. 15 findet sie dafür nicht zu jung. Und wenn was nicht richtig laufen sollte, dann müßten beide eben was an die Ohren kriegen, meint sie abschließend. Ich finde, daß die Ohrfeige „danach" sinnloser ist als die Pille „vorher" – aber wir sprechen verschiedene Sprachen. Wenn es nicht klappt und die beiden über die Stränge schlügen, dann müßten wir uns eben mal zu viert zusammensetzen ... Oh ja, das habe ich mir schon immer gewünscht – vor allem, wenn ich diese Stimme mit diesen Ansichten vernehme ...

„Also", sage ich abschließend, „ich bin nicht für eine zu frühe Verbindung der beiden, die dann auch noch auf so unzulässige Weise wie Wohnung-zur-Verfügung-stellen gefördert wird. Bitte halten Sie sich mit solchen Gelegenheiten auch ein bißchen zurück ..." Es ist sinnlos. Sie hat die Absicht, diese Sache auszubauen! Daß sie meinen Sohn mit einem Kosenamen bedenkt, bringt mich restlos auf die Palme!

Mir zittern die Knie nach diesem Telephonat, und ich habe einen ganz trockenen Mund. Ich hatte auf sowas wie Mutter-

Solidarität gehofft und habe genau das Gegenteil erfahren. Was nun?

Am Spätnachmittag erscheint meine geballte Ladung – pardon, mein Sohn. Er läßt sich zu einem Tee herab – um herumzumotzen. Ich nehme die Gelegenheit wahr, ihm zu sagen, daß ich mit der Mutter seiner Freundin telephoniert habe. Und ich sage ihm auch, was ich von Form und Inhalt dieses Gespräches halte. Er ist wütend. Ich versuche in aller Ruhe, ihm meinen Standpunkt klar zu machen. Ich sage ihm auch, daß ich das Gefühl hätte, die (gerade wiederverheiratete) Mutter wolle möglicherweise ihre Tochter schnell aus der neuen Ehe drängen. Natürlich ist alles „Quatsch", was ich sage – und als ich dann das Wort „unterschiedliche Schichtenzugehörigkeit" fallen lasse, weil es mir *das* Problem zwischen uns Müttern zu sein scheint, rastet er endgültig aus. Ich hätte was gegen Arbeiter. Ich sollte mich schämen. Ich täte immer so sozial, und da würde es sich endlich mal zeigen. Nichts stünde dahinter, alles wäre nur Getue ...

Meine Erläuterungen, daß nicht alles zusammen paßt und nicht jeder zu jedem Stil ... lassen ihn wütend abblitzen. Währenddessen traktiert er seine Jeans mit der Schere – abschneidend und mit Gewalteinwirkung ausfransend. Ich sehe es und bin dermaßen gefangen von dieser anstrengenden Diskussion, daß mir nichts einfällt, um diesen Vandalismus zu untersagen (ist auch schon zu spät).

Als er sich wütend und schimpfend zum Gehen anschickt, sage ich: „Wenn ihr euch um 19 Uhr trefft, kannst du um 22.30 Uhr zu Hause sein. Das dürfte ja wohl reichen!" – Nein, auch das ist zuviel. Das Gekeife geht weiter. Ab und zu sehe ich verstohlen auf die Uhr – es ist inzwischen längst nach 19 Uhr und er hat 30 Fahrradminuten vor sich ... Natürlich käme er, wenn *er* es für richtig hielte.

Ja, das sind die Hormone, da nutzt nichts mehr.

Mit Türenknallen verschwindet er – nicht ohne von der Tür aus unflätig zu schimpfen. Ich blicke ihm aus dem Fenster nach und stelle leicht irritiert fest, daß er es alles andere als eilig hat.

Nun bräuchte ich dringend ... nein, keinen Schnaps, den mag ich nicht. Ich muß mit einem *Mann* sprechen!

Ich rufe meinen besten Jugendfreund an, schildere ihm alles und ernte erstmal schallendes Gelächter. Dann beruhigt er sich. „Ach, ich kann dich so verstehen. Ich stehe ja auch schon mit der abgesägten Schrotflinte hinter der Haustür", erklärt er. Er hat vier Töchter, die älteste 14 Jahre alt und bildschön ... Immerhin tut es gut, zu reden und verstanden zu werden. Sein männlicher Schluß-Rat: „Leg ihm 'ne Hunderter Packung Kondome auf den Tisch und daneben eine Aufstellung, was ein Kind kostet. Das müßte wirken. Wenn nicht, kannst du auch nichts mehr machen!"

Ich ruhe mich noch eine halbe Stunde aus, stelle fest, daß ich keine Lust habe auf stundenlanges Warten und mögliche spätabendliche Auseinandersetzungen bei der Heimkehr. Ich packe meine Tasche, lege ihm einen Zettel vor seine Tür, auf dem ich ihm mitteile, daß ich ins Wochenendhäuschen fahre und daß er anrufen könne, wenn er wolle ... Dann fahre ich. Nach mir die Sintflut ...

Als ich um 22.35 die Tür des Häuschens öffne, höre ich das Telephon läuten. Der Sohn! Ja, er wäre pünktlich nach Hause gekommen, das wolle er mir mitteilen. Und ob ich wissen wolle, wie der Abend verlaufen sei. Sehr verhalten bejahe ich.

Ja, also erstmal sei er viel zu spät gekommen, weil er die Adresse nicht habe finden können. Und dann habe „sie" ihm deswegen Vorwürfe gemacht (Juchhu!). Ja und dann habe die ganze Zeit das Baby geschrien, das es noch in der Familie gäbe. Und das sei nicht zu beruhigen gewesen. Mal habe sie es getröstet und mal er – bis er die Geduld verlor und das schreiende Bündel einfach ins Bettchen gelegt hat. Dort schlief es sofort ein. Ja und dann sei nicht mehr viel Zeit gewesen, dann seien nämlich nacheinander Stiefvater und Mutter nach Hause gekommen. Zum Stiefvater fiel ihm nichts anders ein, als daß sie beide dieselbe Luftpumpe hätten (immerhin schon etwas Verbindendes), und die Mutter, die hätte gleich angefangen, über das Gespräch mit mir am Vormittag zu reden. Er wiederholt einige Passagen wörtlich, und ich höre deutlich heraus, daß ich wohl sehr schlecht weggekommen bin dabei. Das wiederum scheint ihm nicht sehr behagt zu haben – wildfremde Frau macht seine Mutter schlecht. Ja und nun sei er wieder zu Hause und ginge jetzt ins Bett ...

Wir sind noch einmal davongekommen! Wenn mich nicht alles so mitnehmen würde, könnte ich über die Baby-Story wirklich in Kichern ausbrechen! Wofür Babies alles gut sind. Das ist also der Anfang! Auch darin muß ich mich üben!

15. 7. Lügengebäude

Unvermittelt erscheint der Sohn aus der Schule zu einer Zeit, die ganz unwahrscheinlich ist. Und ebenso unvermittelt rast er (der sonst immer „völlig kaputt" ist, wenn er aus der Schule kommt) durch die Wohnung, macht sich im Bad frisch, putzt sich die Zähne, wechselt das T-Shirt ...

„Was ist denn los, wo willst du denn hin?"

„Ich muß ganz schnell zur Buchhandlung, mir Reiseführer über Dänemark ansehen."

Bevor ich schalten kann (muß man sich dafür die Zähne putzen und um 15.30 losrasen, wenn die erst um 18.30 schließen?), ist er auch schon zur Tür raus. Ich bin verblüfft – habe aber immerhin zu arbeiten. Keine fünf Minuten später ist „sie" am Telephon (und bei mir fällt der Groschen!).

Ob er zu Hause ist – und sie nennt piepsig einen Kosenamen, der mir das Blut in den Kopf steigen läßt. Und ich kann nicht anders als scheinbar verständnislos zu fragen: „Wer soll das denn sein?"

Der Reiseführer scheint es sehr, sehr viele zu geben – der Sohn erscheint von der in fünf Minuten Entfernung liegenden Buchhandlung nach zweieinhalb Stunden und so schweißtriefend, daß er sofort wieder das T-Shirt wechselt und sich von Kopf bis Fuß abtrocknen muß.

„Wo kommst du denn her?" frage ich im Anblick seines Zustandes eher automatisch als gewollt.

„Ich war bei der Buchhandlung und habe mir dort die Route rausgeschrieben, die wir fahren wollen."

„Wieso denn du, das macht doch Gustav, der kennt sich dort doch aus und hatte die Route schon letzte Woche ausgearbeitet."

„Ja, aber ich habe noch die Campingplätze rausgesucht und die Route verglichen."

Ich stelle noch ein paar Fragen – auch Fangfragen – denn diese Story ist mir einfach zu primitiv, als daß ich Lust hätte, sie zu glauben. Die Radtourroute steht seit zehn Tagen fest. Auf seinem Schreibtisch liegt ein nagelneuer Dänemark-Führer für Radler, in dem aber auch jedes kleinste Häuschen und jeder winzigste Campingplatz verzeichnet ist, den Radler anfahren können. Die Handschrift auf dem Plan ist nicht seine – und bei dieser Buchhandlung gibt es zwar einen kleinen Tisch zum Schmökern in Büchern, nicht jedoch eine Riesenarbeitsfläche, auf der man über zwei Stunden lang auf DIN A 3 Bögen Reiserouten einzeichnen kann.

Auch das sage ich ihm. Und dann frage ich ihn noch, warum er von so einer kurzen Strecke so höllisch durchgeschwitzt ist. Er lügt, ohne rot zu werden (das ist das absolut Neue – und es ärgert mich unglaublich!).

Da ich das bei ihm noch nie erlebt habe, fehlen mir alle Verhaltensmuster. Ich scheue mich, einem Menschen platt vor den Bug zu hauen, daß er von vorne bis hinten lügt. Und wenn ich jetzt zartfühlend und gaaaanz pädagogisch sagen würde: „Du brauchst mich nicht anzuschwindeln, ich weiß, daß du bei deinem Mädchen warst, und das macht auch gar nichts, wenn ihr euch nur richtig liebt ... blablabla ..." dann würde er mit Sicherheit die beleidigte Leberwurst spielen.

Am nächsten Morgen kann ich es nicht mehr aushalten und suche ihn bei seinem lärmumtobten Müslifrühstück heim.

„Du hast mich gestern von vorn bis hinten angelogen, und ich will von dir wissen, warum!"

Der Überraschungseffekt ist so überwältigend, daß er sofort „gesteht".

Die ersten zwei Sätze zwischen uns sind noch ruhig – und dann plötzlich wird er kiebig und frech. Das alles ginge mich überhaupt nichts an. Er ahmt meine Stimme und meine Worte nach, er grimassiert, und er wird so ausfallend, daß ich mich vergesse.

Wunderbar – und in einer Stunde sitzt er und schreibt in der Schule die große Bio-Klausur, die ausschlaggebend für das kommende Zeugnis ist.

Andererseits – gelernt hat er gestern abend von 22.30 mit einer Abendbrotunterbrechung bis 0.30 – und das war der ganze Zeitaufwand für die Biologie eines halben Jahres. Da kommt es auf mehr oder weniger mütterliches Geschrei auch nicht mehr an. Daß er statt der Studien in der „Buchhandlung" vielleicht hätte Biologie pauken können, ist ihm so fremd wie dem Grönländer der Mangrovenwald.

Als er aus dem Haus gegangen ist, fühle ich mich am Ende. Das kriege ich alles nicht mehr in den Griff, und diese verbalen Unverschämtheiten gehen weit über das hinaus, was ich dulden will und kann.

Und dazu mache ich auch noch alles falsch – das merke ich selber. In mir spulen sich alle guten pädagogischen Ratschläge ab, die ich je im Leben gehört habe. Freundinnen darf man um Gottes willen nicht schlecht machen, dann treibt man die lieben Kleinen nur in diese Beziehungen (schon aus lauter Trotz, auch wenn es gar keine „Liebe" mehr ist). Aber – Herrgott nochmal – ich kann doch nicht zu allem ja und amen sagen. Ich brauche jemanden, der mich versteht – und ich rufe morgens um acht … die Telefonseelsorge an.

Nach einer Stunde geht es mir etwas besser. Die Frau – wohl in meinem Alter, weiß, was ich meine, und ich glaube ihr sofort, daß sie meine Sorgen versteht und teilt. Sie hat „es" schon hinter sich und spricht aus mehr oder weniger leidvoller Erfahrung. Natürlich: Viel was anderes sagt sie auch nicht – aber irgendwie hilft es mir.

Mittags versuche ich noch einmal mit dem Sohn in Ruhe zu reden. Das geht (wie immer) etwa fünf Sätze lang gut, dann beginnt er zu kreischen.

Und ich spiele erstmals im Streit meine stärkste Waffe (?) aus: „Wenn du nur noch machst, was du willst und wenn du mich behandelst wie der letzte Dreck, der für dich nur noch den Unrat wegräumt, dann ziehst du aus!"

Er lacht hämisch, er spottet. Er will wissen, wieviel Unterhalt ich denn dann zahlen müßte. Ich kläre ihn auf, daß ich diese Information vom Rechtsanwalt einholen würde – aber er läge bei ca. 800 DM. Obwohl er wenig Ahnung von Preisen und Lebenshaltungskosten hat, kreischt er auf. Das könnte mir so passen, und davon könnte er nicht leben, und er würde kein unwürdiges Leben in einem möblierten Zimmer ohne Klo und mit nur einer Steckdose führen …

„Wenn du das nicht willst, mußt du dich hier eben einfügen. Bei einem Zwei-Personen-Haushalt ist das nicht allzu schwierig, wenn wir sechs wären, müßtest du dich noch mehr anpassen ..."

Egal, was ich sage, es ist alles „echte Scheiße, Mutter" – aber er scheint immerhin etwas in den Grundfesten erschüttert zu sein (jaja, ich weiß, auch das darf man nicht – aber wer sagt eigentlich diesem Volk, was man alles bei Müttern nicht erschüttern darf?).

Aber eines wird mir immer wieder deutlich: Es scheint eine ganz gewisse Portion Zoff zu sein, die ein Jugendlicher mit seinen Eltern oder seinem einen Elternteil pro Tag erledigen muß. Entzieht man sich, bekommt man es zu den wenigen anwesenden Stunden als geballte Ladung. Aber lieber einmal kurz und heftig als über den Tag verteilt ewig und anhaltend.

19. 7. Müllabfuhr

Jedesmal, wenn sein Gör hier anruft und er mit ihr eine halbe Stunde am Telephon Blödsinn ausgetauscht hat, wird er zu mir ausfällig – selbst wenn wir ein paar Minuten vor dem Telephonläuten uns noch wie normale Menschen miteinander verständigen konnten.

Und das Schlimme ist: Es geht um Nichts! Nur um irgendwelche blöden Rechthabereien.

Ich versuche, Ruhe zu bewahren – es fällt mir von Tag zu Tag schwerer. Ich *kann* und *will* nicht mehr die Müllabfuhr meines Sohnes sein. Dann kann er sich an seiner Freundin auslassen, die wird ihm dann schon zeigen, wo der Hammer hängt. Aber bei der wird nur gesäuselt und gebalzt. Und ich bin – ja, wer eigentlich?

20. 7. Zeugnistag ...

... mal wieder! Wie oft schon und wie lange noch? Diesmal ist der Umschlag nicht mehr an die Eltern adressiert, sondern an den Schüler selber. Natürlich hat er ihn schon geöffnet. Bevor ich das gute Stück in die Hand bekomme, werden die einzelnen Blätter vorsortiert (nach Qualität!?), und dann muß ich mir erstmal anhören, wie ich mich zu den einzelnen Benotungen zu verhalten habe.

Es ist gemischt – wie immer von (etwa) eins bis (etwa) fünf ist alles enthalten, soweit man die Texte interpretieren und in Ziffern umsetzen kann. „Hervorragende Leistungen" werden ihm bestätigt, „sorgfältig geführte Hefte", „interessierte Mitarbeit". „Ein wertvoller Chorsänger" sei er geworden, aber „seine Möglichkeiten, Disziplin zu wahren, könnten deutlicher hervortreten"! Getischlert hat er „versiert", sein Webteppich ist „nicht fertig geworden" ... aber der Hammer sind wieder die Fremdsprachen. In Französisch „hat er sich am Anfang des Schuljahres nicht besonders bemüht. Er scheint jetzt aber die Arbeit aufgenommen zu haben (wie schön, kostet mich ja auch wöchentlich 60 DM an Nachhilfe!). Natürlich sind die Lücken noch groß und das Wissen klein, aber mit Energie und Willenskräften ist vieles möglich" (falls diese sich nicht im Außerschulischen erschöpfen!).

Gespannt war ich auf Englisch. Mit einem Rest Humor, der mir trotz 17jähriger Erziehung verblieben ist, habe ich zumindest den Unterhaltungswert der Beurteilung bewundert. Im Hinblick auf Sprechbereitschaft habe der Sohn einen kräftigen Schub bekommen in Schottland. „Trotzdem harren seine Grammatikkenntnisse noch der weiteren Verstärkung und Aufbereitung. Dafür wird noch etliches an Zeit aufgewandt werden müssen, bevor er sich entspannt zurücksetzen kann (!!!!). Und etliches davon wird er zu Hause tun müssen, im stillen Kämmerlein! Also ran!"

Also genau das, was ich ahnte: Er hat sabbeln gelernt. Die Grammatik scheiterte daran, daß er die Grammatiklehrerin in Schottland nicht mochte, und alles in allem hat er sich für meine 8000 DM von einer Fünf auf eine Vierkommafünf hinaufgehangelt.

Uff!

2.8. Fortschritte

Der Sohn hat in den Urlaub die Gitarre mitgenommen – weil die anschließende Wanderfahrt durch Dänemark nicht ohne Gezupfe geht! Meine Bedenken (Gitarre auf dem Rad ... ohnehin schon so viel Gepäck ...) waren natürlich wieder blöd. Na gut, ich bin sicher, ich werde dieses teure Instrument nie wiedersehen! (P. S.: Sie kam wieder heim! Heil!)

Immerhin! Jetzt – im Urlaub – sitzt er vor dem Insel-Häuschen und klimpert. Spätabends holt er sie sich noch, um am Strand seine Mit-Pubertierenden zu beglücken. Vor allem die weiblichen.

Als ich ihn vorhin so sitzen sah, fand ich, daß er in letzter Zeit enorme Fortschritte gemacht hat. Ich sage es ihm.

„Ich finde, du kannst in letzter Zeit viel besser spielen als früher. Woran liegt das?"

Etwas irritiert blickt er von seinen Noten auf und sagt dann, sich wieder den Saiten zuwendend: „Seitdem ich keinen Unterricht mehr habe!"

Das haut mich um! Fünf Jahre Unterricht, davon drei bezahlt – und nicht zu schlecht. Und tausendmal „Du mußt noch Gitarre-üben." „Hast du heute schon geübt?" „Mensch, wenigstens zehn Minuten täglich, sonst nutzt der ganze Unterricht nichts!" Zusätzlich die (nicht immer ganz wahren) Beschönigungen dem ständig meckerigen Gitarrenlehrer gegenüber: „Doch, er übt!" „Ja, er spielt jeden Tag!" Eigenartigerweise beklagte sich dieser Pädagoge immer dann besonders, wenn der Sohn eine „Übungsphase" hatte. Tat er über weite Strecken nichts, schien der Lehrer es nicht zu bemerken.

Und jetzt sitzt er da und spielt – und hat offenbar nicht nur Freude dran, sondern plötzlich auch Ehrgeiz, sich selber etwas beizubringen.

4.8. Dammbruch

Heute nacht nun sind alle Register gezogen worden, und ich sitze vor einem Scherbenhaufen. Ganz selbstverständlich erschien der Sohn (mal wieder) einiges nach Mitternacht, um mir zufrieden und gut gelaunt mitzuteilen, daß sie wieder „einen ganz geilen Abend" gehabt hätten.

Hätte ich den Mund gehalten, gesagt: „Na schön, aber nun sieh zu, daß endlich Ruhe einkehrt", wäre vermutlich alles gut gewesen (falls er nicht mal wieder auf Nerverei und Zoff ausgewesen wäre!). Aber ich *mußte* etwas sagen. Ich kann nicht stillschweigend und somit bejahend dulden, daß mein Sohn sich über alle *meine* Rechte und über alle Vereinbarungen lockerflockig hinwegsetzt.

Ausgang (prinzipiell) von sieben bis 23 Uhr, wenn's denn länger dauern soll, bitte ankündigen. Am Anfang hat er zugestimmt, nach der ersten Auseinandersetzung nach drei nichteingehaltenen Abenden noch einmal (aber eben nur gezwungenermaßen!), und ab dann tat er, wie *er* wollte. Heimkehr zweimal gegen 23 Uhr, die restlichen 13 Tage zwischen Mitternacht und kurz vor drei!

„Alle anderen dürfen ..." das ewige Thema in der Erziehung. Alle haben, alle kriegen, alle dürfen ... bloß ich nicht – und das in jeder Familie!

Ich hatte überlegt, das Licht auszumachen, mich zusammenzurollen und Schlaf vorzutäuschen in der Hoffnung, daß sein Abgang dann tatsächlich schnell und geräuschlos vor sich gehen würde.

Und nun? Er reagierte sofort pampig, stand anhaltend vor dem Spiegel, besah sich Pickel und Sonnenbrand in aufreizender Langsamkeit, machte sich im Schneckentempo fertig, verzehrte mit betonter Langsamkeit auf der Bettkante sitzend noch zwei Yoghurt – und ließ sich nicht aus der Ruhe bringen. Alle seine Handlungen strahlten die Botschaft aus: „Du hast mir überhaupt nichts zu sagen!"

Und ich? Ich redete mal wieder. Ich argumentierte, ich verteidigte mein Recht (diesmal auf Schlaf). Er patzte hochnäsig und betont „cool" dagegen an. Aber als ich ihn fragte, wie er sich unter diesen Bedingungen (Egoismus, Rücksichtslosigkeit ...) unsere geplante USA-Reise vorstellte, rastete er aus. Was schlimm war – und neu – war die Kälte in seiner Stimme, der Zynismus, die ungeheure Überlegenheit.

Und dann die Inhalte:

– Er wüßte, daß ich ihn hasse, aber das mache ihm gar

nichts, von mir sei er ja Zeit seines Lebens nichts anderes gewöhnt!

– Ich könnte ihn ja umbringen, dann wäre ich ihn endlich los.

– Ich hätte seinerzeit eben besser verhüten sollen, dann wäre er erst gar nicht auf die Welt gekommen.

– Ich wäre eben viel zu alt. Wenn ich jünger wäre, hätte ich mehr Verständnis.

– Ich wolle ihn ja nur endlich los sein. Sogar zum Schulabschluß habe ich ihn Anfang des Jahres zwingen wollen und dazu, zu den Bullen zu gehen. Und das habe ich nur gewollt, damit er nicht nur von zu Hause fort sei, sondern auch noch in einer ganz anderen Stadt weit weg und in einer Kaserne! Und Geld habe ich damit an ihm sparen wollen.

– Ihm sei nach Gesprächen mit seinen Freunden am Strand auch endlich klar geworden, was für eine furchtbare Kindheit und Jugend er – mit Ausnahme der Reisen – bei mir gehabt habe. Ich hätte immer nur meine ganze Wut an ihm ausgelassen, während er immer ganz still geblieben sei und sich ruhig verhalten hätte.

– Er habe endlich mal alles mit den Freunden besprechen können – einen anderen Menschen habe er ja leider nicht. Und da sei ihm das alles endlich einmal klargeworden!

– Und wenn ich dächte, ich würde ihn los, dann sollte ich ihm „gefälligst" eine Wohnung suchen. Aber mit 800 oder 900 DM monatlich würde er sich nicht abspeisen lassen. Und überhaupt, er ließe sich nicht einfach rausschmeißen. Er würde gehen, wann es *ihm* paßt, wenn *er* es für richtig hält und nicht ich …

Nachdem er den ganzen Mistkübel über mir ausgekippt hatte, verkündete er aggressiv, jetzt endlich schlafen zu wollen, es sei spät genug. Er drehte das Licht aus, drehte sich zur Wand … und da bin ich ausgerastet! Das war zuviel! Und dann habe ich in meinem Bett gelegen und geheult und geheult – Stunde um Stunde. Von Humor, von Geduld, von Ertragen war da nichts mehr übrig, sondern nur noch das Empfinden: Du hast alles falsch gemacht, du hast versagt, du stehst vor den Scherben deines Lebens. Nicht, daß er auch nur in einem einzigen Punkt annähernd Recht gehabt hätte – aber ich hatte das Gefühl, wenn ein Jugendlicher solche Dinge erst einmal ausspricht, dann muß da etwas schief gegangen sein, falsch angekommen, falsch interpretiert. Solche Dinge sagt man nicht ohne Grund! Nach drei Nachtstunden war ich wieder wach. Der Morgen dämmerte. Der Sohn schlief fest und von nichts erschüttert. Mein Herz schlug holperig, ich hatte das Gefühl, nicht mehr richtig durchatmen zu können, mein Kopf war auf die doppelte Größe angeschwollen. Alles pochte und hämmerte. Mir war schlecht. Meine Ratlosigkeit hatte den absoluten Höhepunkt erreicht. Das einzige, was mir einfiel: Ich reise vorzeitig ab, gehe auf schnellste Zimmer- oder Wohnungssuche für ihn, und wenn er von seiner Radtour heimkehrt, packt er seine Sachen und hat noch 14 Tage Zeit für den Umzug, bis die Schule wieder losgeht. Ab dann: getrennte Wege!

Nach *diesen* Anwürfen gibt es keine Gemeinsamkeiten mehr zwischen uns. Von einem Ehemann würde ich mich nach so einer Auseinandersetzung scheiden lassen – da gäbe es kein Vertun mehr. Warum nur müssen wir bei Kindern durchhalten bis zum bitteren Ende, bis zur Selbstaufgabe, bis zu einem Zeitpunkt, an dem wir selber dann fix und fertig sind? Ausgelutscht und ausgepowert bleiben wir ächzend im Sessel hängen, während dieses anspruchsvolle, egoistische, zynische, selbstverliebte Volk fröhlich winkend seiner Wege zieht!

Der Tag war gelaufen! Nach dem Frühstück bin ich runter ins Büro und habe mich nach den Bedingungen der vorzeitigen Abreise erkundigt. Ich muß ein Bild des Schreckens geboten haben. Die liebe Frau am Empfangsschalter fragte vorsichtig nach – und prompt brach ich wieder in Tränen aus. Ja, ich könne abreisen, Restkosten 50 Prozent – aber „Ich würde an Ihrer Stelle doch nicht das Feld räumen!!! Das will er doch nur! Nein, nein, das überlegen Sie sich lieber nochmal. Sie können ja nach dem Mittagessen Bescheid geben!" Ganz pragmatisch! Finger in die Wunde!

Ich treffe den Sohn im Gelände und sage ihm meine Überlegungen. Auch jetzt wieder ein Schock: Kein Milligramm an Betroffenheit! Dafür aber ein verdächtiges Glitzern in den Augen (Häuschen für mich ganz alleine! Tag und Nacht Freiheit, Freiheit, Freiheit!) Dieses Aufleuchten brachte mich zur Besinnung, und ich fügte (auch mal cool) hinzu: „Aber Frau T. rät mir, nicht das Feld zu räumen. Ich bleibe also!" Und er wendet sich gekränkt ab!

Pfui Teufel über das Ganze! Und das ist mein ersehnter, herbeigehoffter Jahresurlaub! Teuer und lebensnotwendig. Zu Hause hätte ich's besser und billiger gehabt!

5.8. Diese Kälte!

Ich spreche mit einer anderen Mutter darüber. Wir kennen uns seit zehn Jahren – ebenso lang wie die Jungs, die seitdem befreundet sind. Sie versteht mich – alleine das tut wohl! Aber ihr geht es ganz anders. Sie wartet seit langem darauf, daß der Sohn „endlich geht", sich löst. Er hockt zu Hause herum – fast ausschließlich an den Hausaufgaben und vor dem Computer (immerhin ist es der Sohn, dessen Vater mir stolz mitteilte, daß das Prachtstück im Versetzungszeugnis sieben [sieben!!!!!!] Einsen gehabt habe!). Er hat so gut wie keine Außenkontakte. Er habe letztlich auch wenig Kontakt zu den Eltern – obwohl seine Hausfrauen-Mutter allzeit vorhanden und bereit ist. Sie selber wolle endlich wieder alleine mit ihrem Manne sein. Und sooo ein inniges Verhältnis zu ihm, wie offenbar ich zu meinem Sohn, habe sie auch nie gehabt. Ihr sei immer die Ehe, der Mann wichtiger gewesen. Also würde es sie nicht so treffen, was da alles an unflätigen Beschimpfungen der Eltern über den Tisch geschoben würde.

„Das einzige, was mich so entsetzt", sagt sie dann aber voller Besorgnis, „das ist seine Kälte. So zynisch, so eiskalt, so ganz ohne Gefühl! Also – das trifft mich enorm, egal ob er mich oder seinen Vater meint!"

„Weißt du", sagt sie ganz ganz warm und mütterlich zu mir, die ich immer noch einigermaßen aufgelöst bin, „Du hast so einen tollen Sohn. Was der alles macht! Und so liebenswürdig ist er und gut erzogen. Den kannst du doch überall hin mitnehmen. Manchmal beneide ich dich richtig, wie toll du den hingekriegt hast!"

Öl auf die Wogen! Labsal!

8.8. Letzter Abend

„Heute ist unser letzter Abend, wollen wir wie früher noch einmal zum Abschied ins ,Witthüs' gehen und einen Eisbecher essen?" frage ich – um wenigstens einen harmonischen Abschluß dieses Fiaskos bemüht.

„Oh ja", das findet er gut, hat er doch immer viel für Traditionen und Rituale übrig.

„Ich will aber vorher mit den Freunden nochmal ins Wasser! Ist doch der letzte Abend!"

„Gut, aber sei bitte um zehn vor acht am Häuschen, um kurz nach acht fährt der Bus unten an der Straße ab."

Und???? Nichts!

Gegen 20 Uhr schlenderte er betont langsam vom Strand heran – triefnasse Haare, klitschnasse Klamotten, Strandsandalen. „Na und? Dann gehe ich eben so!" „Nein, das kannst du dir abschminken, den Bus kriegen wir sowieso nicht mehr, der fährt in sieben Minuten!" „Naja, dann mußt du dich eben beeilen!" (Am liebsten hätte ich ihm dafür und für die Enttäuschung ein paar gescheuert!) Mit Schulterzucken wendet er sich um – beleidigt, wo er sichtbar doch gar kein Interesse mehr an diesem Ritual hatte – und fügt sich wieder in seine Pubertierenden-Blase ein.

Das war's also!!!

9.8. Abschied

Nun bin ich wieder zu Hause – noch nie so erschöpft nach einem Urlaub, selbst nicht in besten Jugendjahren, als wir „durchgemacht" haben, glücklich und/oder unglücklich verliebt waren und nichts an Aktivitäten ausließen, die damals noch nicht Äktschn hießen. Ich bin froh, für eine Woche die Wohnung für mich alleine zu haben. Ein bißchen muß ich einfach noch Kraft schöpfen, bevor er wiederkommt und mein Dienst wieder losgeht.

Gestern war alles doch noch erfreulich. Gustav hatte sehr früh sein Stahlroß gesattelt und sich auf den Weg gen Norden gemacht. Der Sohn fuhr ihm auf dem Fahrrad entgegen – in voller Pfadfinder-Montur. Und zum Mittagessen trafen dann beide ein – einheitlich gekleidet, stattliche junge Männer, denen hundertprozentige Aufmerksamkeit im Speisesaal gewiß war. Die alten Jugendbewegten bekamen Leuchteaugen („Daß es sowas heute wieder gibt!").

Nach dem Essen mußte ich langsam los – und dachte gleiches auch von diesen Knaben. Schließlich wollten sie ganz Dänemark durchradeln in ein paar Tagen. Aber das ist dann immer alles nicht so wichtig – erstmal mußten sie noch ins Wasser. Die alten Inselfreunde wurden mit dem Neuankömmling bekannt gemacht (die Jugendlichen sind da wirklich unkomplizierter als wir Alten!), und dann sprangen sie alle aus den Klamotten und tobten in den großen, wunderbaren Wellen – noch und noch und noch rein in die Wogen – obendrüber, untendurch … Mit reichlich viel Sentimentalität, gemischt mit Stolz und Freude, habe ich von der Strandtreppe aus dieses Bild beobachtet. Das Winken habe ich mir gespart – ich war schon längst abgeschrieben und abgereist. Die Welt gehörte ihnen!

Abschied, Abschied, Abschied – wie und wo auch immer!!!

12. 8. Anderer Leute Pubertierende

Frau P.s Sohn, zwei Monate älter als der meinige und vor zwei Monaten mit mittlerer Reife aus der Schule entlassen, hat vor vier Tagen seine Lehrstelle in einer Exclusiv-Boutique angetreten. Mutter hat's möglich gemacht, obwohl das Zeugnis mit nichts auf irgend etwas Karrieremäßiges und der Sohn ebenso mit nichts auf etwas Elegantes rückschließen ließ.

Am zweiten Lehrtag erschien Sohn – fast 17 1/2, 1,86 Meter lang, 85 Kilo schwer, bereits drei Stunden nach Dienstantritt wieder in Mutters Küche. Er „konnte nicht mehr". Er hatte Blasen an den Füßen! Und er war nur bereit, die Lehre fortzusetzen, wenn er ganz wenig exklusiv täglich in Sandalen kommen dürfte!

Aber bis diese Frage mit der Geschäftsleitung geklärt ist, hat er sich erstmal wegen seiner Blasen vier Tage krankschreiben lassen!!!

Die Mutter ringt um Fassung und Atem – und ich kann mir

ein Grinsen knapp verkneifen! Unsere straffe Jugend! (Straff nur mit dem Mund!)

Auch Frau D.s Tochter hat sich in den Lehrbetrieb gestürzt – Damenoberbekleidung. Gelegentlich fragt die liebevolle und besorgte Mutter nach dem Ergehen der fleißigen und durchhaltenden (schon vier Wochen!) Tochter. In der vierten Woche fängt sie sich für ihre Anteilnahme („Na, wie war's heute?") die wütende Abfuhr ein: „Willst du mich das etwa die nächsten drei Jahre jeden Tag fragen?"

Die Tochter von Ehepaar M. ging in den „wilden Osten". Der Studienplatz war mühelos zu erringen, weil eh niemand hin wollte. „Polnische Grenze? Will ich etwa in Sibirien studieren?" Die Wohnungssuche gestaltete sich dann allerdings schon etwas beschwerlicher. Zwei gangbare Alternativen blieben übrig: Großes Zimmer bei einer alten Witwe, die sich „Gesellschaft" von jungem Blut aus dem Westen verspricht oder Barackenstudentenwohnheim im Dreibettzimmer (Baracke aus den glorreichen Zeiten des Tausendjährigen Reiches!). Die Wahl fällt unendlich schwer. Das aller-allerschlimmste aber: Es gibt überall nur fließend *kalt* Wasser. Die zukünftige Akademikerin überlegt, ob sie den Studienplatz nicht doch lieber zurückgeben soll. Wenn täglich duschen nicht drin ist, kann sie nicht leben. (Warm natürlich!) Bei der alten Dame geht's nur einmal wöchentlich nach dem Anheizen des Kohlebadeofens, im Studentenheim sind matschige 100 Meter bis zum Duschgebäude zu überwinden. Und im Winter? Wenn es kalt ist? So kann man doch nicht leben! Und schon gar nicht studieren!!!

Die Mutter fragt mich am Telephon um Rat. Ich habe gut lachen – diese Sperenzien haben wir (noch?) nicht! Ich rate zum Durchhalten, Abhärten, kalt Duschen – oder es ganz bleiben zu lassen. Nutzt sowieso die Haut nur ab, und bei all dem Duschgel schrubbt man sich ohnehin mehr Chemie in die Haut als daß Dreck runtergeht.

Die Mutter freut sich. Ich habe offenbar ihren Nerv getroffen. Sie war nur unsicher, ob man „so hart" mit „dem Kind" umgehen dürfte!

17.8. Nachholbedarf?

Die zehn Radwandertage in Dänemark sind fast vorbei. Zwei Kärtchen hat er geschrieben und einmal im Eilt-Verfahren angerufen ("Ganz kurz nur! Ich habe nur zehn Kronen eingeworfen!"). Alles in allem scheint es ihm gut gegangen zu sein ... Mal sehen, was er nachher berichtet und ob er an den Erfahrungen wieder ein bißchen "gewachsen" ist. Hoffentlich besteht die ganze Wirkung nicht nur wieder aus reinem Nachholbedarf, sondern aus mehr Selbstverantwortlichkeit.

Aber noch ist er noch Gottweißwo (irgendwo Höhe Hamburg, schätze ich), da ruft schon wieder seine Ludmilla an, ob er da ist. Nein! Wann er denn kommt? Weiß ich nicht ... Ja, äh ... sie glaubt mir nicht. Ist mir aber egal! Wenn ich diese zierlich-weibisch überhöhte Piepsstimme schon höre, schwillt mir der Kamm. Und dann die gezerrten "Äähh" und "Ähmmm ... Äh"! Das wird mir nach mehreren Wochen jetzt also auch wieder ins Haus stehen! Und *sein* Hahnenkamm schwillt chauvinistisch!

(Ob er wohl Vergleiche anstellen wird zu den Mädchen aus dem Urlaub, die er zum Teil schon seit vielen Jahren kennt, schätzt, mit ihnen korrespondiert und die deutlich ein etwas gehobeneres Niveau haben – insbesondere aber mehr weibliches Selbstwertgefühl ...?)

18.8. Penner-Dasein

Er ist wieder da. "Die letzten 24 Stunden haben wir nur noch an zu Hause gedacht und immer gesagt ,jetzt noch sechs Stunden, jetzt noch drei' ..."

Mitgebracht hat er mir aus einem Wikingermuseum Repliken von wunderschönen Glasperlen und aus einem dänischen Heimatmuseum ein Minikaffeegeschirr in Daumennagelgröße. Von der Insel noch einen runden Stein mit großem Loch – und ansonsten ist er mit der Tour zufrieden. 477 Kilometer sind sie in neun Tagen geradelt. Alles war viel teurer als geplant, aber um die eiserne Reserve nicht angreifen zu müssen, haben sie die letzten beiden Nächte wie Penner "irgend-

wo" verbracht. Die eine Nacht blieben sie neben einer vielbe-
fahrenen Hauptstraße sozusagen im Straßengraben und funk-
tionierten das Straßenschild als Halterung für die Kohtenbahn
um. Die letzte Nacht dann versuchten sie es mit nassen Klamotten erstmal auf einer Parkbank, und als es um drei Uhr
morgens zu kalt wurde, verzog sich der Freund in Richtung
Innenstadt. Der Sohn – als er mitkriegte, was da gelaufen war,
eilte hinterher, fand ihn aber nicht mehr. So setzte er sich –
unübersehbar – auf den einsamen Bahnhofsvorplatz, klimperte
auf der Gitarre und wartete. Irgendwann kam dann der verlo-
rene Freund angeschlurft – er hatte ein offenes Männerklo
gefunden, in dem es nicht ganz so kalt war wie draußen.

Wie gut, daß man als Mutter manches nicht im vorherein
weiß!!! Korrekt hat er sein Geld bis auf den letzten Penny abge-
rechnet – und freut sich sichtbar und hörbar, daß er wieder
daheim ist! Wie schön!

Und im nächsten Jahr werden sie auf Motorrädern durch
Norwegen donnern! ...

Was steht mir noch alles bevor??

22. 8. Telephonkrieg

Jetzt fliegen die Fetzen! Er war noch lange nicht wieder
daheim, da rief seine Ludmilla schon wieder an – mit dieser
Stimme, die mir das Nackenhaar sträubte. Am nächsten Tag
wieder – da war er gerade aus dem Haus gegangen, sie glaubte
es mir nicht. Und am dritten nochmal – und jedesmal riß sie
mich aus der Arbeit. Das bin ich zwar gewohnt (wenngleich es
mich oft genug ärgert), aber bei ihr hat das auch noch immer
eine sehr lang nachhallende Ärgerqualität!

Zum Teil hatte ich dann wirklich vergessen, dem Sohn von
diesen Anrufen zu berichten – schließlich habe ich nun wirklich wichtigere Themen am Hals – zumindest bei meiner
Berufstätigkeit. Zum anderen dachte ich: Wenn er Bedarf hat,
kann er ja anrufen. Und insgeheim hoffte ich, daß er sich etwas
abgekühlt haben würde – zumal er Vergleichsmöglichkeiten
im Urlaub hatte.

Tatsächlich rief er nicht an – erst am vierten Tag nach der

Heimkehr, als absolut niemand fürs Kinogehen aufzutreiben war. Da fiel sie ihm ein. Natürlich konnte sie sofort und erzählte ihm ausführlich und brühwarm von ihren vielen Kontaktversuchen. Auch erzählte sie ihm, daß ich sie am dritten Tag gebeten hatte, die Anrufe mal einzustellen, weil sie mich beim Arbeiten störe – er würde schon anläuten, wenn er es wolle ...

26. 8. Besäufnis

„Heute trinke ich zum Abendbrot aber mal ein Bier!" erklärt der Sohn herausfordernd und sieht mich scharf an.

„Ja, mach ruhig", sage ich, wohl wissend, daß er mal wieder auf seinem emanzipatorischen Männlichkeitstrip ist und alles andere als ein „Ja" nur zum Widerstand führen würde.

„Stell mir auch ein Glas auf den Tisch", bitte ich ihn noch.

So trinken wir zu diesem Abendessen ganz maßlos. Zu zweit schaffen wir eine halbe Flasche Bier! Stramme Leistung. Ein Genußtrinker wird er (hoffentlich) mit Sicherheit nie, *so* toll scheint es ihm nicht zu schmecken, wie er immer vorgibt, wenn er von irgendwelchen Jugendlichentreffen kommt, wo sie sich anscheinend gegenseitig vormachen müssen, was für tolle Kerle sie sind, weil sie irgendwelche Alkoholitäten in sich reinschütten.

Der Verstand – oder die Großmut – zu sagen: „Nee, Leute, ohne mich!" scheint niemand aufbringen zu können! Wer will schon als Weichbacke bezeichnet werden, weil er sich *nicht* vollaufen läßt.

28. 8. Luxus-Gören

Meine Dienstreisevorbereitungen für die USA sind weit vorangeschritten. Mein Reisebüro hat phantasievoll einiges zusammengestellt und eine etwas unorthodoxe Route vorgeschlagen, damit wir auch „etwas sehen". Meine Geschäftspartner sind vorbereitet, haben ein gutes Programm ausgearbeitet, das auch Zeit für menschliche Begegnungen und etwas „Sightseeing" läßt – es ist alles so weit! Aber der Sohn hat „keine Zeit" für Vorbereitungen. Und er macht auch deutlich, daß er nicht gewillt ist, etwas zu tun, nur weil *ich* es will.

Und ich werde langsam wütend – auch auf mich selber! Muß man einem 17jährigen eine Amerika-Reise ermöglichen? Und wenn man es schon tut, kann man da nicht wenigstens Interesse erwarten?

„Natürlich freu ich mich", sagt er mit angesäuertem Gesicht. „Was soll ich denn machen, damit du das siehst? Den ganzen Tag immer nur mit hihihi herumlaufen? Und Interesse habe ich doch auch. Aber deswegen muß das doch nicht gleich in Hektik ausarten."

„Was heißt denn hier Hektik? Du kannst es ja auch langsam angehen lassen. Aber bisher hast du ja doch noch nichts gemacht, oder?"

„Ich? Nee!"

Langsam habe ich keine Lust mehr! Ich sage es ihm. Aber auch das läßt ihn völlig kalt. Er zuckt mit den Schultern. Er weiß, daß alles gebucht ist und die Zeiten der Flüge bis auf die Minute festliegen. Was er nicht weiß ist, daß meine erste Handlung beim Buchen einer Reise immer ist, eine Reiserücktrittsversicherung abzuschließen. Als ich ihm das vor den Latz knalle, ist er erstmals in dieser ganzen Diskussion verunsichert. Aber sein Glaube an die (blöde) Mutter obsiegt. Ich sehe es seinem Gesichtsausdruck an.

Als er nach weiteren drei Tagen noch immer kein Buch aufgeschlagen hat und als er immer noch einen auf Desinteresse und Coolness macht, ist bei mir der Ofen aus. Viel mehr als über ihn ärgere ich mich über mich selber.

Ich kenne nur einen einzigen Menschen, mit dem ich diesen Schwachsinn besprechen kann: Eine alte Freundin aus früheren Zeiten ist es, der nach zwei Kindererziehungen wirklich nichts mehr fremd ist samt eigenen Fehler.

Doch ja, sie kennt auch sowas. Und sie kann mich auch verstehen. Auch versteht sie, daß ich keine Lust habe, alles abzublasen. Ich mache mir alles kaputt, ich blamiere mich beim Reisebüro, meine Partner „drüben" halten mich danach auch nicht mehr für besonders glaubwürdig … und der Sohn hat einen Sieg errungen, wenngleich er sich um einiges bringt.

Aber daß die Mutter dann eben auch verzichtet, wäre immerhin schon ein bißchen Zucker!

„Fahr alleine", rät sie. „Kürz die Sache auf die Hälfte ab, da hast du die wichtigsten Termine drin und noch ein bißchen Freizeit – und er geht inzwischen zu Hause in die Schule. Nach zwölf Tagen bist du wieder zurück. Und er hat dann auch noch die Blamage in der Klasse, denn bestimmt hat er doch damit schon stark angegeben!"

Puuuh! Ob ich *das* schaffe!?

„Brauchst du ja nicht", sagt sie, „er kann ja mit, wenn er vorher was tut!"

Doch ja, sie bestätigt mir auch noch, daß wir die meisten Probleme in der Erziehung uns selber durch horrende Verwöhnung schaffen.

„Versuch's", sagt sie. „Und sag mir dann mal Bescheid!"

Als der Sohn mir eine halbe Stunde später noch einmal bestätigt, daß er nichts zu tun gedenke, weil das alles Zeit bis nach der Reise habe, ist bei mir der Ofen aus.

Ich sage ihm ruhig und deutlich, was ich (inzwischen auch innerlich überzeugt) beschlossen habe: „Wenn du dich weiterhin weigerst, mache ich nur den zweiten Teil der Reise. Du bleibst hier, weil dein Interesse ja eh nicht besonders groß ist."

„Das kannst du ja gar nicht, das ist ja alles schon bezahlt."

„Und ob ich das kann. Ich schließe nicht umsonst Versicherungen ab. Da bist du eben krank und fertig! Ich bin es leid, dir alles hinterherzuwerfen und du dich noch nicht mal um das absolute Minimum kümmerst."

Ich habe so überzeugend gewirkt, wie ich es auch bin: Bis hierher und nicht weiter. Und die Wirkung tritt prompt ein:

„Ich weiß ja gar nicht, was ich überhaupt vorbereiten soll."

„Ich habe dir genug Literatur gegeben!"

„Ja, aber in den Büchern ist sooo viel drin. Ich weiß doch gar nicht, was ich davon brauchen werde."

„Gut, ich mache dir ein Programm. Das arbeitest du ab. Wenn nicht, buche ich um. Und das geht auch noch zwei Tage vorher!"

Damit verlasse ich das Zimmer.

Puh, das wäre geschafft!

30. 8. Nur bei Zwang!

Nach ganz vorsichtigen Meckereien und noch einem leisen Versuch, den Arbeitskelch an sich vorüberziehen zu lassen, sitzt der Sohn und arbeitet.

„Lesen" wollte er. Und ich habe ihm ganz deutlich gesagt, daß mir das nicht reicht, denn ich hätte weder Zeit noch Lust, ihn täglich abzufragen, ob er jetzt dieses und jenes auch wirklich gelesen hat. Diese Zeiten haben wir endgültig mit der Staatsschule verlassen. Täglich Zoff. Nun nicht auch noch fürs Vergnügen!

In 16 Tagen geht der Flug. Sonntage und die zwei Vorbereitungstage abgezogen ergibt elf Tage gleich elf Themen. Und diese bitte schriftlich! Egal um wieviel Uhr – spätestens am nächsten Morgen beim Frühstück liegen mir die Papiere vor. Nicht unter zwei Seiten pro Thema!

Und er arbeitet! Und die Sachen werden prima, prima, prima! Keine Unsicherheiten mit dem Thema, gute Zusammenfassungen, gute Zusammenhänge, guter Schreibstil (die Schrift allerdings kaum zu entziffern!).

Warum nicht gleich? Warum nur mit Zwang?

Ich werd's nie verstehen!

Und dazu noch ein Bonbon: Wir beginnen wieder (endlich mal wieder!) uns über sachliche Themen zu unterhalten, nachdem es Monate lang nur noch um „Beziehungsfragen" – auf gut Deutsch „Zoff" – ging. Ich erlebe das wie eine Erholung. Er fragt mich was, ich antworte. Er hat Ergänzungen, findet manches auch „sehr interessant", was es auch ist – und seine Beiträge werden täglich besser.

Uffff!

1. 9. Das ist normal

Zu dritt haben wir gestern nachmittag noch einmal in einem sonnig-schattigen Garten zusammengesessen. Ein letzter Sommertag – es ist Regen angesagt. Drei Mütter im gleichen Alter – und worüber reden sie? Über die prachtvollen, liebreizenden, nervtötenden Biester, die lieben Kleinen, die leiblichen Kinder.

Die eine hat es schon komplett hinter sich – beide längst volljährig und aus dem Haus, die zweite hat es zur Hälfte hinter sich – die Erstgeborene macht sich gerade „auf in die weite Welt" – na und ich – mittendrin.

Unnormal, geisteskrank, geistesgestört, nicht ganz richtig da oben – das findet die Erfahrenere ganz normal. Da sei nichts dabei – wenn ich nie Schlimmeres gehört hätte … und sie läßt keinen Zweifel daran, daß das eine ihrer leichteren Übungen gewesen sei. Im übrigen habe sie ihren sehr aufmüpfigen Sohn am Tage der Beendigung seiner Lehre („mir war egal, ob mit oder ohne Abschluß") kaltblütig vor die Tür gesetzt. Er nähme das heute noch übel, aber es habe einfach keine Alternative gegeben. Die andere staunt – geisteskrank hat noch keine ihrer Töchter sie gefunden – aber daß alle diese lieben Kleinen eine verdammt schlechte Kindheit und Jugend gehabt haben, das ist ihr auch nicht neu. Daß man ihn – den Nachwuchs – ja nicht erst hätte zeugen / kriegen müssen, wenn man als Eltern nicht erziehen / zahlen / und sonstiges gewollt hätte, das hat sie auch schon des öfteren in Variationen zum Thema gehört. „Hättet ja aufpassen können" scheint das pubertätsadäquateste zu sein.

15. 10. Wieder daheim

America is over – und wir wieder in Old Germany! Ein beruhigendes Gefühl für mich, für den Sohn das Gegenteil. Hier *kann* er nicht mehr leben. Er *muß* zurück! Es muß nicht unbedingt USA sein, aber der Kontinent! Lieber, am liebsten: Canada! Die Wälder!

„Die haben doch aber mit Amerika nichts gemein! Du hast doch ganz andere Landschaften gesehen!"

„Aber die Weite, Mutter! Nirgends so eng wie hier!"

Fazit: Es war gelungen!

Probleme: sehr wenig! Gemessen daran, daß wir 24 Tage aneinandergeklebt hatten, wie der Sohn zu sagen beliebte, haben wir uns gut verstanden. An drei Tagen mußte er offenbar Freiheit haben – da hat er (noch reichlich ungeübt in Konfliktbewältigung, scheint mir) ganz flott Streit vom Zaun gebrochen und zwar so, daß *ich* mich entfernt habe bzw. „getrennten

Tag" anordnete. So war es eine Zumutung, im Supermarkt den Einkaufskorb zu tragen – und Grund genug für einen lautstarken Streit im und vor dem Geschäft. Einmal ist er mir verloren gegangen – und ich habe Blut und Wasser geschwitzt. Sämtliche Ranger waren gefragt, ob sie ihn gesehen haben – und als er dann auftauchte, wurde er spontan namentlich von ihnen begrüßt (was ihn ungemein verblüfft hat).

Anstrengend für mich waren seine abendlichen Alleingänge – je größer (und gefährlicher) die Stadt, um so magischer zog es ihn aus der Hoteltür, wenn es dunkel wurde – selbst, wenn wir gerade erst nach anstrengendem Tag heimgekommen waren! Das waren für mich reine Zitterpartien. Die schlimmste war, als er verkündete, er gehe jetzt noch im Pacific schwimmen. Er könne nicht dort gewesen sein, ohne einmal geschwommen zu haben. Kein einziges Argument half: Es wird gleich dunkel, das Wasser hat nur elf Grad, du erkältest dich, du kennst hier die Strömungsverhältnisse nicht … er hatte ein paar junge Leute im Wasser gesehen, war mit ihnen und anderen ins Gespräch gekommen – und was bedeutet da noch eine alternde Frau auf dem Hotelbett mit ihren permanenten Warnungen?

Ansonsten: Frieden. Viel Gemeinsames. Viel Entdecken und viele sachliche Gespräche.

Und nun sind wir wieder da – ich heilfroh – aber mit kräftigen Schlafstörungen wegen dieser massiven Zeit- und Klimaumstellungen!

P. S. Daß der Sohn sich im Pazifik eine dicke Erkältung geholt hat, die den Rest der Reise anhielt und ihn ein paar Tage Reisegenuß kostete, habe ich mit einiger Genugtuung und relativ wenig Mitleid registriert. Ein Zeichen zunehmender Reifung war allerdings, als er sagte, er hätte vielleicht doch lieber auf mich hören sollen!

27. 10. Grandiose Herbstfahrt

Er ist zurück! Voller power, strahlend, überfließend von Abenteuer.

In Norddeutschland stand „die große Herbstfahrt" der Jugendbewegten an. Wobei es sich nicht um eine gemeinsame

Fahrt handelte, sondern um ein mehr oder weniger getrenntes Anreisen zum Hof der Pfadfinder und um – *das* Geländespiel! Sechs Tage lang war in einem Umkreis von 50 Quadratkilometern „die große Salzkarawane" unterwegs: rund 200 Jugendliche und Jungerwachsene, die sich aufteilten nach Salzhändlern, Räubern und Steuereintreibern. Exakteste Spielanweisungen waren vorgegeben (und wurden anscheinend auch eingehalten) – und los gings durch die Wälder, durch die Auen. Verkleidung war Pflicht – Jahrgang 1394!

Die Bevölkerung scheint daran gewöhnt, das große Herbstspiel findet seit vielen Jahren jährlich statt – von Erwachsenen für die Jugendlichen ausgetüftelt, organisiert, durchgeführt. Schlafen? Jeder irgendwo. Im Hof (ungeheizt), im Wald (auch nicht viel wärmer) oder wo es euch beliebt. Essen? ebenso. Im Hof wird gekocht, der Rest versorgt sich selbst. Ab und zu gibt es an den Knotenpunkten des Spiels warme Suppe. Ist man gerade abwesend, weil auf „Karawane", dann hat man eben Pech gehabt. Ein launiger Abschiedsabend mit einer mittelalterlichen Gerichtsverhandlung, die große Freßorgie zum Schluß, das Abschiednehmen ... und die Verabredung, sich in zwei Wochen wieder auf dem Hof zu treffen. Dann ist Holzwochenende.

„Was ist das denn?"

„Das ist ein Arbeitswochenende. Das ist freiwillig, aber das ist doch klar, daß ich da hinfahre."

„Und was macht ihr da?"

„Da holen wir Holz aus dem Wald für den Winter."

„Erklär mal."

„Mehr weiß ich nicht. Aber im Hof gibt es keine Heizung, nur einen Kamin. Und die Sauna wird auch mit Holz beheizt. Also klar, daß ich hinfahre, nicht?"

„Ja sicher, wenn nichts in der Schule ist an diesem Wochenende ..."

3.11. Dankbarkeit

Es gibt immer mehr Tage, da habe ich das Gefühl einer tiefen Dankbarkeit für dieses Kind. Das sind Tage, an denen es mir selber sehr gut geht und Tage, an denen ich eher zu deprimierter Stimmung neige. Dann habe ich das Gefühl und die Gedanken: „Wie gut, daß ich ihn habe, daß es ihn gibt, daß er noch hier bei mir ist." Und ich betrachte all die letzten Monate und denke: Was ist er doch für ein prima Kerl geworden!

Natürlich habe ich mir mit seiner Erziehung viel Mühe gegeben (oft genug danebengehauen), und sein Vater war auch ein toller Vater, solange er noch da war. Aber es ist auch viel Glück dabei! Wenn ich nur bedenke, was den Kindern „draußen" alles begegnet – und vor allem *wer*. Bis man mitbekommt, was da läuft, ist es oft schon reichlich spät, wenn nicht *zu* spät. Und immer sind dann die Eltern schuld – auch dann, wenn sie überhaupt keine Möglichkeiten hatten, frühzeitig einzugreifen.

Doch, es hat sich alles gelohnt!!

5. 11. Verstand

Offenbar ist es das Beste, bei Pubertierenden von vornherein mit leicht eingeschränkten Geisteskräften zu rechnen, damit man nicht immer erneut von einer Ohnmacht in die andere fällt.

Mein Sohn ist Vegetarier – fast zeitlebens. Irgendwann in früher Kindheit hatte er sich mal erkundigt, was da auf seinem Teller liege und woher das stamme. Das „tote Tier" hat ihm dann den Appetit für alle Zeiten verschlagen. Es gab Zeiten, da hat er uns Eltern barbarisches Verhalten vorgeworfen und mir bei jeder zweiten Mahlzeit den Appetit verdorben, wenn er fast weinend klagte, daß auch diese Tiere gerne gelebt hätten. Da ich das auch fand, wurde ich nach und nach ebenfalls zum Fleischfeind, während es seinen Vater nicht im geringsten störte. Immerhin lebte der Sohn gut mit seinem Verzicht, war gesund, wuchs auf stattliche zwei Meter heran ...

Und jetzt auf einmal – in Zeiten von Schweinepest und Rinderwahn – beginnt mein Sohn, Fleisch zu verkonsumieren. Mangelnde Aufklärung? Iwo! Er weiß Bescheid!

Bisher verkneife ich es mir, ihn zu fragen, ob einem Tiere, wenn sie schwerkrank und für Menschen schädlich sind, einem nicht leid tun, wenn sie geschlachtet werden. Vielleicht würden sie ja auch gerne weiterleben?

Auf alle Fälle hatte ich aber auch meinen Sohn zum Weiterleben herangezogen – und nicht zum frühen Tod durch Rinderwahn.

Und das auch noch als Vegetarier. Welch ein Hohn!

8.11. Vorbei

Zum Herbstspiel – so nahm ich jedenfalls an – war auch seine Ludmilla mitgefahren. Mein einziger Gedanke dazu: Guck nicht hin und denk nicht dran!!!

Ich habe nichts mehr gefragt, nichts mehr gesagt, und der Sohn hat sich zu diesem Konfliktthema auch nicht mehr geäußert.

Nun sind wir gestern mit einer Bekannten zum Pizzaessen beim Italiener gegenüber. Die beiden unterhalten sich angelegentlich. Sie nimmt immer sehr rege Anteil an seinem Ergehen – schon seit Babyjahren – und hat eine ausgesprochen liebevolle, nette, freundliche Art ihm gegenüber (im Gegensatz zu seiner inzwischen leicht entnervten Mutter!).

Ich höre nur mit halbem Ohr zu und merke auf, als sie etwas von „Freundin" fragt. Er wirft mir einen ganz schnellen kurzen Blick zu und sagt dann mürrisch: „Nee, das ist nicht mehr."

„Ach", sagt sie ganz ehrlich betrübt (kennt sie doch auch nicht die Hintergründe) „das ist aber schade. Warum denn?"

Ich spitze mein rechtes Ohr – aber er murmelt sehr leise. Irgendwas von „Knutschen mit einem anderen", und er kam plötzlich dazu ... und das schon ziemlich am Anfang der ganzen Unternehmung.

Ich sitze ganz still und lasse mir nichts anmerken. Irgendwie ist es für *ihn* ja auch eine unschöne Erfahrung (es wird nicht die einzige bleiben!) – aber mir fällt ein Stein vom Herzen. Mit irgendwem rumknutschen – egal, wer zur Verfügung steht – das paßt in das Bild, das ich von ihr habe. Und er – er will Abenteuer und Fangen und Jagen und sich voll auf das sieben Tage dauernde Spiel konzentrieren. Ich hatte mich schon gewundert, wie sich diese beiden unterschiedlichen Interessen unter einen Hut bringen lassen würden!

Sie ließen sich eben nicht!
Besser jetzt als später!
Besser früh als zu spät!

22. 11. Wäsche im Wandel der Zeiten

Als mein Sohn klein, dann mittelgroß und dann fast groß war, habe ich ihm seine Wäsche – wie es sich für eine gute Hausfrau und Mutter gehört – nicht nur gewaschen (vorher um- und umgekrempelt aus den unmöglichsten Verstrickungen), sondern auch gelegt und sorgfältig in seinen Schrank geschichtet. Dann eines Tages fand ich, dieser Mühewaltung sei es nun genug – in den Schrank legen könne er sie sich selber. Also häufte ich sie fein säuberlich auf seinen Sessel – versehen mit der mütterlichen Aufforderung, dieses Häufchen in den Schrank zu legen (es hätte ja sein können, er weiß nicht, was man damit macht). Diese Erinnerung war umsonst – die Wäsche blieb liegen und wurde – je nach Bedarf – von dem Häufchen auf dem Sessel nach und nach abgetragen. Dieser erste Schritt zur verselbständigenden Veränderung war also ein Schuß in den Ofen.

So folgte der zweite Versuch: Die Wäschehäufchen kamen nicht mehr auf den Sessel, sondern aufs Bett, das er ja spätestens nachts um ein Uhr aufsuchen würde. Mein Kalkül: Die Wäsche stört, also wird sie weggepackt. Irrtum – jedenfalls halb: natürlich störte sie, aber sie wurde nur auf den nahestehenden Sessel gelegt, nicht zum ca. acht Schritte entfernten Schrank getragen. Die darauf folgende Diskussion erbrachte das Ergebnis, daß er an diesem Schrank so selten vorbeikäme ...

Was mich aber am meisten ärgerte war, daß die fein säuberlich gelegten Stücke sehr unsäuberlich auseinanderfielen und nach spätestens zwei Tagen und mehreren Umschichtungen nicht anders aussahen, als hätte ich sie ihm gleich hingeknüllt. Also der nächste Schritt: Ich nahm sie nur noch ab, legte sie ihm hin und verband das mit der Aufforderung: „Bitte lege sie selber und tue sie dann auch wirklich in deinen Schrank!" Es dauerte ... aber dann ... eines schönen Sommertages ... war es so weit: der/die Wäschehaufen waren verschwunden!!! Erfolg, Erfolg!!!

Ach ja, was Mütter so denken. Ich muß an eben diesen Schrank – öffne ihn nichtsahnend und mir entgegen fällt ein unglaubliches Gewirr und Gewöll von Unterhosen, Socken jeder Couleur, ein T-Shirt ist dabei, ein paar Taschentücher ... Ich sammele alles vom Fußboden auf ... und stopfe es genauso in das Fach, wie es vorher gelegen hat. Möge es ihm beim nächsten Schranköffnen ebenso vor die Füße fallen wie mir heute morgen.

So habe ich nun auch diesen Kampf aufgegeben – nicht ganz kampflos, aber in Ehren ergraut. Meine Ansprüche bröckeln, meine Geduld ist zu Ende – nach mir die Sintflut!

1.12. Zum Kongo

Vor einiger Zeit hatte ich während der Musikberieselung am Schreibtisch von einem Jugendreisestipendium gehört, mir eine Notiz auf einem Zettel gemacht und diesen auf den ganz hohen Haufen „Zu erledigen" gelegt.

Vor ein paar Tagen habe ich begonnen, ihn abzutragen und abzuarbeiten. So kam auch dieser Zettel dran – Bitte um Informationsmaterial ...

Gestern ist es mit einem sehr netten Anschreiben gekommen – und die Nacht war damit zweckentfremdet. „Sieh mal, was ich hier gekriegt habe", habe ich dem Sohn gesagt und ihm das Material unter die Nase gehalten. Und damit war sein Schicksal besiegelt: Das beantragt er – und zwar für den Kongo!! Das Ganze eine irre gute Idee – mit Ansätzen aus der Reformpädagogik! Da hat in grauer Vorzeit ein 16jähriger Franzose eine Radtour von Paris nach Istanbul gemacht – und später, als er ein „gemachter Mann" war, gefunden, daß dieses Erlebnis für ihn von umwälzender Bedeutung gewesen war. Es habe sein Leben geprägt, ihn vieles gelehrt – und das wolle er anderen Jugendlichen auch zukommen lassen. So rief er eine Stiftung ins Leben – und diese ist es, die jetzt jährlich eine Handvoll Jugendliche zwischen 17 und 20 reisen läßt. Die Bedingungen sind hart: Mindestens vier Wochen müssen sie im Ausland unterwegs sein: Zielland gleichgültig. Dort müssen sie an einer Aufgabe, einem Thema arbeiten, das sie sich vorher gestellt und möglichst im Heimatland schon vorbereitet haben. Tagebuch muß geführt werden, möglichst viele Kontakte zu Menschen sollen sein und ... und eine exakte, pennygenaue Abrechnung der 800.– DM, die es alles in allem gibt – für Anreise, Unterkunft, Verpflegung, Taschengeld, Briefmarken und tausend unvorhersehbare Dinge. Mamas und Papas Geld bleibt zu Hause – jede müde Mark! – aber es darf im Reiseland dazuverdient werden! Irgendwie!

Nach der (immer glücklichen!?) Heimkehr muß dann ein ausführlicher Bericht geschrieben werden, das Tagebuch vorgelegt, die Abrechnung ebenso – und dafür kann man dann einen Preis bekommen ...

Ja – und der Sohn strebt also den Kongo an! Und ich sage strikt: *Nein!* Nach Afrika derzeit nicht: Kriege, Ebola-Virus, Massaker, Fanatismus, Morde an Weißen und allen, die „anders" sind ...

Die Überlegungen gehen weiter. Nochmal USA? Nochmal zu den Indianern? Da man für alles zusammen mit diesem Geld auf reguläre Weise ohnehin nicht auskommt, sich einen Teil der Anfahrt irgendwie „organisieren" muß, ist die Entfernung schon fast egal. Ob die Fluglinie einen nun kostenlos bis London oder bis Albuquerque mitnimmt, spielt dann auch keine Rolle mehr ...

Ach wie schön kann man über sowas phantasieren ... Um 1.30 Uhr gehe ich völlig geschafft ins Bett. Morgen habe ich 900 Kilometer Bahnfahrt vor mir!

2.12. Mitmachen

„Aber geil ist die ganze Sache, was Mutter? Da mach ich mit. Ich muß mir nur nochmal überlegen, wo ich hin will!"

„Ja, aber du mußt dir auch überlegen, was für ein Thema du da bearbeiten willst. Das scheint mir eher im Mittelpunkt zu stehen!"

„Na klar, da wird mir schon was einfallen. Ich hab ja 'ne Menge Interessen!"

Er ist ganz euphorisch!

8.12. Freizeitterrorismus

„Ich habe es mir überlegt, aber nimm es mir nicht gleich wieder übel – aber ich will nicht mehr Archäologe werden."

„Warum sollte ich dir das übelnehmen? Schließlich habe ich dir nicht eine archäologische Praxis zu vererben."

„Naja, ich mein ja nur. Bei dir weiß man ja nie ..."

„Also?"

„Ja, ich habe mir einen anderen Beruf ausgesucht. Ich werde Terrorist."

Mir bleibt der Mund offen stehen! Nun ja, aus meinem Bücherregal hat er sich die Biographie von Che Guevara ausgeliehen (das T-Shirt ist sein alltäglicher Begleiter!), und seit ein paar Tagen liest er Stefan Austs „Bader-Meinhoff-Komplex". Das eröffnet natürlich ganz andere Lebensperspektiven!

„Und gegen was willst du angehen?"

„Ach da gibt es soviel! Also gegen die politischen Verhältnisse zum Beispiel."

„Gegen welche?"

„Gegen die heutigen!"

„Was soll sich denn da ändern?" (Also ich wüßte schon einiges, aber das geht mit Sicherheit nur mit Sachverstand, aber nicht mit Bombenwerfen.)

„Naja, die damals haben doch auch gegen die politischen Verhältnisse angekämpft! Also ich finde, wir brauchen erstmal ein paar Jahre Anarchie, und dann können wir alles wieder richtig aufbauen."

„Und wer sagt, was richtig ist?"

... Damit scheint er überfragt. (Ich auch!)

Ich enthalte mich, ihn zu fragen, wovon er denn leben will, da er mir ja ohnehin ständig vorwirft, ich würde immer nur an mein Geld denken. Aber:

„Damit willst du dann also ein paar Jahre verbringen?"

„Ja, also ... also ich dachte eher an die Freizeit, nicht ganz!"

Das beruhigt mich dann doch ungemein ...

10. 12. Verkalkt

Daß ich in den Augen meines Sohnes verkalkt und leicht gei-
stesgeschwächt aufgrund meines hohen Alters bin, ist mir
nichts Neues. Daß er Herrscherallüren hat, auch nicht. Daß er
hier aber so langsam den großen Macker spielt, geht mir gegen
den Strich.

Ständig ist er dabei, mich zu kontrollieren und zu korrigie-
ren. „Wieso brennt in deinem Arbeitszimmer Licht, wenn du
im Wohnzimmer sitzt?" „Was soll die Festbeleuchtung (!) hier
in deinem Arbeitszimmer? Die Deckenlampe mache ich mal
aus, du hast ja die Schreibtischlampe!" „Die Schüsseln sind
nicht immer sauber abgewaschen. Da klebt immer noch ein
halbes Pfund Müsli drin." (*Sein* Müsli!!!) „Ja, Mutter, wir werden alt, gell?" „Du bist schon ganz schön vergeßlich geworden."

Gestern nun planen wir, zusammen ins Kino zu gehen. Er
findet derzeit niemand anderen, da bin ich für den Notfall gut
genug (zumal dann *ich* zahle!). Als ich mir den Anorak überzie-
he, schreitet er ein: „Aber doch nicht in *dem* Pullover!"
„Wieso das denn nicht? Das ist ein ganz normaler Pullover,
und außerdem gehe ich ins dunkle Kino und nicht auf den
Laufsteg." „Dann behalte den Anorak aber wenigstens so lange
an, bis es dunkel wird."

Nach dem Kino – ich habe den Anorak sogar die ganze Zeit
anbehalten, allerdings wieder zu oft und vor allem viel zu
lange gelacht! – hat der Sohn mächtige Pizzagelüste. Ich
hätte auch Lust, vor allem habe ich keine Lust zu kochen
abends um 23 Uhr und auch nicht zu anderen Küchenaktivi-
täten.

„Also wie ist es, gehen wir noch 'ne Pizza essen?"

„Wir? Jetzt? Nee, das geht nicht! In dem Pullover, den ich an-
habe!" Und mit Blick auf ihn: „Hast du vorhin doch selber gesagt!"

Das muß er erstmal verdauen. Es knackt richtig beim Überlegen. „Naja," sagt er großzügig, „dann behalte eben den Anorak an!" (Ich bin ja heute sehr gutmütig!!!)

14. 12. Rache!

Als heute morgen mit der Post die neue jugendbewegte Wanderzeitschrift kam, konnte ich natürlich nicht anders, als sofort nachzublättern, wo des Sohnes guter Rußland-Reisebericht stünde. Da war aber nicht viel zu finden. Oder anders: Als ich den Reisebericht von L. über diese Wanderfahrt fand, in dem er einen ganzen kleinen Abschnitt aus eben diesem Bericht „zitierte", war mir klar: Ich brauche überhaupt nicht weiter zu suchen. Bis zur letzten Seite – da kam nichts mehr.

Nachmittags habe ich den Sohn lieber gleich darauf aufmerksam gemacht, damit er erst gar nicht spannungsreich zu suchen brauchte. Er setzte sich, sagte kein Wort, blätterte die ganze Zeitschrift durch, las L.s Artikel mit seinem eigenen Abschnitt und verschwand ebenso wortlos in seinem Zimmer. Und ich saß da und dachte nur: Diese eitlen alten Männer. Erst tun sie alles, um die Jugendlichen zu fordern und zu fördern. Aber wenn sich dann die positiven Ergebnisse in Form von Ablösung und Selbständigwerden zeigen, dann kriegen sie ihre Alterspanik!

P. S.: Den eingereichten Artikel schickte die Redaktion erst auf Anforderung zurück. Er war komplett durchkorrigiert und „fertig zum Druck". An *denen* hatte es also nicht gelegen!

19. 12. Vierter Advent

Vier Wochen ist es her, daß wir zum Patenonkel des Sohnes eingeladen wurden – für den vierten Advent. Er freut sich, ich freue mich. Obwohl wir nur anderthalb Bahnstunden entfernt wohnen, sehen wir uns höchstens einmal jährlich.

Nun soll es also der vierte Advent sein – alle anderen „Termine" hatte der Sohn für sich ausgebucht.

Schon Mittwoch zuvor kündigt er an, daß er „wieder nichts schafft", für „nichts Zeit hat." Am Donnerstag erklärt er, daß für die letzten fünf Schultage vier Klausuren anstünden – diese Sch ... -Schule – und er müsse das Wochenende zum Lernen haben und könne nicht verreisen.

Ich ärgere mich gleich dreifach: ich hatte mich gefreut, nach langen strapaziösen Dienstwochen endlich mal wieder gemütlich mit Freunden zusammenzusitzen; ich sage schrecklich ungern einmal festgelegte Termine mit mehr oder weniger fadenscheinigen Gründen ab und ... ich kenne meinen Sohn soweit, als daß ich kaum glauben kann, daß er ein ganzes Wochenende zum Lernen nutzt. Nicht einmal zehn Klausuren könnten ihn dazu bewegen.

Aber: was er nicht will, das will er nicht! Da war er immer schon von einer unglaublichen Sturheit. Überreden? Ich versuche es. Er wehrt völlig entnervt ab – so entnervt, als hätte er die Klausuren schon hinter sich. „Aber die eine ist doch schon am Freitag!" „Ja und? Montag ist Französisch, Dienstag Englisch und Mittwoch Chemie! Wie soll ich das denn schaffen?"

Völlig unpädagogisch sage ich: „Für Französisch tust du doch sowieso nichts. Und wenn ich deinen Angaben folge, wird diese Arbeit ohnehin eine glatte Fünf ..." Ach, ich bin schließlich auch nicht vollkommen!

Also telephoniere ich ab.

Und als der Sohn dann am Samstag statt um 11 Uhr erst um 14 Uhr aus der Schule kommt, weil er den Flohmarkt gleich noch angehängt hat an einem Wochenende, an dem „nichts mehr geht", ahne ich eine Katastrophe: Er wird das ganze Wochenende mehr oder weniger verbummeln, und ich werde ausflippen, mindestens alle zwei Stunden einmal. Kurzentschlossen packe ich meine Reisetasche und verkünde dem staunenden Gestreßten, daß ich ins Wochenendhaus fahre und am Sonntagabend wieder zurück sei.

Das Häuschen ist derzeit zwar nicht heizbar, und die Temperaturen liegen bei annähernd null Grad – aber das ist mir egal. Es gilt, die Nerven zu schonen!

Ich ruhe mich gut aus, gehe spazieren, um mich aufzuwärmen, trinke Tee im adventlichen Stübchen der Nachbarin und fahre pünktlich wieder heim.

Der Sohn *ist* selber sehr „aufgeräumt", und er *hat* aufgeräumt, staubgesaugt, abgetrocknet, Wäsche gelegt ... Die Frage, ob und wann er für die Französisch-Klausur gelernt hat, verkneife ich mir. Als er mir erzählt, daß er am Sonntag bis 13.30

Uhr „ausgeschlafen" hat, kann ich mir ausrechnen, daß leider, leider für Schulisches keine Zeit mehr blieb.

Heute nun – er sitzt schon (schwitzend?) in der Klausur, will ich in seinem Zimmer lüften und entdecke auf seinem Nachttisch einen eigenartigen metallenen Kasten. Ich gehe drum herum und ... entdecke ... einen Fernseher!

P. S.: Er hat ihn sich bei Nachbarn geliehen, damit das Wochenende *nicht so langweilig* ist!!!!!

P. S. 2: „Wie war die Klausur?" „Ooooch ..." „Hast du was geschafft?" „Ja, die erste Frage habe ich beantwortet." „Und wie viele waren es?" „Drei!" Mit dem letzten Funken Humor, der mir verblieben ist, gebe ich der Hoffnung Ausdruck, daß er diese eine wenigstens richtig hat. Aber das weiß er nicht!

P. S. 3: Die Englisch-Klausur fällt aus. „Dann kannst du dich ja schon auf Chemie vorbereiten." „Wieso denn heute? Die schreiben wir doch erst übermorgen! Bis dahin habe ich alles wieder vergessen!" Sagt's ... und entschwindet ins Kino!

Lieber Gott, du hast mich ja doch mit einer ganzen Portion Geduld ausgestattet!!! Ich bin nur ein ganz, ganz kleines bißchen explodiert! Danke!

22. 12. Weihnachtsgefühle

Darüber, daß sich in diesem Jahr bei ihm überhaupt keine weihnachtlichen Gefühle einstellen wollen, hat er sich heute beklagt.

Wenn ich mir sein Radioprogramm anhöre, verwundert mich das nicht. Nur aggressive Kreisch- und Bumsmusik, dröhn, dröhn. Dazu die blöden Sprüche, von denen die Moderatoren annehmen, daß sie bei den Jugendlichen echt geil ankommen. Blödes Gequatsche, widerwärtige Witze, dazwischengestreut ein bißchen Krieg hier und Leichen da – und dann wieder ab zur Tagesordnung: dröhn, dröhn! Aber gegen diesen Ekelsender etwas zu sagen ist sinnlos. Vielleicht merkt er es selber mal irgendwann.

Ansonsten herrscht Hektik, weil die Pfadis beschlossen haben, gleich nach den Feiertagen vier Tage in den Harz zu reisen.

„Wohin wollt ihr denn da?"

„Weiß ich noch nicht."

„Und wo wollt ihr übernachten?"

„Na da, wo wir gerade sind!"

„Wie?"

„Ja da, wo wir gerade laufen. Abends schlagen wir dann die Jurte auf ..."

„Ihr könnt nicht im Harz *irgendwo* zelten, wo ihr geht und steht! Das dürft ihr nirgendwo in Deutschland!"

„Ach Mutter, du hast doch wieder keine Peilung. Pfadfinder dürfen überall frei zelten, wo sie wollen. Das ist weltweit so!"

„Das ist mit Sicherheit *nicht* so! Da hat sich bei euch mal wieder jemand was ausgedacht. Und außerdem: Wir haben Schneeregen, und im Harz ist es mit Sicherheit noch kälter als hier. Da ist ja wohl die Jugendherberge eher angezeigt."

„Wo gibt's denn da eine?"

„Weiß ich nicht. Dort gibt es sicher nicht nur eine. Und außerdem wollt ihr ja wandern – da müßt ihr auf die Entfernungen achten, daß ihr es von einer zur anderen auch schafft. Und zum dritten würde ich mich mal erkundigen, ob die im Winter überhaupt offen haben. Und außerdem müßte man sich vermutlich anmelden!"

Nach zwei Stunden erscheint er wieder. Der Harz ist noch nicht erledigt. „Und wo erfahre ich, wo es Jugendherbergen gibt?"

„Da gehst du am besten zu unserer hier, die werden mit Sicherheit Informationsmaterial haben!"

Er guckt mich an, als wäre ich geistesschwach.

„Wir haben doch hier in der Stadt keine Jugendherberge! Also Mutter!"

„Na klar haben wir hier eine. Und wir sind auch schon oft mit den Rädern dran vorbeigefahren. Und mindestens einmal habe ich sie dir gezeigt."

Aber das stimmt alles natürlich gar nicht. Niiiieee hat er davon gehört ... Also hole ich wortlos den Stadtplan, zeige ihm, wo sie liegt – und er radelt los. Nach einer Stunde ist er zurück – mit Informationsmaterial. Ob die offen haben oder nicht, weiß er immer noch nicht. Was sie kosten auch nicht. Ob man reservieren muß, schon gar nicht.

„Und außerdem glaube ich, daß man einen Jugendherbergsausweis haben muß, wenn man da rein will!" wage ich zusätzlich und erschwerend einzuwerfen. Das ist zuviel. Nun muß er erst mal mit den anderen telefonieren.

Am nächsten Tag ist immer noch nichts geregelt – morgen ist Heilig Abend. Am Tag nach dem zweiten Feiertag wollen sie starten.

„Was ist denn nun?"

„Weiß ich auch nicht. Gustav weiß nicht, ob er kann. Und der Dingsda, also der hat irgend 'ne Familienfeier."

„Wer wollte denn eigentlich? Ich meine, von wem ging der Vorschlag aus, und wie weit waren die Planungen?"

Ja und das ist es: Den Vorschlag hatte *er* gemacht. Mehrere hatten „ja, toll" gesagt – und das war's denn auch schon! Daß er sich dann immer gleich so verpflichtet fühlt! Andere nehmen solche „Vereinbarungen" immer viel unverbindlicher und lockerer.

25. 12. Pubertätsweihnacht

Am Tag vor Heiligabend verkündet er dann mit leicht aggressivem Unterton: „Aber verlange von mir nicht, daß ich wieder mit zur Kirche komme, das ist vorbei. Kirche ist total veraltet. 2000 Jahre. Die haben ausgedient. Das ist nichts mehr für mich!"

So ganz überrascht es mich nicht – aber für mich gehört der Kirchgang einfach dazu. Ich kann nicht vom letzten Einkauf, den Küchenvorbereitungen, der letzten Hetzerei urplötzlich umschalten auf „Innerlichkeit" und Weihnachtsstimmung.

„Weihnachten ist für mich was Schönes", sagt er. „Da tauscht man seine Geschenke aus. Mit all dem anderen hat das nichts zu tun! Inzwischen sind schon Milliarden Menschen geboren, das feiern wir schließlich auch nicht alles!"

Ich hasse diesen Materialismus! Aus jedem christlichen Fest eine Freß-, Sauf- und Geschenkorgie zu machen, die mit dem eigentlichen Anlaß nicht mehr das Geringste zu tun hat – ohne mich! Ich sage ihm das – und daß wir dann die ganze Chose ausfallen lassen können ...

Wie immer! Jeder will sich durchsetzen. Ich *bitte* ihn noch. Er bleibt hart. Ich sage ihm, was es für mich bedeutet. Nichts! Ich bitte ihn, mir zu Gefallen mitzukommen, ich müsse inzwischen schon so vieles alleine machen, weil er sich abseilt. „Ich kann nicht mein ganzes Leben an dir kleben", bekomme ich zur Antwort. Ich mache ihm klar, daß es damit nichts zu tun hat – soviel wie er alleine unternimmt, wie er Freiheit genießt ... wo klammere ich mich denn an ihn? Nichts! Kein Einlenken! Verdammt, denke ich, bin ich denn nur noch zum Abzokken da? Zum Kochen? Zum Vorsorgen? Und nichts für mich?

Abends bin ich nochmal in sein Zimmer gegangen und habe ihm gesagt, wie mir – ja, auch *mir* – manchmal zumute ist. Daß ich ihn sehr wohl loslasse. Daß ich ihn nicht annagele zu Hause. Daß ich aber auch ab und zu mal ein Bedürfnis habe, und daß ich mich manchmal einsam fühle. Und wenn er *nicht* verreist ist, daß er sich dann mir auch ruhig mal etwas zuwenden könne ... Nach ein paar Hinweisen, daß er doch Tag und Nacht zu Hause sei und ich ihn doch die ganze Zeit „hätte", lenkt er ein! Allerdings findet er sich „verlogen", in die Kirche zu gehen, ohne daran zu glauben!

Und so haben wir (noch einmal) Weihnachten gefeiert wie immer. Er hat das Schmücken des Baumes übernommen. Allerdings konnte er nicht umhin, auch den Kater zu schmükken! „Ich habe ihn zum Läutnant erhoben!" hat er erklärt und sich gebogen vor Lachen, während dieses gutmütige Vieh sich nur noch ganz, ganz vorsichtig durch die Wohnung bewegte, weil jedesmal die Weihnachtsglocke an der roten Schleife um seinen Hals ein schreckliches Gebimmel von sich gab! Armes Vieh! Auch die Weihnachtspyramide mußte dran glauben. Sie wurde in Raserei versetzt mit der Begründung, daß die Engel schließlich auch mal Bewegung brauchten! Ich konnte mir ein Lachen nur knapp verkneifen, was ihn dann besonders freute.

Ansonsten: Harmonie! Er hat wunderschöne Geschenke für mich: Selbstgemachte Holzschnitte in seltener Schönheit. Mein Kokopelli, der mythische Flötenspieler der Indianer, liegt in vier verschiedenen leuchtenden Farben auf dem Gabentisch!

Ein Krimi auch, der gewünschte Jahresplaner, und wunderhübsche Dinge für meine Puppenstube, die ich ja doch eines Tages nochmal bekommen werde!

Und auch er packt aus: Bücher, Bücher, Bücher! Ein Modellbauschiff (die Weihnachtstage sind gerettet!) und eine Menge Kleinigkeiten, alle gut zu verwenden.

Gemeinsame Mahlzeiten (zum Kirchgang zieht er sich sogar extra um, ohne daß ich etwas sagen muß), ein bißchen Musik aus der Konserve, Päckchen auspacken, die gemeinsame Post lesen, ausschlafen, lesen ...

Ach ja! War es das letzte Mal?

31. 12. Frauen

Zum Sylvesterkaffee habe ich eine Bekannte eingeladen, die ihre zu Besuch weilende Mutter mitbringt.

„Soll ich für dich mitdecken?" frage ich den Sohn, der sich leicht mal ausgeschlossen fühlt.

„Ich dabei? Nee, deck mal nur für drei auf. Was soll ich rumsitzen, wenn ihr euch über Kochrezepte und Strickmuster unterhaltet!"

Mir bleibt der Mund offen stehen!

„Waaas? Ich habe mich zeit meines Lebens mit Frau N. noch nicht über Kochen und Stricken unterhalten!"

„Aber mit Frau B. hast du dich mal über Strickmuster ausgelassen!"

„Ja klar! Sie hat mir ja auch eine tolle Jacke gestrickt, und ich konnte mir Farben und Muster aussuchen!"

„Na siehste! Sag ich doch!"

Nein, das kann ich auf mir nicht sitzenlassen!

„Und im übrigen erinnere ich mich nicht, daß ich mich schon je im Leben mit jemanden übers Kochen unterhalten habe, außer daß ich es furchtbar lästig finde. Ich glaube, du solltest dir mal überlegen, was du da sagst."

Er lacht. Er hat mich mal wieder am Argumentieren.

Nach ein paar Minuten höre ich ihn dann im Bad sagen: „Trotzdem weiß ich nicht, wieso Frauen sich immer übers Kochen und Stricken unterhalten müssen!"

1. 1. Eimer!

Ich hatte eine Einladung zu Sylvester: „Nichts Besonderes, wir sitzen einfach nur so zusammen."

Ich hatte zugesagt „eventuell zu kommen" – ich will sehen, ob und was der Sohn so plant. Alleine will ich ihn denn doch nicht lassen, wenn er nichts vor hat. (Ein paar Tage nach Weihnachten zu verreisen hatte er ja kategorisch abgelehnt. Die Weihnachtsferien wolle er „mit anderen was machen". Die ganzen!)

„Was ist denn bei dir jetzt mit Sylvester?"

„Bei mir? Weiß ich noch nicht!"

„Naja, ich meine nur! Du müßtest dich mal drum kümmern, wenn irgendwas laufen soll."

„Ja, ich telephonier denn mal!"

Nächster Tag: „Weißt du schon was wegen morgen?"

„Ach so ja, ich werd mal den Hans anrufen, der wollte vielleicht was machen. 'Ne Fete oder so."

Am Sylvestervormittag: „Ich wüßte nun mal endlich gerne, ob du heute abend zu Hause bist oder nicht."

„Ja, ich rufe da mal an."

Zwei Stunden später ist es endlich klar: Hans „macht was". Wer kommt, weiß er nicht, Hans will noch telephonieren. Was sie essen, weiß er nicht, jeder bringt was mit. Trinken? Ooooch! „Naja, dann gehe ich mal eben ein Sechserpack holen." Sagt's und schlurrt ab. „Bring wenigstens noch was an Salzgebäck mit oder so!" „Ja, mal sehn!"

Dieses Engagement! Diese Vorfreude!!!! Diese Schlaffheit!!!! „Was machen" – aber keiner weiß wer, wann, wo, womit, wielange …

„Aber ich bleib, solange ich will, nicht?" hat er mir sehr bestimmt verkündet. Ich willige ein (bleibt mir auch gar nichts anderes übrig). Dafür zücke ich mein Portemonnaie und empfehle ihm *sehr* dringend, nachts ein Taxi zu nehmen. Das findet er natürlich blöd …

Abends bin ich müde und bleibe doch zu Hause.

Bevor die Knallerei auf der Straße zu Ende ist, mache ich dem lieben Sohn sein Bett gemütlich, lege ihm eine sehr heiße

Wärmflasche rein, damit sie wenigstens noch warm ist, wenn er heimkommt … und dann überlege ich, ob ich ihm halb im Ernst und halb im Scherz einen Eimer neben das Bett stelle. Ich entscheide mich dafür, seriös zu bleiben, gehe friedlich in mein Bett und wache gegen 10 Uhr bei herrlichem Sonnen-Winter-Wetter auf.

Im Flur liegt ein Briefchen – auf mehreren Notizzetteln geschrieben: 3.54 Uhr, so teilt er mir auf Englisch mit, sei er wieder gelandet. Na, wie schön. Mich beruhigt nach solchen und ähnlichen Ausflügen nichts so sehr, wie zu wissen, daß er daheim in seinem Bett liegt.

Gegen 15 Uhr – es ist so schrecklich still – gehe ich mal leise nach ihm gucken. Und was sehe ich als erstes? Neben dem Bett steht der Eimer …

Aber trotz seiner buntesten und wildesten Schilderungen der Alkoholorgie (und die Jüngeren brachten dann auch noch Gras mit!), schien es sooo schlimm denn doch nicht gewesen zu sein. Er hat „mörderischen Hunger", ißt mit gutem Appetit, ist kein bißchen blaß – und erzählt dafür aber all die alkoholischen Heldentaten … die man mit Sicherheit sooo nicht erzählen würde, hätte man sie tatsächlich gestaltet!

Aber auch das scheint dazuzugehören: schließlich wird man Mann!!!

2.1. Tschernobyl

Sylvester ist überlebt, Neujahr überstanden – ich sitze nach dem Abendessen satt und zufrieden auf meinem Stuhl. Der Sohn mir gegenüber.

Da sagt er: „Du sitzt da wie Tschernobyl!"

„Hä?"

„Ja, wenn ich dich so ansehe, muß ich an Tschernobyl denken."

„Na, die sind dort bestimmt dünner!"

„Ja", sagt er, „ich dachte auch mehr an den Reaktorblock!"

3.1. Endlich Ruhe

So langsam könnten *seine* Ferien zu Ende gehen, finde ich. (Meine bitte nicht!) Irgendwie dauern sie schon wieder viel zu lange – und ich werde nervös bei all dieser permanenten Ausruhezeit!

Aufstehen zwischen 13 und 14.30 Uhr. Anschließend Frühstück (!!!). Man läßt nichts aus, bezahlt ist bezahlt! Dann ein (sehr!) langsames Orientieren, was es denn heute mal so sein darf. Ein bißchen Stadt? Zum Modellbaugeschäft? Noch ein bißchen Farbe kaufen? Kino ist auch nicht schlecht. Zum Militaryshop müßte man wegen neuer, alter Bundeswehrhosen (igitt!) ja auch noch mal. Und dann diesen und jenen und diese und jene anrufen ...

„Du kannst noch abtrocknen, die Wäsche aufhängen, und der Kater muß dringend mal wieder gebürstet werden!"

„Mann! Nur mit der Ruhe, der Tag fängt doch gerade erst an!"

„Ja, für dich! Aber nicht für normale Menschen! Der Milchladen macht in einer Stunde schon wieder zu!"

„Das stimmt überhaupt nicht!"

Ich gucke auf die Uhr. „Pardon, erst in eineinviertel Stunden! Dennoch könntest du dich jetzt vielleicht mal langsam in Bewegung setzen!"

„Mensch, laß mich doch endlich mal in Ruhe. Ich habe schließlich frei!"

5.1. Beruhigung

Wenn ich so zurückblicke, nachdenke, schreibe, stelle ich fest – alles in allem hat die Pubertäts-Familien-Szene sich doch schon erheblich beruhigt.

Es gab eine Zeit – war er da 12? 13? – da gab es alle drei Wochen mal den großen Knatsch. Plötzlich war es einmal die Woche. Nicht lange danach ging ich in die Knie – nicht mehr drei-wöchentlich, sondern dreimal wöchentlich war hier Terror. Und dann kam eine Zeit, da gab es dreimal täglich Krieg. Eine Begegnung in der Küche, ein auch nur annähernd „falsches" Wort, ein angeblich schiefer Blick ... es gab nichts, was *nicht* den Kleinkrieg, das Geschrei, das Gebrüll, den Streit, die Lautstärke, das Beleidigtsein auslöste.

Und heute? Ab und zu mal ein scharfes Wort. Vor allem: „Laß mich zufrieden" oder „Das kann ich ja wohl inzwischen selber entscheiden", „Misch dich da gefälligst nicht rein ..." das dann aber in einem Ton, der mir den letzten Milchzahn gerinnen läßt. Hart, herrschsüchtig, böse!

Nur: Das ist relativ selten geworden – einmal wöchentlich vielleicht noch. Und ansonsten: ausgeglichene Stimmung, Witz, Spott – auch ein bißchen Lächerlichmachen der alten, sturen, stupiden, schwerhörigen, verkalkten, verlangsamten, begriffsstutzigen, humorlosen ... Mutter. Das Ganze aber nicht lieblos oder herabsetzend.

13.1. Nicht nur für die Zukunft ...

Mal wieder (lange nicht gehabt!) eine „Karrierediskussion" mit dem Sohn. Auslöser: Die zurückgegebene Chemiearbeit – diejenige, für die er am 4. Advent mit mir nicht zum Patenonkel fahren konnte. Diejenige, die er nicht *zwei* Tage vorher vorbereiten konnte, sondern erst den Abend zuvor, weil er sich über sooo lange Zeit die Formeln doch nicht behalten könne.

Offenbar war's denn doch nicht genug. Er sieht das natürlich anders. Er *kann* es eben nicht. Er sei eben nur mittelmäßig (seh ich genauso!). Ich kann nichts von ihm erwarten, schon gar nicht das Abitur. Irgendwie würde er später schon seinen Lebensunterhalt verdienen.

Eigentlich kann ich es schon nicht mehr hören. Es ist seit Jahren dasselbe: seine Argumente, meine Gegenargumente ... alles tausendmal gesagt.

„Formeln und Vokabeln fliegen einem nicht zu!" „Begabung ist das eine, Fleiß das andere. Eines geht nicht ohne das andere ..." Und er: „Ich will mir doch nicht meine ganze Jugend versauen. Das Leben besteht schließlich noch aus anderen Dingen."

Ich spreche von Chancen. Er davon, daß man sowieso nichts berechnen kann. Ich rede davon, daß man das noch nie konnte, daß man aber mit gewissen Dingen seine Chancen immer erhöhen konnte. Beispiel Fremdsprachen. Das bedeutete eben auch Vokabelnlernen ...

Immerhin ein Fortschritt: Ich kann ruhig bleiben, sogar als sich die Diskussion im Kreise zu drehen beginnt. Sogar als er in seine alte Leier zurückfällt, er wisse, daß er Scheiße und faul sei!

Seit ich vor einiger Zeit den Spruch las, „man kann ein Pferd zur Tränke führen, aber man kann nicht machen, daß es säuft", ist mir meine Rolle klarer geworden.

Auch das sieht der Sohn anders. Er lebe schließlich nicht nur für die Zukunft, sonder fürs Heute.

14. 1. Großdiskussion

Das RAF-Fieber des Sohnes hält an. Beim Stephan Aust ist er jetzt auf halber Seitenzahl (immerhin ist der Schinken knapp 600 Seiten lang.). Wo er sonst noch Material herbekommen könne, will er wissen. Den SPIEGEL will er anschreiben, die müßten „doch was haben" (mit Sicherheit eine LKW-Ladung voll!). „Und frag mal überall, wo du hinkommst, da sind bestimmt Leute dabei, die noch was haben." Einen alten SPIEGEL findet er in meiner Sammlung, den ich auf dem Flohmarkt mal für 1 DM wegen einer ganz anderen Titelstory gekauft hatte. 1977 – und irgendwo drinnen auch noch etwas zur Schleyer-Entführung ... Vom Patenonkel kommend, fragt er, ob ich auch „von damals noch die Rote Mao-Bibel habe". Ich habe. Aber er ist enttäuscht. Meine ist lange nicht so schön (und viel dünner und ohne Prägedruck und vor allem ohne Vorwort in Chinesisch!!!). Nun ja, ich war ja damals auch noch arm am Beutel – wieso ich das Ding damals gekauft habe, weiß ich ohnehin nicht, wahrscheinlich weil es nur 2 DM gekostet hat ...

Gestern hat er mich abends um einen wasserfesten Stift gebeten, und heute nun sehe ich bei ihm auf dem Schreibtisch das Ergebnis. Seinen knallroten Taschenkalender – ein Werbegeschenk aus irgendeiner Drogerie – hat er fein säuberlich und exakt mit dem Zeichen der RAF versehen: Sowjetstern mit überlagernder Maschinenpistole.

„Sag mal, hast du nicht alle Tassen im Schrank?"

(Das freut ihn immer!)

„Wieso?"

„Du kannst doch nicht mit dem RAF-Zeichen losziehen!"

„Wieso denn nicht?"

„Ja, wieso denn? Das ist ein Symbol, das steht für diese ganze anarchistische und kriminelle Gruppe!"

„Na und?"

„Was heißt na und? Das war eine Gruppe, die den Staat vernichten wollte, und wer dieses Zeichen trug, war Sympathisant. Alle Flugblätter und Bekennerschreiben trugen es."

„Ach Mutter, das ist 20 Jahre her! Das ist doch alles vorbei!"

„Nein, das ist nicht vorbei! Ich verstehe dich nicht, du bist ständig dabei, dich zu informieren. Da müßtest du das doch wissen. Es ist noch gar nicht so lange her, da haben die den Knastneubau von Weitersheim oder wie das heißt in die Luft gesprengt. Und Bad Kleinen ist doch auch gerade erst gewesen."

„Also von diesem Knast habe ich noch nie was gehört. Und Bad Kleinen war doch keine große Sache!"

„Keine große Sache? Da sind zwei Menschen getötet worden! Und guck dir doch mal den Rummel an, der bis heute nicht aufgehört hat."

„Ach was!" Er wischt es vom Tisch ...

„Also hör zu: Ich möchte, daß du dieses Zeichen da wieder weg machst."

„Wiiiieee? Nee, das mach ich nicht! Warum denn?"

Ich wiederhole alles nochmal und sage dann:

„Mensch, stell dir bloß vor, du verlierst das Ding mal oder jemand sieht es oder die Polizei findet es bei dir!"

Das findet er höchst amüsant – vermutlich wittert er gleich wieder „big action" – das große Abenteuer wartet!

„Ich wüßte nicht, was ich mit der Polizei zu tun haben sollte. Und selbst wenn – dann sage ich denen, daß ich damit nichts zu tun habe und dann ist gut!"

„Sag mal, wie naiv bist du eigentlich? Das haben in den letzten 25 Jahren bestimmt schon sehr viele gesagt."

„Naja, dann erkundigen sie sich eben. Und dann merken sie, daß ich nicht dazu gehöre."

„Woran sollen sie das denn merken? Gut, du bist noch nirgends aufgetaucht oder registriert. Aber spätestens nach der ersten Vernehmung bist du es. Und beim nächsten Mal haben die dich dann!"

Er findet alles (auch mich) blöd. Alles was ich sage, ist Quatsch. Es ist einfach lächerlich.

Was er aus den Büchern entnimmt, ist für ihn wie Roman. Und sehr spannend. Für seinen Schulvortrag registriert er die Leichen auf beiden Seiten, stellt fest, daß es von seiten der RAF „ja gar nicht so viele waren" („Jedenfalls nicht bis zu der Seite, auf der ich gerade bin!") und freut sich über jeden Namen, den er schon kennt.

Die Diskussion dauert fast eine Stunde und dreht sich im Kreis. Es wird wieder eine Machtfrage!

„Und wenn du im Sommer in die USA gehst und die sehen so einen Taschenkalender!?"

„Na und? Was soll mir da schon geschehen?"

„Na, was wohl! Die USA ist lange nicht so liberal und luschig mit ihren Gesetzen, wie wir! Einiges davon hast du doch im Herbst selber mitbekommen!"

„Ja und? Was würde mir schon passieren?"

„Na, ein paar Wochen Knast könnten da drin sein, bis die *vielleicht* feststellen, daß du damit nichts zu tun hast."

„Na und? Wäre doch geil. Wär doch mal was anderes!"

Es ist aussichtslos.

Ich schließe mit einer strammen Aufforderung zur Löschung des Zeichens – und er lächelt mich überheblich an.

17. 1. Geil, krass und kultig

„Echt geil" wird so langsam abgelöst von „kultig". „Kultig" bezieht sich auf Filme, Menschen, Klamotten, irgendwelche Zugehörigkeiten. „Echt kultig" ist sowas wie ein Gütesiegel. Was Besseres gibt es nicht!

Was „krass" bedeutet, weiß ich noch nicht. Wenn der neue Lehrer „voll krass" ist, was ist er dann? Daß er so leise spricht, daß „keine Sau ihn versteht", deutet eher auf ein Negativurteil. Auch, daß er „so'n Hundehalstuch" trägt. (Wenn Lehrer sich den Pubertierenden gegenüber etwas weniger durch ihr luschiges Outfit anbiedern würden, wären sie vermutlich geachteter!)

18. 1. Überklebt

Auf der steten Suche nach der Schulakte, in der auch die sämtlichen Adreß- und Telephonlisten abgeheftet sind, die ich gelegentlich mal einsehen muß, treffe ich auf den kleinen roten Taschenkalender. Das RAF-Zeichen ist großflächig mit irgendeinem Werbeaufkleber überklebt. Mir fällt ein Riesenklotz vom Herzen.

Von allem kann ich ihn ja nicht schützen – aber davor, als Sympathisant in die RAF-Fahndungscomputer einzugehen, würde ich ihn wirklich gerne bewahren.

20. 1. Silberstreif

Mein Sohn hat „*Ja*" gesagt. Klar und deutlich! „Deine Katzen sind noch nicht gefüttert, der Puschel ist schon richtig nervig, machst du es bitte gleich?" Und er sagt „ja" und steht sofort auf!

Das war gestern. Und heute? „Also dein Essen hat wirklich gut geschmeckt!"

Ich sehe den Silberstreif am Horizont, die Morgendämmerung!

25. 1. Nur noch weg

Eigentlich könnte ich langsam in eine kleine Zwei-Zimmer-Wohnung umsiedeln. Der Sohn bekommt eine Ecke im Flur, um seinen Schlafsack auszubreiten, wenn er dann wirklich mal anlanden sollte ...

Ich habe gerade meinen Jahresplaner eingerichtet und an die Wand gehängt: meine Termine, meine Dienstreisen (von Urlaub noch keine Spur – will/muß mich ein bißchen nach

Sohnes Plänen richten). Ja und dann *seine* wichtigsten (Ferien-) Termine. Diese habe ich alle mit Orange eingezeichnet – da ist nicht mehr viel weiß geblieben.

Im Februar wird er vermutlich durchgängig (bis auf diverse Wochenendtermine) zu Hause sein. Im März geht's auf Klassenfahrt nach Paris. Im April sind Osterferien, da ist die Entscheidung zwischen den Pyrenäen, der Türkei und dem Rest der Welt noch nicht gefallen. Auf alle Fälle steht fest: Zwei Wochen werden die Pfadis unterwegs sein. Im Mai steht das Sozialpraktikum an. Da er „so weit wie möglich von zu Hause" weg wollte, wird er es ableisten in einer Ortschaft an der schweizerischen Grenze (weiter ging's nicht!). Im Juni beginnen die Sommerferien. Da – ja da kommt die ganz große Reise ... wenn's denn mit dem Reisestipendium klappt. Danach muß er unbedingt eine Woche zu Ausgrabungen nach Bergen-Belsen. Und die letzten fünf Ferientage ist wieder großes Meeting auf der Insel – die ganze Blase vom Vorjahr . . . Im August dann die Welt-Jamboree der Pfadfinder in Holland. September – mein Gott, da ist ja noch gar nichts! Oder besser: *Ich* weiß davon noch nichts! Oktober sind Herbstferien, da soll dann „Schotti" heimgesucht werden. November und Dezember stehen noch aus. Nun ist der November ja nicht gerade ein attraktiver Reisemonat. Für die Winterfahrt der Gruppe wird es reichen. Ja und zwischen Weihnachten und dem Ferienende ... vielleicht klappt ja diesmal die Organisation mit dem Harz!?

Wer das alles bezahlen wird? Das weiß ich auch noch nicht. *Ich* sicher nicht – da wird er wohl noch ein paar Stunden mehr Aushilfe machen müssen.

28. 1. Opiumhöhle

Wochenende – und mal wieder die Ankündigung eines eigenen Programmes. Als ob ich nicht schon lange kapiert hätte! Der Vormittag ist auf den 14-Uhr-Termin ausgerichtet. Da ruft jemand an „wegen abends". „Wer denn?" „Ach so 'n Neuer in unserer Gruppe." „Und was wollt ihr dann machen?" „Wissen wir noch nicht. Vielleicht irgendwo Billard spielen!"

„Hä?" „Ja, das machen wir manchmal. Macht echt Spaß!"

Der Anruf kommt.

„Also wir gehen dann heute abend!"

„Wann und wohin?"

„Um sieben ins ,masa'."

„Was ist das denn?"

Die Schilderung, die dann kommt, läßt meinen Unruhepegel mittelschwer steigen. Irgendwo in einem Hinterhof. Studententreff (können da 17jährige nicht noch etwas warten?). Und „ganz geil eingerichtet". Flache Sitzkissen – „so auf ’m Boden" und ganz niedrige Tische zum Essen …

„Opiumhöhle" fällt mir sofort ein … Beunruhigt lege ich mich nach dem Teestündchen (mit friedlichem Sohn) aufs Sofa und lese den Rest von meinem Sohn-Weihnachtskrimi. Er klimpert inzwischen auf der Gitarre. Meine innere Unruhe ist nicht zu überfühlen.

Ihn nochmal direkt ansprechen mag ich nicht – zumal er immer sehr gereizt reagiert, wenn ich ihn beim Gitarrespielen „störe". So setze ich mich in den Flur und sortiere den neuen Krimi ein und die anderen alle gleich um (nach dem Motto: „Durch diese hohle Gasse muß er kommen" – wenn er sich zum Gehen anschickt.)

Er kommt. Ich sortiere eifrig nach Autoren und Farben.

„Also ich möchte nochmal was sagen, auch wenn du gleich wieder Scheiße schreist!"

„Scheiiiße!"

Pause.

„Na, was is?" fragt er herablassend und grinst.

„Also … äh … also versuche mal, nicht wieder mit dem Rauchen anzufangen (ach, Quatsch, das ist es doch gar nicht!) und … äh … sei überhaupt vorsichtig … in solchen . . : äh …"

„Also Mutter, nun hör mal! Nun mach mal keinen Dicken hier. Ich war dort schon mal (ach, sieh an!). Da gehen die Pfadfinder schon seit Generationen hin! (Komisch, ich hatte ein ganz anderes Bild von der Freizeitgestaltung deutscher Pfadfinder!) Und außerdem bin ich kein Kleinkind mehr. Halt du dich da mal raus!"

„Naja", sage ich etwas hilflos. „Irgendwie macht man sich als Mutter eben immer Sorgen!"

„Jaja, ich weiß." Und dann quäkt er wie ein zahnloses Baby

los: „Und daß du mir ja nicht aus dem Haus gehst ... Also das will ich nicht noch hören, wenn ich 50 bin!"

Ich verkneife mir zu sagen, daß ich dann wahrscheinlich daran nicht mehr interessiert sein werde – und stelle mit Erstaunen fest, daß ich erleichtert bin ob der Mitteilung, daß er in dieser Luderhalle für Studenten schon mal war. Und offenbar hat er es ja lebend überstanden.

So verabschiedet er sich also fröhlich, nicht ohne nochmal zu versichern, daß er leider (!) nicht sagen könne, wann er nach Hause käme. Aber möglicherweise würden wir uns noch sehen. Tröstlich! Meistens gehe ich nicht vor ein Uhr ins Bett!

Na, es wird schon gut gehen. Im Telephonbuch steht dieses komische Etablissement jedenfalls nicht.

In was für eine Welt müssen wir eigentlich unsere Kinder heutzutage entlassen?

1.2. Auswahl

„Du mußt dich so langsam mal um dein Reisestipendium kümmern. Da gibt es einen Anmeldeschluß!"

„Waaaaas? Auch das noch?" Er ist richtig geschockt, daß er Vorleistungen bringen soll. Dann versinkt er ins Grübeln.

„Ja, wohin fahre ich nur? Und was soll ich da machen? Ich meine, was für ein Thema????"

Wir überlegen hin und her. Es kommt nichts dabei raus! Mir scheint, soooviel Freiheit ist wieder zuviel. Das ist wie beim Kalten Büffet, vor dem man steht und nicht weiß, was man nehmen soll, da man sich aus Gründen einer beschränkten Magenfüllgröße ja doch zurücknehmen muß.

Zu den Indianern? Im letzten Jahr hatte er an Ort und Stelle die Idee, er könne für sie ja mal dolmetschen, wenn all die deutschen Touristen anreisen.

Nein, das kann er nicht. So gut sei sein Englisch nicht. Und außerdem müsse er ja mindestens sechs Flüge (kostenlos) organisieren. Und das würde er sowieso nicht hinkriegen. Das würde auch gar nicht klappen ... Am liebsten würde er solo durch die norwegischen Gebirge ziehen! Aber er kann kein Norwegisch und außerdem: „Bitte, welches Thema willst du

dann bearbeiten? Du sollst ja nicht nur durch die Gegend lat-
schen!" Ja, Pech! Wieder nichts!

„Nimm dein geliebtes Schotti", schlage ich vor. „Da stimmt
die Sprache, und für dort fällt dir bestimmt was Gutes ein!"

Ja, das findet er auch! Er wird es sich mal durch den Kopf
gehen lassen!

5.2. Wilde Nächte

Gestern waren wir zu einem Geburtstagsabendbrot eingeladen.
Vor zwei Wochen fand er das noch gut, vor zwei Tagen dann fiel
ihm ein, daß seine Nase ja so verstopft ist, daß er sowieso
nichts schmecken würde. Und dann war ihm natürlich auch
noch eingefallen, daß es ja Samstag abend war, wo alles was
Rang und Namen in seiner Klasse und seiner Gruppe hat, den
großen Kneipen-Billard-Sauf-Abend hat.

Er hat einen Kompromiß gefunden: Er wird zum Essen mitkommen und dann eher gehen. „Ihr sitzt ja sowieso nur fünf
Stunden rum und redet immer über dasselbe!"

So verabschiedet er sich also artig, bedankt sich, entschul-
digt sich für frühes Gehen. Ich ernte dickes Lob für meinen
Sohn – so gut erzogen und auch immer wieder so hilfsbereit,
das sei ja heute nun überhaupt nicht mehr üblich – und dann
sitzen wir noch gemütliche zwei Stunden! Wann er nach
Hause kommen würde, wußte er noch nicht so genau. Mit
„Nah sieh mal zu, daß es nicht zu spät wird", vertraue ich auf
seine Einschätzung der Realitäten. Letztes Mal war er immerhin kurz vor Mitternacht daheim.

Um Mitternacht komme ich nach Hause. Alles dunkel.
Nach einigen hausfraulichen Handgriffen im Haushalt begebe
ich mich ins Bett – mit Krimi – wohlwissend, daß ich erstmal
doch noch nicht einschlafen werde.

Gegen ein Uhr höre ich etwas im Flur klappern und atme
erleichtert auf. Reichlich spät – aber immerhin zu Hause!
Dann aber passiert nichts mehr – normalerweise klopft er doch
an, wenn bei mir noch Licht ist. Naja denke ich, dann hat wohl
nur der Kater im Flur getobt. Um 2.15 ist mein Krimi zu Ende,
und ich habe die ganze Zeit gemerkt, daß ich immer aufgereg-

ter wurde. Das lag allerdings weniger an der Lektüre, die *so* spannend nun auch nicht ist! Ich stehe also auf und sehe als erstes, daß seine Zimmertür offensteht. Ich hatte sie geschlossen. Dann ist er also doch da und hat sich nur nicht gemeldet. Ich sehe vorsichtig rein – nichts! Das Bett ist leer, das Fenster steht noch immer offen zwecks Entmiefung. Ich bin ratlos … bis ich vor mir auf dem Flurfußboden einen Zettel liegen sehe der vorhin dort noch nicht lag:

„Hallo Mutter, ich übernachte bei Gustav. Habe mit ihm noch was zu regeln. Bin morgen mittag wieder da!"

Hatte ich ihn übersehen gehabt? Ich überprüfe die Wohnungstür. Sie ist nur ins Schloß gezogen, nicht abgeschlossen wie vorhin. Also war er es doch, der gegen ein Uhr im Flur leise herumgeklappert hat. Keinen Meter von meiner Schlafzimmertür entfernt hat er leise seine Nachricht deponiert. Das Glasfenster in meiner Tür – hell erleuchtet – hat er dabei wohl geflissentlich übersehen …

Ich bin fassungslos! Mein Herz klopft wie nach mehreren Tassen starken Kaffees. Es ist halbdrei, als ich mich wieder hinlege – hellwach. Mehr Angst als Wut. Wenn er mich um ein Uhr gefragt hätte, hätte ich „nein" gesagt – und das hat er gewußt. Ist er wirklich bei Gustav? Bisher hatte ich nie Anlaß, ihm nicht zu glauben – und oft genug habe ich auch überprüft, ob alles stimmte. Selbst die „verrücktesten" „Ausreden" stimmten. Und eigentlich ist (war?) unsere Beziehung ja auch so!

Aber nun sind doch ganz andere Faktoren neu hinzugekommen: Billardkneipen, in denen mindestens in einer mehr Hasch als Tabak gequalmt wird. Und das kann mir bei aller Liberalisierung und Verharmlosung keiner weismachen – es ist ein Suchtmittel, und es war für sehr viele Jugendliche die Einstiegsdroge. Nicht, weil sie automatisch ein stärkeres Kraut nach sich zieht, sondern weil es das Milieu ist, das das alles unterschiedslos bereithält und anbietet …

Um drei Uhr höre ich das Telephon klingeln. Oder habe ich mich verhört? Als ich rangehe, ist niemand dran. Es war das „dienstliche", das im Telephonbuch eingetragen ist. Polizei? Auf alle Fälle hole ich beide Telephone ins Schlafzimmer. Das hat zur Folge, daß ich die Tür nicht schließen kann und den Kater als Gesellschaft im Bett habe. Er, der sich sonst am Fußende zusammenrollt und sechs Stunden bewegungslos liegt, legt sich neben meinen Kopf, steht auf, dreht sich, beschnuffelt mich, legt sich wieder hin, springt gegen seine Gewohnheit auf und rast in den Flur, kommt zurück ... und ich werde immer panischer.

Ich habe dann doch geschlafen – knapp fünf Stunden. Zugegeben, bei Licht, sogar Sonne, sieht es nicht so schlimm aus. Er wird schon bei Gustav sein, und er wird auch bald erscheinen.

Am frühen Nachmittag langt er endlich an. Nein, er fand diese Regelung so ganz richtig. Das habe ihm viel Zeit gespart! Zu Hause hätte er bis jetzt geschlafen und müßte jetzt erst los, und so sei nun alles schon geregelt! Da kann man nichts mehr sagen als Mutter!

Immerhin stellt er dann fest, daß wir lange nicht mehr im Stadtgarten waren – da könnten wir doch jetzt mal zusammen hinlaufen! Immerhin sei doch so schönes Wetter!

8.2. Müllkippen-Zimmer

Das Zimmer meines Sohnes zu betreten, wird langsam zum Problem. Ebenso gut könnte ich eine Müllkippe betreten. Ich sehe einerseits, was für ein wunderschönes Zimmer dieser Raum sein könnte: 25 qm groß, eine Schräge, großes helles Fenster, frisch tapeziert und gestrichen, die Wände mit Sorgfalt und Phantasie gestaltet. Der Tisch ist ein einziges Chaos (wie man da sinnvoll Schularbeiten machen kann, erschließt sich mir nicht. Wahrscheinlich kann man es eben auch nicht!), aber der Fußboden bricht alle Rekorde. Und das ist das „andererseits": Ich sehe bei jedem Stück einzeln, das da so unachtsam hingeworfen wurde, was es gekostet hat! *Mein* Geld! Meine Arbeit – und die ist nicht weniger geworden in den letzten Jahren.

Seit Weihnachten liegen Holzbretter quer über dem Teppich, so daß ich immer einen Bogen machen muß, wenn ich ans Fenster oder an die Heizung will. Die sollten – zusammengenagelt – eine neue Eisenbahnplatte geben. Irgendwann mittendrin brach die Arbeit ab. „Kein richtiges Werkzeug!" Nach Hinweisen auf einen freundlichen Nachbarn, der gerne alles Notwendige ausleiht, ist es dann unser Dauerargument: „Keine Zeit!" Und wer kann dagegen schon was sagen!? Vor allem gibt es zu diesem Thema nichts, was nicht schon mehrere dutzendmal gesagt worden ist. Und was liegt da sonst noch alles? Jede Menge dreckige Socken. Ein T-Shirt (teuer in Amerika spendiert!) – zusammengeknüllt, offenbar schon mehrmals mit Füßen an die Seite geschoben. Ein zweites T-Shirt, offensichtlich noch „frisch", aber ebenso verknüllt. Sechs gebrauchte Papiertaschentücher. Ein Riesenstapel Papiere – das meiste sind Ansichtskarten und Briefe – das Ganze weit auseinandergerutscht. Ein großer Karton mit Urlaubsphotos – offen – und daneben rund zehn Umschläge mit weitern Photos – über einen Quadratmeter verstreut. Das Kopfkissen liegt auf dem Fußboden, die weiße (!) Überdecke auch (es mußte unbedingt weiß sein, damit das Zimmer hell und freundlich aussieht!), zwei bunte Kissen, mehrere leere Wasser- und Colaflaschen. Dazwischen neben und unterm Regal und Tisch jede Menge Schulbücher, teils offen, teils aufgeschlagen auf dem „Gesicht" liegend, sinnlos durcheinander. Der Badminton-Schläger und die dazugehörigen Bälle liegen unmittelbar hinter dem Schreibtischstuhl – das letzte Spiel war vor fünf Tagen. Zwei Rucksäcke liegen dazwischen, die Hausschuhe in die Nähe geschleudert, ein paar Jeans auf dem Stuhl, die Militärhosen zu einem Ball zusammengeknautscht unterm Tisch.

Das sind nur die Sachen, die *mitten* im Zimmer liegen. In den Ecken wird es dann schlimm. Der Papierkorb *war* mal voll – vor etwa zwei oder drei Monaten. Seither wird offenbar alles in seine Richtung gefeuert und lagert in einem Riesenhaufen kreisförmig rund um den Abfallbehälter – Umkreis ca. ein Meter. Vor allem Papiere, Schularbeitensachen, Schokoladenfolien, zerknautschte Papiertücher in rauhen Mengen.

Ein paar Handwerkszeuge liegen dabei – die *in* und nicht unter den Schrank gehören. Darunter auch so einiges, was wir angeblich in unserem Haushalt gar nicht haben (und man(n) deshalb hier ja auch nichts Sinnvolles machen kann – z. B. den Schlüsselkasten mal an die Wand zu nageln!).

Und nun? „Räum mal bitte endlich wieder dein Zimmer auf, vor allem trag den ganzen Müll und die dreckige Wäsche raus!" stößt entweder auf „keine Zeit" oder die Frage, wo ich denn Müll und dreckige Wäsche sähe! „Ach das eine Paar Socken! Und deswegen regst du dich auf?"

Mich juckt es in den Fingern, einmal drei Stunden Stück für Stück wegzuräumen, wegzupacken, wegzuwerfen – und aus dem eigentlich wunderschönen Zimmer mit seiner schönen Einrichtung einen Ort zu machen, in dem man sich wohlfühlen kann. Aus *so* einem Zimmer kann man nur fliehen.

19. 2. Lob

Mein Sohn hat seit einiger Zeit offenbar das Bedürfnis, seiner Mutter ab und zu mal etwas Liebes zu sagen.

Gestern war mein Essen „wirklich gut. Das kannst du öfter mal machen!" Und heute hat es mich beinahe umgehauen, als er sagte, es sei doch gut gewesen, daß er im Herbst vor der USA-Reise seine Vorbereitungen schriftlich gemacht habe! So habe er doch mehr davon gehabt. Ich war sooo verblüfft, daß ich darauf nichts sagen konnte. Und das war wohl auch gut so. Jedes „Siehste, hab ich doch gleich gesagt" hätte das kleine Pflänzchen der neu entstehenden Sympathie gleich wieder gestört oder sogar zerstört.

20. 2. Ein Mann

Gestern war nun mal wieder eine große Theateraufführung in der Schule: diesmal drei Stücke – und das Ganze auf Englisch. Der Sohn trat gleich im ersten Stück auf – im wahrsten Sinne des Wortes. Er war Wortführer, und das tut ihm ja immer gut!

Wenn ich ihn so aus der Entfernung Zuschauerraum – Bühne sehe, wundere ich mich irgendwie immer, daß das mein Sohn ist – mein Kleiner! Aber auch andere scheinen sich zu wundern. In der Pause kam eine andere Mutter auf mich zu und sagte spontan: „Ihr Sohn ist ja ein richtiger Mann geworden!"

Ja, das ist es wohl, was mich aus der „Entfernung" auch immer wieder so verblüfft. Er ist nicht mehr mein Kind – er ist ein großer, durchsetzungsfähiger Mann.

Wie gut!

Wie schade!

26.2. Discofieber

Ich bin geschlaucht, und ich habe das Gefühl, daß mir das alles langsam zu anstrengend wird.

Natürlich stand für Samstagabend wieder diese Opiumhöhle an. Daran habe ich mich nun schon gewöhnt. Bislang kam er spätestens um eins heim. Auch daran habe ich mich gewöhnt, wenngleich ich es zu spät für einen 17jährigen finde (auch wenn meine Freundin mich aufklärt: In diesem Alter und in dieser Szene geht man doch erst gegen Mitternacht aus dem Haus! Göttin!!). Aber heute nacht war es drei Uhr in der Früh.

Mein Magen war schon halb umgedreht, und meine Herzfrequenz spürbar erhöht. Längst hatte ich schon Licht ausgemacht und ich war auch guten Willens gewesen, einzuschlafen. Aber was nicht geht, geht nicht. Er schien auch ein bißchen zerknirscht – ein winziges Bißchen – aber über Nacht muß er es sich überlegt haben, daß auch das schließlich zu seinen guten Rechten gehöre. Was folgte (als er sich dann gegen 14 Uhr aus dem Pfuhle schälte) war unser übliches Hick-Hack, mit dem wir uns gegenseitig durch alle Räume der Wohnung verfolgten. Mein „Dann mußt du eben ausziehen", war wieder mal die Quintessenz.

Statt noch zu arbeiten, ging ich zerquält und übermüdet gegen 17 Uhr ins Bett. Wann führe ich eigentlich mal *mein* Leben?

27.2. Auszug

Mein Sohn läßt mich wissen, daß er dieser Tage eine Anzeige wegen eines Zimmers aufgeben werde. *Er ziehe aus!*

Das kommt *so* bestimmt, daß ich bis in die Knochen erzittere.

„Ja, was willst du denn", fragt er mich sauer, „mal soll ich ausziehen, dann wieder nicht!"

Ach ja, ich weiß schon, was ich will – ich möchte noch ein paar Jahre mit ihm zusammen hier in der Wohnung leben – zumindest bis er mit der Schule fertig ist – und zwar in Frieden.

„Das ist nicht möglich", teilt er lapidar mit, „wir können

nicht in Frieden miteinander leben. Du behandelst mich wie ein kleines Kind. Und wenn es dir gerade in den Kram paßt, dann bin ich angeblich schon ein Erwachsener. Nee, Mutter du, soo nicht!"

Am Abend versuche ich noch mal einen Vorstoß zum Frieden. Ich sage ihm, daß ich ihn nicht gängeln will, aber daß ich um ihn maßlos Angst habe. Und dann erzählt er so locker-flockig von seinen Disco-Erlebnissen, daß mir das Blut in den Adern stockt.

Also erstmal sei er wieder im „masa" gewesen. Das Mädchen, mit dem er verabredet war, kam nicht. Viel los war auch nicht. Dann sind sie ins „future" nebenan gegangen, aber da war es auch nicht so prall. Dann kam ein Klassenkamerad, der sich schon seit Jahren in dieser Szene auskennt und gab die Parole aus „Ab Mitternacht im Bad". Also trabte der Sohn solo (wieso eigentlich?) los. (Mir wird schon alleine bei dieser Schilderung flau! Das „Bad" liegt tief im Wald an einem Fluß – fernab jeder Zivilisation!). Unterwegs wurde er dann von einem Wagen mitgenommen (!!!). Ja und dort war es dann echt geil! Und alle Viertelstunden mindestens kommen die Angebote: Speed, Hasch, Ecstasy ... Entweder man kauft oder man zeigt den berühmten Stinkefinger. Er halte sich aber lieber an die „sozialen Drogen" (niiiieee gehört, diesen Ausdruck!), an Alkohol und Nikotin! Da kommt man ins Gespräch: Haste nicht mal 'n Blättchen ... aber mit den unsozialen Drogen könne man ja keinen Kontakt mehr aufnehmen, die seien ja alle „zu" ...

Mein Gott, wer schützt unsere Kinder vor all diesem Dreck, wenn sie in dem Alter sind, in dem sie sich nicht mehr halten lassen?

28.2. Aufwärts?

Es ist schon eine sehr seltsame Zeit! Dieses Auf und Ab! Diese Wechselbäder! Meine Güte – ich bin doch schließlich auch nicht mehr 16!

Gestern – so scheint mir – gab es eine Wende. Abends war Eltern-Schüler-Lehrer-Gespräch, eine Idee der Lehrer unserer (?) Schule. Ein Angebot zum Austausch und vor allem zum

Vorwärtsschauen! Um 19 Uhr hatten wir Termin, der Sohn und ich. Obligatorisch ist die Anwesenheit der Klassenbetreuerin, hinzu darf sich jeder Schüler noch ein oder zwei Lehrer seines Vertrauens wählen. Der Sohn hatte sich mit erstarktem Englisch-Selbstbewußtsein die Englisch-Lehrerin gewählt.

Und nun ein gemütliches Gespräch in einem gemütlichen Raum, alle an einem Tisch sitzend (und soo ist es eben dort auch – man sitzt auch im übertragenen Sinne an einem Tisch!).

Der Sohn solle doch mal sagen, wie es ihm geht. Und wie er so die Jahre in dieser Schule sähe, ist er doch erst „verspätet", also in der 7. Klasse, dazugestoßen. Und welche Fächer ihm besonders gut gefielen ... und so kommt es langsam zu einem guten Gespräch. (Mir wurde zuvor der Maulkorb umgebunden in Kenntnis meiner Spontaneität, mit der ich leicht alles überrolle. „Lassen Sie *ihn* reden, es ist *seine* Stunde!" Ich habe Mühe damit und öffne manchmal schon den Mund ...)

Das, was er an Rückmeldungen bekommt, ist nur positiv. Natürlich kommen leichte Spitzen (witzig und gestenreich präsentiert) zur Trägheit der meisten der Klasse und deutliche Hinweise darauf, daß so langsam, langsam ja mal ein selbständiges Arbeiten einsetzen könnte, zum Beispiel in Form von Arbeitsgemeinschaften. Aber alles wirkt gütig und konstruktiv. Kein einziger niederreißender Fakt. Das, was schwierig ist, wird „umgedeutet" – seine „Langsamkeit". Das sei kein Fehler, im Gegenteil, das sei für vieles im Leben sehr wertvoll. Und bei schriftlichen Arbeiten? Naja, wenn's denn nicht immer gleich auf eine „eins" hinauslaufen müsse – was täte es denn?

Das Wort „Abitur" fällt nicht – sehr wohl aber der Hinweis, man solle immer ins „höchste Regal" zu greifen versuchen. Das heißt: Auf alle Fälle den erweiterten Realschulabschluß machen – und erst dann weiterentscheiden. Und dann kommt eine Metapher, die dem Sohn ausnehmend gut gefällt und die ihm einleuchtet: Vorher abzubrechen würde bedeuten, junge Bäume zu fällen, die noch nicht so weit seien.

Heute morgen geht der Sohn nicht in die Schule. Er hat Halsschmerzen. Ich mache ihm Tee mit Honig und Zitrone und seine Lieblingserkältungstropfen, nach denen er meist schon Genesung verspürt, wenn sie gerade die Magenschleimhaut genetzt haben. Mittags ist er genesen – ich kenne das – er braucht ab und zu „Pause", und ich habe mühsam gelernt, sie ihm zuzugestehen, weil es dann um so besser geht. Dann macht er einen Mammuteinkauf, räumt ihn sogar fort und setzt sich … an seine Jahresarbeit!!!

Abends bin ich zum Elternabend – Klassenfahrt nach Paris, Sozialpraktikum und lauter Kleinkram, anschließend mit zwei Müttern noch „beim Griechen". Als ich kurz nach Mitternacht zu Hause ankomme, hat er Abendessen für uns beide gemacht – liebevoll! Ach, ist das schön. Und dann klönen wir noch bis kurz vor zwei Uhr … für ihn klingelt in viereinhalb Stunden schon wieder der Wecker.

Liegt alles nur an meiner nicht ausreichenden Ermutigung?

4.3. Disco oder Pfadis

Diese Disco-Besuche gehen mir doch ganz schön an die Nieren. Und ein Artikel in der Tagespresse hat mich auch nicht gerade beruhigt, der über die „Designer-Drogen" in Diskotheken zu Taschengeldpreisen berichtete.

Nach dem letzten Besuch im Techno-Keller hat er mal ein bißchen mehr erzählt (nachdem er schweißüberströmt und mit roten Augen um 2.15 Uhr nach Hause kam): Ein Kellerraum, anderthalb mal so groß wie unser (relativ kleines) Wohnzimmer. Stockdunkel. Einzige Beleuchtung: das Notausgangsschild und gelegentliche Blitze. Sooo voll, daß man sich kaum bewegen kann. Sehen kann man eh niemanden, weil Nebel! Was? Nebel!!! Aus einer Nebelmaschine! Pustet unentwegt künstlichen dicken Nebel in den Keller.

Hören kann man auch niemanden, da die „Musik" (!!!) alles, aber auch alles, überdröhnt. Irre! Geil! Ab-so-lut-geil, ay! Keller? Ja! Zwei Ausgänge? Nee, einer! Fluchtmöglichkeiten? Langer schmaler Gang, dann lange schmale Treppe! Was ist das für ein Nebel? Na, irgendein Gas, so! Und das atmet ihr stundenlang ein? Naja natürlich. Schließlich kann man nicht die ganze Zeit die Luft anhalten!

Und Drogen? Na klar gibt es dort welche! Alle paar Minuten werden sie angeboten! Alles! Ausnahmslos! … Aber ohne ihn! Das betont er deutlich.

Als er dann erzählt, daß er am nächsten Wochenende zur Landesdelegiertenkonferenz der Pfadfinder fährt, schicke ich ein Dankgebet nach oben. Und das Wochenende drauf „auf die Burg" – und dann kommen zwei Wochenenden Klassenfahrt ... also wieder vier gerettete Samstage!

Vielleicht kommt dann wieder ein Entwicklungsschritt, der diesen Wahnsinn hinter sich läßt – oder irgendeine andere gute Idee, eine Freundin, die mit Disco nichts am Hut hat, die Einladung zu einem Wochenende außerhalb ...

10.3. Erfolg!

Heute die Nachricht der Nachrichten: Er hat neben dreißig anderen Jugendlichen das Reise-Stipendium bekommen! Herzlichen Glückwunsch!!! Noch ein paar Sachen muß er einreichen und seinen Zeitplan – und dann steht dem großen Abenteuer nichts mehr im Wege.

„Und wie kommst du nun hin?"

„Weiß ich noch nicht!"

„Dann schreib mal ein paar Fluglinien an, die können dich dann sponsern!"

„Die können mich waaas?"

Ich erkläre mal wieder.

Nee, das ist ihm peinlich! Da müßte er ja betteln ...

Also allzuviel Selbstwertgefühl hat mein Sohn nun wirklich nicht, wenn es mal drauf ankommt.

„Du brauchst doch bloß einen freundlichen Brief zu schreiben und zu fragen. Die können doch auch nein sagen oder schweigen – was sie natürlich nicht tun werden, denn du bist ja potentieller Kunde!"

„Was für 'n Kunde?"

O Gott, ist es mühsam, seine Kinder in die Welt zu schikken!!!

„Wie willst du das denn alles hinkriegen, wenn du nichts anpacken magst?"

„Ach das laß doch meine Sorge sein. Ich mach das schon! Und nun laß mich endlich in Ruhe!"

Von mir aus! So sollte es ja auch sein. Aber so wie er darangeht, kann er frühestens in zwei Jahren fahren. Was er nie begreift: Da tut sich ihm eine Chance auf, um die man sich aber *bemühen* muß – und das ist schon wieder zu viel. In den Schoß geworfen kriegen, das ist okay. Selber aktiv werden? Ach, das wird sich schon zeigen. Denkste, mein Lieber! Das Leben gehört den Tüchtigen und Fixen und Cleveren, nicht aber den Verpennten!

13. 3. Nun nicht mehr

Ab heute – und das habe ich mir fest vorgenommen – wird unser Haushalt vergammeln! Ich mag und will nicht mehr! (Hoffentlich halte ich es diesmal durch!)

Heute, 14 Uhr, kommt der Sohn aus der Schule, nachdem er sich schon tierisch darüber aufgeregt hatte, daß sie die nächsten 14 Tage wieder täglich bis 15.30 Uhr Schule haben werden („und nie Freizeit"!). Sport ist ausgefallen.

„Was machst du heute nachmittag?" (Er sitzt im Sessel und liest.)

„Also erstmal schreibe ich Briefe, und abends gehe ich ins Kino."

„Wann?"

„Weiß ich noch nicht, warte noch auf 'n Anruf."

„Kannst du dann am Nachmittag mal einiges tun ... einkaufen und so?"

„Also, das hab ich ja gerade gesagt, ich hab noch einiges zu tun, nicht!?" Dabei sieht er mich strafend und zweifelnd an – als ob ich mal wieder nicht aufgepaßt habe.

Mit „Nee, nun mag ich nicht mehr", habe ich den Raum verlassen – *und ich mag wirklich nicht mehr!!!!*

Es ist noch nicht mal 24 Stunden her, daß wir eine dreieinhalbstündige Debatte hatten über Pflichten, Rechte, Zeiteinteilung, Familienleben . . .: Drei-ein-halb-Stunden!!!

Auslöser: Er kommt mit Schwung und tausend Ideen und einem Haufen neuer Termine vom Pfadfindertreffen, teilt mir mit, wie er mit Nachtfahrten und Geschwindigkeit und kurzem Umpacken zu Hause Ostern, Pfingsten und im Sommer

seine Verabredungen aneinander und ineinanderklemmen wird
– und ich begehe den Wahnsinn zu sagen: „In den Osterferien
sind noch ein paar Tage frei, die stopfe bitte nicht voll, das
Wohnzimmer muß mal gestrichen werden!"

Dreieinhalb Stunden ging es um *alles:* Um meine Diktatur,
seine Ansprüche, um dreckige Wäsche, um Mietverträge, die
Renovierungen vorschreiben („Waaas? Nie gehört, so'n
Quatsch!"). Es geht um die Renovierung seines Zimmers vor
einem Jahr mit zum Teil neuer Möblierung und darum, daß
ihm unser Wohnzimmer „am Arsch vorbeigeht". Es geht um
seine selbstbestimmte Zeit, in die ich nicht reinzureden habe.
Es geht um seine Freiheit, die er braucht und darum, daß ich
doch keine Ahnung davon habe, was heute so abgeht. Es geht
um Haushaltspflichten, die alleine zu tragen ich nicht mehr
gewillt bin („Na, dann bleibt das eben alles liegen, ist doch
egal!"), um seine Wäscheberge, ums Einkaufen („Mach ich
doch jede Woche, ist doch noch alles da vom letzten Mal! Wieso
keine Marmelade mehr, wer ißt die denn hier?"). Es geht um
die Katzenkiste und das einzukaufende Katzenfutter („Mutter,
du wiederholst dich"), mal wieder ums Ausziehen („Wieso? Du
weißt doch nicht, was du willst! Ich kann *gerne* ausziehen!").
Es geht darum, daß ich schließlich älter sei als er (und damit
meint er, daß ich deswegen auch mehr arbeiten könne und
müsse!). Es geht darum, daß er mir zum tausendsten Male klar
macht, daß er keine verbindlichen Absprachen zu treffen
gewillt ist, was Pflichten anbelangt: „Einmal die Woche Staub-
saugen okay, aber alles andere nur, wenn ich Zeit habe" (sagt
aber im gleichen Atemzug, daß er keine hat) ... Scharf wird es,
als er mir vorhält, daß es ein Wunder sei, „daß Papa es so lange
bei dir ausgehalten hat" – und er mich damit nötigt, ihm ein
paar Wahrheiten aufzutischen.

„Für zehn Minuten Vergnügen muß man dann eben auch
mal 18 Jahre arbeiten und zahlen, wenn man nicht aufgepaßt
hat, nä?" höhnt er. Daß ich „gut pariere" im Gespräch, merkt
er anerkennend an ...

Und nach 22 Uhr endet es mit einer erschreckenden Sicht
von Frauen, die nichts können, die weniger leisten als Männer,
die nur meinen, sie müßten überall mitreden, ohne die Voraus-
setzungen dafür zu haben, die sich mal lieber wieder aus der

Politik verziehen sollten, weil sie es doch nicht schafften („Guck dir doch mal an, was aus dieser Welt geworden ist!"). Natürlich kommt auch wieder, daß ich viel weniger zu tun hätte als er und er ja sowieso nicht wisse, was ich den ganzen Tag mache ... aber es würde ihn auch nicht interessieren, ich solle ihn mit Einzelheiten verschonen ...

Und dann heute mittag „Also das hab ich ja gerade gesagt, ich hab noch einiges zu tun ...“

Nun gut, ich auch!!! Aber sicher wird nichts für die Allgemeinheit dabei sein! Und übermorgen bin ich für zwei Tage auf Dienstreise – da läuft dann gar nichts mehr!

2.4. Politische Bildung

Beim Abendessen ergibt sich plötzlich ein Wortspiel durch falsche Betonung. Da erzähle ich ihm von einer dienstlichen Handlung, bei der ich auf die Gewaltenteilung schwören mußte. Ich hatte das Blatt vorher zum Durchlesen bekommen und wußte beim besten Willen nicht, was Gewalt-Enteilung sein könnte. Er freut sich diebisch.

Dabei fällt mir ein, daß ich ihn ja mal fragen könnte, ob er überhaupt weiß, was da ist.

„Ja", sagt er. „Erde, Wasser, Luft und Feuer!"

5.4. Was sagen die Leute?

In unserem Haus ist ein alter Herr gestorben, der eine kleine Souterrain-Wohnung bewohnt hat. Nach hinten heraus hat sie einen kleinen Garten, und wenn sie renoviert ist, ist sie bestimmt sehr schnuckelig.

24 Stunden habe ich es mir überlegt, dann frage ich den Sohn: „Sag mal, hättest du Lust, diese Wohnung zu beziehen, wenn wir sie kriegen würden?" (Ich erwarte einen Jubelschrei, Stabhochsprung, Ausbruch von Entzücken ...)

Er sieht mich verblüfft an. „Iiiich?"

„Ja, du!"

„Aaach!"

Jetzt ist es an mir, verblüfft zu gucken.

„Du willst nicht? Ich denke, du möchtest so gerne ausziehen. Das wäre doch *die* Chance!"

„Nein", sagt er, und dann falle ich fast auf den Rücken: „Was sollen dann die Leute bei uns im Haus denken? Du wohnst oben und ich unten. Die denken ja, wir verstehen uns nicht!"

Ich kann's nicht fassen.

Und dann schiebt er etwas gequält nach: „Du verstehst das auch falsch. Ich will ja nicht weg von *dir*. Ich will *ganz* weg!"

…

Wie war das mit den beiden Ringelnatz'schen Ameisen? Sie wollten von Hamburg nach Australien reisen. „Aber in Altona auf der Chaussee da taten ihnen die Füße weh. Und da verzichteten sie weise auf den zweiten Teil der Reise!"

Ach ja!!!

14. 4. Karfreitag I

„Wenn du einkaufen gehst, bring uns bitte so eine kleine Obsttorte mit für Ostersonntag, ja?"

„Wieso nicht für morgen?"

„Morgen ist Karfreitag!"

„Na und? Was hat die Torte mit Karfreitag zu tun?"

„Karfreitag ist ein stiller, besinnlicher Feiertag, eigentlich mehr ein Trauertag. Da feiert man nicht!"

„Das ist vielleicht ein Quatsch!"

„Das ist kein Quatsch, sondern allenfalls eine Glaubensfrage. Und die Nicht-Gläubigen haben in diesem Fall mal Rücksicht zu nehmen!"

Er verkneift es sich mühsam, eine blöde Bemerkung zu machen.

Karfreitag II

„Ich denk', du warst in der Kirche!?"

„Ja, war ich auch!"

„Und warum kommst du dann so spät?"

„Ich hab noch eine alte Frau in ihrem Rollstuhl mit der Taxe nach Hause begleitet."

„Kanntest du die?"

„Bis dahin noch nicht! Aber jetzt!"

„Ich glaub', ihr spinnt alle ein bißchen!"

Diese Diskussion erspare ich mir!

16. 4. Demo-action

„Die Erwachsenen behaupten, sie haben die Welt von uns geborgt. Wir verborgen nie wieder was!" ist eines der Motti der Demonstrationen um den strahlenden *Castor*-Transporter, der diese Tage durch unsere Republik rollen soll – ohne Sinn und Verstand. Und ohne jegliche Verantwortung.

Natürlich will mein Sohn dabei sein. Mit leuchtenden Augen erklärt er mir, daß man was tun müsse.

Ich bin von einer ungeheuren Ambivalenz. Ich kann ihn in seinen Reaktionen überhaupt nicht einschätzen. Wird er mitmischen oder sich zurückhalten? Er nimmt es nicht *nur* als politische Teilhabe, sondern als Action, als Pfadfinder-Abenteuer.

„Denk an deine Zukunft", will ich ihm sagen, und im gleichen Moment fällt mir ein: Gerade das tut er ja. Mir ist in dreißig Jahren egal, wo was strahlt. Aber er hat dann vermutlich seine Kinder in dieser Umwelt großzuziehen.

„Wenn ihr nicht unser Leben respektiert, respektieren wir nicht eure Gesetze", ist eine weitere Parole. Wie recht sie haben.

Eigentlich könnte ich auch mitgehen!

17. 4. Garfield

Daß ich ihn heute mal um elf Uhr wecken würde, hatte ich gestern angekündigt. Es muß ja nicht immer erst um 14.30 Uhr Frühstück geben.

„Kann ich nicht noch eine halbe Stunde?"

„Wieso, wann bist du denn wieder ins Bett gegangen?"

„Um viertel nach drei!"

„Waaas? Was hast du denn noch gemacht?" (Vielleicht Jahresarbeit??)

„Ich hab Garfield gelesen!"

„Waaaaaas?"

„Ja, einmal im Jahr lese ich alle meine Comics nochmal. Weihnachten hab ich Tim und Struppi gelesen. Asterix hab ich gerade wieder durch, und nun kommt Garfield. Den hab ich schon vier Jahre nicht gelesen!"

„Na, das muß in deinem Alter ja auch wirklich nicht mehr sein!"

Er sieht mich strafend an. Und entschlummert.

Zwei Tage später renoviert und arbeitet er mit einem Freund wie ein Alter! Kenn sich da einer aus!

18. 4. Vorbei!

„Ich höre jetzt wieder einen anderen Sender. Die Musik ist doch besser!"

Ich gucke irritiert und stelle meine Lauscher auf. Tatsächlich: Der Schmuddel-Blödel-Witzel-Kreisch-Dröhn-Sender ist out. Es geht hörbar etwas gemäßigter zu. Etwas! Und sogar ein kleines bißchen leiser. Und es will mir scheinen, daß ich auch schon mal an seinem Zimmer vorbeigegangen bin und gar nichts hörte!

Wie lange hat nun diese entsetzliche Phase gedauert!? Ein Jahr? Anderthalb Jahre??

Auch das ist nun vorbei. Alles ist im Flusse. Alles Entwicklung.

19. 4. Freßwelle

Wenn das so weitergeht, muß ich Gehaltserhöhung beantragen. Und außerdem brauche ich einen Einkäufer. Eigentlich hätte ich ja einen – aber der kauft allenfalls zehn Prozent von der Masse ein, die er täglich verschlingt.

Gestern um Mitternacht:

„Was haben wir denn noch zu essen?"

„Hä? Um diese Uhrzeit haben wir gar nichts mehr!"

„Nein, ich mein das im Ernst, ich hab Hunger."

„Da sind noch ein paar Kirschen von gestern."

„Nee!"

„Wie? … wieso nicht?"

„Weil ich die schon lange gegessen habe."

„Wieso ißt du solche Sachen eigentlich alle alleine? Die erste Hälfte von dem Glas hast du doch auch schon alleine gegessen! Da hätte ich ja auch mal was abkriegen können!"

„Ach Mutter, die hätten bis heute doch gar nicht gehalten! Die wären schlecht geworden!"

Ich gehe in die Küche, um zu sehen, was für Vorräte eigentlich noch da sind.

„Wo sind denn die beiden Dosen Mandarinen geblieben, die du letzte Woche eingekauft hast?"

„Na, du bist gut, die hab ich doch eingekauft, um sie zu essen!"

„Also sind die alle?"

„Ja!"

Ich bin wütend und gucke auch so.

„Ach Mutter", sagt er lachend und haut mir auf die Schulter: „Mandarinen kannst du sowieso nicht essen. Die machen alt!"

21. 4. Lohnt nicht

Heute morgen ein Zettel vor meiner Schlafzimmertür: „Wir haben heute nur Musik und Mathe, dazu habe ich (nein, nicht „keine Lust", sondern) Halsschmerzen und bin völlig übermüdet. Ich schlafe lieber noch weiter!" (Wie wälzt man einen Fast-Zwei-Meter-Mann aus dem Pfuhle, um ihn in Richtung U-Bahn zu schieben? Am besten überhaupt nicht!)

25. 4. Tarifverhandlungen

Der Sohn hat mal wieder einen Job bei einer Nachbarin angenommen.

Sie will umziehen – aber jeden Tag nur ein bißchen. Zeit:

meistens einiges über eine Stunde, manchmal anderthalb Stunden. Er bekommt für jede Fuhre 10 DM.

Das ist ihm zu wenig.

„Dann mußt du ihr das sagen!"

„Kann ich nicht!"

„Ja, dann mußt du dich mit den zehn Mark zufriedengeben."

„Nee, das ist mir zu wenig!"

„Ja, was anderes bleibt an Möglichkeiten aber nicht!"

„Sch …!"

Am nächsten Abend: „Na, hast du was gesagt?"

„Nee! Kann ich nicht. Ich weiß nicht, wie ich das anfangen soll!"

„Möglichst freundlich und nicht mit aufgestauter Wut!"

„Na, geil! … Und weißt du, was mich noch ärgert? Sie läßt mich alles alleine machen und faßt nichts mit an!"

Eine Woche später hat er es geschafft.

„Na und? Was hat sie gesagt?"

„Naja, sie war so 'n bißchen, äh … also … naja nicht so ganz angenehm. Sie hat gesagt, das hätte ich ja eher sagen können!"

„Und nun?"

„Ja, nun ist der Umzug erledigt. Den Rest macht sie alleine!"

Ja, so ist das mit den Arbeitnehmerbegierden und den Arbeitgeberallüren!!! Allerorten und in jeder Preislage!

1.5. Auf meinen Kissen

Eigentlich hätte schon wieder der erste Schultag sein sollen, aber wegen Abiprüfungen haben unsere noch ein paar Tage Zuschlag bekommen. So macht sich der Sohn auf zu Pfadfinderfreunden, die er erst kürzlich auf der Burg kennengelernt hat. Ein paar Tage wolle er dort bleiben – damit die zweistündige Bahnfahrt lohnt (was die Mütter dazu sagen, frage ich schon nicht mehr – müssen die sich eben selber wehren!). Aber dann findet er es natürlich auch „ganz geil", wenn er nicht die ganze Zeit dort bleibt, sondern mit den beiden die letzten beiden Tagen herkommt.

„Und wo schlafen die?"

„Bei mir im Zimmer. Die bringen Isomatte und Schlafsack mit!"

„Also glücklich macht mich das nicht. Guck mal, wie das hier aussieht. Ich komme in diesen Tagen auch nicht mehr dazu, das Wohnzimmer fertig einzurichten."

„Ach, das macht nichts. Ich bereite sie drauf vor!"

Am Fahrttag weiß er aber immer noch nicht, ob er vier Tage dort bleibt oder ob er am Wochenende mit den beiden hier sein wird.

„Also dann rufe mich bitte am Freitagabend zwischen 22 und 24 Uhr an – ich möchte das gerne wissen."

„Aber wenn ich um die Uhrzeit nicht telephonieren kann?" Sein Grinsen übersehe ich geflissentlich. Seit wann haben Discotheken überall Telephonzellen herumstehen?

Er rief nicht zur angegebenen Zeit an, sondern nach 1 Uhr in der Nacht. Doch, er würde beide mitbringen. So gegen 16 Uhr wären sie da, und abends wollten sie in die Disco.

„Dann mache ich mal ein festes Abendbrot, was?"

„Ja, das wär geil!" (Warum muß ich mich schon wieder anbiedern? Bloß damit ihnen nicht *zu* schnell kotzelnd wird vom Alkohol??)

Natürlich kamen sie nicht gegen 16 Uhr, sondern gegen 20 Uhr. „Hat sich so ergeben!" (Und ich hatte mich mit allem beeilt!)

„Wann wollt ihr wieder los?"

„So in zehn bis zwölf Minuten!"

„Ich habe aber Abendessen gemacht!"

„Oh geil!"

Das ganze Volk strömt in meine Miniküche und steht sich gegenseitig auf den Füßen herum. Da sie wegen der Umbauten im Wohnzimmer nicht essen können, machen sie es ganz unkonventionell und essen, auf den Bäuchen liegend, im Zimmer des Sohnes.

Es dauert! Aber auch dann gehen sie noch lange nicht (wieso verlasse ich mich immer noch auf Zeitangaben?). Dann beginnt nämlich erstmal die große Be- und Verkleidungsaktion inklusive aufwendiger Frisurmanipulationen. Ich telephoniere und sehe sie vor der offenen Tür hin und her und her und hin laufen. Gickernd, gackernd. Der Sohn mit wehender Mähne, mal im schwarzen Hemd, mal im karierten. Einer der beiden anderen mit toupierten Haaren, dann mit Pferdeschwanz. Das Ganze dauert nochmal eine knappe Stunde mit viel Juchhu! Und dann: Weg, Türenschlagen kein „Tschüß", kein „Wir gehen" – vom Wiederkommen zu irgendeiner Uhrzeit ganz zu schweigen. Im Bad finde ich dann den Fußboden und das Waschbecken voller pechschwarzer abgeschnittener Haare. Da haben die aber ordentlich herumgepitzelt!

Ich gehe spät ins Bett und befehle mir, zu schlafen und nicht etwa zu horchen oder wachzubleiben. Ersteres gelingt aber nicht, und zweiteres ist auch wohl mehr unbewußt gesteuert. Um drei Uhr sind sie noch nicht da und um vier Uhr auch nicht. Längst ist es dämmerig, und die Vögel singen, als sie um 5.20 Uhr (!!!) antanzen. Mit Husten und Niesen und Kichern. Dann rumst eine Tür, dann klappert's in der Küche …

Als ich gegen acht Uhr aufwache – noch immer müde – scheint herrlich die Sonne, und ich freue mich auf ein schönes Frühlingsfrühstück bei offener Balkontür, schöner Musik und großer Sonntagmorgenmuße!

Denkste! Im Wohnzimmer quer über dem Teppich liegt einer der Gäste in seinem Mumienschlafsack. Ich stehe stumm und staunend! Und nun?

Ich sage „Guten Morgen". Nichts. (Er atmet aber noch!) Dann steige ich über ihn drüber und öffne die Balkontür. Da sie klemmt, ist es laut. Ich erschrecke richtig vor lauter blöder Rücksichtnahme (wessen Zimmer ist das denn hier!?). Aber es tut sich eh nichts. Er rührt sich nicht. Frühstück auf der Bettkante? Oder auf dem Schreibtisch – wie in den letzten Wochen ohnehin schon ständig?

Nein, ich *will* mein Frühstück im sonnigen Wohnzimmer haben. Ich sage nochmal: „Hej, guten Morgen!" Nichts! So steige ich immer wieder über ihn hinweg – mit der Tasse, dem Tee, dem Essen. Tollkühn werfe ich dann sogar meinen Cassettenrecorder mit meiner Lieblingsmusik an. Die hohen Flötentöne, wenngleich sehr rücksichtsvoll-leise, holen meinen Fußbodengast an die Schwelle des Bewußtseins. Er bewegt sich und murmelt „Wo ist … ah …" guckt dann zu mir rüber und sagt: „Ach Tschuldigung, ich hab' meine Brille nicht auf!" dreht sich um und schläft weiter.

„Ich wollte hier gerne frühstücken", sage ich. „Vielleicht kannst du zu den beiden anderen rübergehen und dort weiterschlafen!?" Aber das nimmt er nicht mehr zur Kenntnis. Dabei betrachte ich ihn etwas ausführlicher und stelle fest, daß sein schwarz-langhaariges Haupt auf meinen beiden frisch gewaschenen reinseidenen weißen Sofakissen ruht, die ich gerade gestern gewaschen und frisch aufgezogen hatte. Das eine liegt auf dem Teppich, auf dem anderen, das ich immer gerne für meine Nachmittagsmußestunde nehme, breitet er seine Mähne. Das verblüfft mich denn doch noch ein bißchen mehr. Mit was für einer Selbstverständlichkeit (Abstandslosigkeit?) benutzen diese Jugendlichen eigentlich alles, was ihnen in die Nähe kommt?! Warum nicht im Wohnzimmer wildfremder Leute schlafen? Und warum nicht deren Sofakissen nehmen, wenn die da doch so herumliegen?

So sitze ich also still auf dem Sofa, trinke meinen Tee, versuche nur ganz leise mit der Tasse zu klappern und lese.

Gegen elf Uhr finde ich, sei es der unfreiwilligen Gastfreundschaft in meinem Zimmer genug. Ich möchte mich bei diesem Hochsommerwetter endlich mal auf dem Balkon sonnen – und zwar etwas leichter bekleidet! Dabei von seitlich unten aus der Teppichschläfer-Position besichtigt zu werden, mißhagt mir. Aber er läßt sich nicht wecken! Immerhin atmet er immer noch!!

Um 12.30 Uhr ist es vorbei mit meiner Rücksichtnahme. Ich gehe den Sohn wecken und sage ihm, er solle sich mal um seine Gäste kümmern, ich wolle meine Wohnung wenigstens teilweise für mich nutzen.

Natürlich ist er beleidigt. Und ausgeschlafen natürlich auch nicht. Ich sei nicht nett genug zu seinen Gästen, findet er und motzt mich vor ihnen an! Das war schon immer mein Traum.

Nach dem Frühstück gegen 14 Uhr überlegen die drei dann schleppend, was sie nun machen. Nach Hause fahren wollen die beiden Gäste noch nicht. So entschließt man sich, mit den Gitarren in den Park zu gehen, sich dort in die Sonne zu setzen und zu spielen.

Damit sie mir nicht wieder auftauchen und womöglich „Hunger" schreien, drücke ich ihnen Geld für eine Pizza in die

Hand. Als einer von beiden (immerhin schon 19 Jahre alt, höre ich), seine Mutter anruft, um ihr mitzuteilen, daß er *nicht* nachmittags käme, wie vereinbart, sondern gegen 23 Uhr, entnehme ich, daß auch sie diese Regelungen nicht ganz kommentarlos zu akzeptieren scheint. Tröstlich. Den Jungs macht das aber nichts. Sie grinsen nur. „Da müssen sich Mütter dran gewöhnen!"

Und dann erfahre ich so ganz nebenbei, wo sie sich die ganze Nacht herumgetrieben haben. In der Disco (die geile mit dem Techno-Keller!) wurden sie diesmal nicht reingelassen – weil erst ab 18!!! „Aber du warst doch dort schon ein paar Mal!"

„Na und? Die kontrollieren eben nur ab und zu mal! Aber ich wußte ja nicht, daß sie diesmal kontrollieren würden. Die Alte war richtig zickig, sag ich dir! Nicht mal 'n Bier wollte sie uns rausbringen lassen!"

„Und wo wart ihr dann so lange?"

„Och, als wir nicht reindurften, haben wir dort gebadet. Da ist ein altes Schwimmbassin, und das war halbvoll mit Regenwasser, und da sind wir rein!"

„Bei dem Wetter? Bei der Kälte? Wir hatten heute Nacht nur drei Grad! Seid ihr verrückt?" (Ach wie solche Fragen sie immer erfreuen! Natürlich sind sie verrückt! Und das wollen sie ja auch sein! Je verrückter umso besser! Vor allem, wenn sie zu mehreren sind! Ich stelle mir vor, ich würde meinen Sohn auffordern, bei drei Grad um drei Uhr nachts in ein kaum zu erkennendes altes Schwimmbecken mit dreckigem Regenwasser aus fünf Wintermonaten zu steigen ... Wahrscheinlich würde er mich wegen Kindesmißhandlung anzeigen.)

Na und weil da nichts los war, sind sie eben noch mal in die Stadt. Aber da war um vier Uhr früh auch nichts mehr los, und da sind sie dann eben nach Hause ... Na klar, wenn noch was losgewesen wäre, wäre es später geworden ...

Ganz locker flockig!

Bevor die beiden fahren, stopfen sie sich noch mit Käsebroten voll (die drei Pizzen haben wohl nicht gereicht!?), schlendern noch mal in der Hochschulgemeinde vorbei, in der es die übriggebliebenen Getränke von der Eröffnungsfete gibt, ziehen sich dort rein, was in der Eile so schnell fließen kann ... und dann ist das Wochenende zu Ende.

„Scheiße", sagt der Sohn! „Morgen wieder Schule!"
Nicht etwa: „Schöne Ferien waren es" ... nein!

Der Montag bringt dann gleich den ersten dicken Zoff. „Ach übrigens, es wird dir ja nicht passen, aber ich kann am Sonnabend nicht mit euch im Wochenendhaus renovieren. Dirk hat mich zu seiner Fete eingeladen."

„Kommt überhaupt nicht in Frage. Dieser Termin steht seit zwei Monaten und wurde zwischen uns fest vereinbart."

Prompt kreischt er los. *Mein* dreckiger Keller würde *ihn* nicht im geringsten interessieren. Und daß ich auch andere Leute zum Helfen und zum Transportieren von Farben und Teppichboden engagiert hätte, auch nicht. Und er könne ja statt Samstag um elf wie vereinbart am Sonntag um neun Uhr kommen.

Wie er das machen wolle? Fete bis vier Uhr und danach gleich 42 Kilometer mit dem Rad? Nein, dazwischen würde er noch pennen, und außerdem könnte er ja um zwei Uhr losgehen dort, schließlich würde sie schon gegen 16 Uhr anfangen!

Ich bleibe beim „Nein" und schmettere alle anderen Argumente ab.

„Nächstes Wochenende!" „Bist du gar nicht zu Hause!" „Dann das darauf!" „Du hast die nächsten fünf (!) Wochenenden verplant!" „Na und? Nun ist dieser Keller seit zehn Jahren dreckig. Warum muß er gerade an diesem Wochenende gemacht werden?" ...

Es ist mal wieder endlos. Er wirft mir mangelnde Flexibilität vor, die sogar für mein hohes Alter zu doll sei. Und außerdem wäre er hier nicht bei der Bundeswehr!

„Na, die würden sich bedanken! Da diskutierst du keine 23 Minuten ..." – er unterbricht: „24!" – „ob du am Dienstwochenende zur Fete kannst oder nicht. Da hängen die dir noch gleich zwei weitere dran!"

Er kreischt, er höhnt, er wütet ...

Am nächsten Morgen warte ich mit dem Aufstehen so lange, bis er eigentlich aus dem Haus sein müßte. Dann muß ich aber im Flur feststellen, daß alle seine Schuhe dort noch stehen und auch das Bad sieht noch überraschend unbenutzt und nichtschwimmend aus!

Also gehe ich in sein Zimmer. Dort öffnet er gerade die

Augen – mit fast anderthalbstündiger Verspätung. Der Radio-wecker ... ja, sicher, irgendwer oder -was ist immer schuld.

Aber was dann kommt, treibt mir die Zornesröte in sämt-liche Glieder. So langsam schleicht er ins Bad. Dort wird ausgiebigst und langanhaltend geduscht. Dann beginnt die Kleiderauswahl, und anschließend ist das gemütliche Müsli-Frühstück angesagt bei Dröhnmusik und Comic-Lektüre.

Nein, läßt er mich auf gereizte Anfrage hin wissen, er habe nicht die Absicht, sich zu beeilen. Er mache jetzt alles ganz in Ruhe und würde eben erst zur dritten Stunde gehen. Wär ja sowieso egal. In den ersten beiden Stunden sei Deutsch – irgendwas über schweigende Dichter – so 'n Quatsch, wenn sie nichts zu sagen gehabt hätten, bräuchte man sie sich doch jetzt nicht noch in der Schule anzuhören ... und das alles in einem so widerwärtig angeödetem Ton.

Freitag kommt er nachmittags aus der Schule (in Französisch ist er inzwischen auf einer eindeutigen „Sechs" gelandet!), „völlig kaputt", „völlig am Ende" (und dabei wollte ich ihn gerade mit dem Kauf eines Teppichbodens beschäftigen, den er zu tragen haben würde!). Fast überlege ich schon, ob ich mir den nächsten Streit leisten will, entschließe mich für „nun gerade", als das Telephon läutet. Der Sohn erwacht schlagartig, wird aufgekratzt und spritzig, witzelt durch den Hörer – und verabredet sich schon wieder.

„Wieso? Mit wem? Wohin? Schon wieder?"

„Ein Stündchen mit Dirk! Wir haben was zu besprechen!"

Daß es nicht „ein Stündchen" ist oder nicht „mit Dirk", merke ich an seiner Beflissenheit, mit mir den Teppich zu kaufen – er eilt im Laufschritt voraus, geht noch Kleinkram zum Renovieren kaufen, trägt den Teppich auf der Schulter wie eine kleine Schale Äpfel ... und macht sich anschließend fein. Warum man für „ein Stündchen mit Dirk" allerdings noch die Zähne putzen muß, nachdem schon üppig after shave an alle möglichen Örtlichkei-ten verteilt wurde, entzieht sich meinem Verständnis.

Diese ganze Situation erinnert verdammt an seine Ludmilla-Zeit im vorigen Sommer. War da nicht auch Mai?

Das Renovieren ging schnell und zügig – ganz ungewohnt – aber: „Am Sonntagabend wird ein neuer Techno-Keller einge-weiht, da wollen wir hin!"

„Und warum schon um sechs?"

„Vorher gehen wir noch ins Kino und so ..."

„Wer eigentlich: Wir?"

„Na Dirk und dann noch zwei Mädchen!" (Ach ja!)

„Wo habt ihr die denn her?"

„Die haben wir letztes Wochenende irgendwo kennengelernt!"

„Sei bitte gegen zwei, spätestens halb drei zu Hause" (Aufbegehren!) „und versorge vorher die Katzen!"

„Jaja ..." und weg ist er.

Als er dann auch noch um kurz vor vier nach Hause kam und nicht um zwei, wie geheißen, war es bei mir vorbei.

Heute ist Funkstille – und ab morgen läuft hier das Programm: Mach was du willst. Du nimmst dir alle Rechte, ob du sie hast oder nicht! Und die nehme ich mir jetzt auch. Sieh zu, woher du Essen, Wäsche und sauberes Geschirr kriegst. Von mir nicht mehr!!!

2.5. Brieflich

Vorhin habe ich einen langen Brief vor seine Tür gelegt und bin gegangen. Ob's was nützt, weiß ich nicht! Aber was nützt überhaupt noch? Ich kann nur ab und zu versuchen, vielleicht lande ich ja mal einen kleinen Treffer!

„Lieber Sohn!

Du machst einen ganz wesentlichen Fehler, wenn Du glaubst, Erwachsenwerden und -sein bedeutet, tun und lassen zu können, was man will. Außerdem scheinst Du meine *Sorge* um Dich für reine Schikane zu halten oder für unrechtmäßige Machtausübung. Beides ist es nicht! Wenn Du immer nur auf diese Handvoll Jugendlicher guckst, die angeblich alles dürfen und das so oft und so lange wie sie wollen, dann muß ich Dir sagen, daß es sich meist um Eltern handelt, die entweder längst resigniert haben, oder die keine Ahnung haben, wo sich ihre Kinder herumtreiben und die daran auch gar kein Interesse haben. *Mir* ist die Erziehung eines so Widerspenstigen auch schon lange lästig – aber wer einmal die Verantwortung übernommen hat, muß sie für alle Zeiten tragen!

Du bewegst Dich in einem gefährdenden Milieu. Das ist es ja wohl auch, was Dich so fasziniert, und Du meinst, daß Du alles auskosten mußt und um Himmels willen nichts versäumen darfst.

Ich hoffe und bete, daß Du in keine Situation gerätst, die irreversibel ist. In *Dich* habe ich eigentlich volles Vertrauen, denn Du hast genug Verstand. Wo ich die Probleme sehe, ist Euer Gruppengeschehen. Da ist Euch keine Idee zu blöde, Hauptsache, es ist „geil", und alle staunen! Und davor habe ich *Angst* – Angst davor, daß Du Grenzen übersiehst und Dich in Probleme reinreitest, die sich nicht mehr lösen lassen oder aber schwerwiegende Folgen haben. „Wer sich in Gefahr begibt, kommt in ihr um!" Du begibst Dich in Gefahren – stets in der Meinung, daß das „alle" tun, „alle" dürfen – nur Du nicht!"

Gegen meine Überzeugung sage ich Dir heute, daß Du kommen und gehen kannst, wann und wohin Du willst. Ich werde Dir keine Grenzen mehr setzen. Die Konsequenzen mußt Du selber einschätzen, als da z. B. sind:
– Wenn Du in der Schule absackst, ist es unwahrscheinlich, daß Du das Abi schaffst – aber vielleicht ist Disco heute ja auch wichtiger als eine einigermaßen gesicherte Zukunft.
– Das Reisestipendium ist für Dich *die* Chance, die sich so schnell für Dich nicht wieder ergibt. Da Du offensichtlich gar nichts regelst, wird es wohl aber *kein* Erfolg werden. Ist Dir Deine nächtliche Herumtreiberei auch da wieder wichtiger, weil Du glaubst, dort Deine wahren Freunde zu treffen?
Du willst erwachsen sein – gut! Ich lasse Dir Deine vermeintlichen Rechte – und ich werde mir meine ebenso nehmen. Das heißt, daß ich ab sofort auch nur noch das tue, was ich will (oder jedenfalls das meiste!). Dazu gehört mit Sicherheit nicht der Haushalt! Einkaufen, Kochen, Waschen, Saubermachen – jeder tut und läßt es jetzt, wie er will. Das ist für Dich die andere Seite des Erwachsenwerdens. Nicht: hier „erwachsenes" Herumtreiben, „Vergnügen" ohne Ende – und dort Kind-sein und sich bedienen lassen.

Wenn Du meinen Rat zu irgendwas brauchst, kannst Du mich fragen. In alles andere werde ich versuchen, mich nicht mehr einzumischen: weder in die Jahresarbeit noch in die Schule noch in Dein Reisestipendium ...

Zwei Monate vor Deinem 18. entlasse ich Dich also in die gewünschte Selbständigkeit. Nutze sie *für* Dich und bedenke bei allem, daß das Heute morgen schon vorbei ist. Du hast Deine Zukunft selber in der Hand, und Du gestaltest sie ab heute – jeden Tag. M."

4. 5. Wirkung?

Mein Sohn – freundlich, friedlich, höflich, liebevoll. Er hat seine Klassenfahrtphotos abgeholt, und ich solle sie mir doch mal ansehen. Dazu soll ich mich ganz dicht zu ihm setzen, damit wir beide gucken können. Innerlich habe ich noch immer viel Abstand. Aber ich lasse mich drauf ein.

Das war gestern. Und heute? Heute faucht er mich an, ich solle „endlich mal diese blöden Briefe lassen", die ich ihm immer vor die Tür legen würde. Er habe keine Lust mehr, „sowas" zu lesen! „Das kannst du dir in Zukunft sparen!"

Morgen gehe ich für fünf Tage auf Dienstreise. Eingekauft wird nichts! Und Abwasch, Wäsche und alles andere bleibt liegen!

9. 5. Nichts!

Ich bin von der Dienstreise zurück – und zu Hause ist ein einziger Haufen Dreck! Nichts hat er gemacht, gar nichts! Der Abwasch ist noch größer geworden, der Wäscheberg auch. Zum Brotschmieren habe ich eben das ultimativ letzte Messer aus der Schublade gezogen. Ich lasse alles so liegen!!!

10. 5. Schwarzer Peter

Was fällt mir eben ein? Mein Sohn braucht nur noch ein paar kleine Tage zu warten, dann hat sich auch dieser Machtkampf wieder *für* ihn entschieden!!! Denn in vier Tagen dampft er ab an die Schweizer Grenze ins Praktikum. Und soweit ich ihn, seine Sturheit und Dickköpfigkeit kenne, macht es ihm absolut nichts aus, aus der Hand, vom Pappteller und mit einem eben mal abgewischten Löffel zu essen. Schüsseln für sein Müsli sind ohnehin noch da – und in vier Tagen zieht nach ihm die Sintflut übers Land! Und ich sitze da mit allem.

So habe ich *wieder* den Schwarzen Peter! Ich setze auf Verhandlung. Ja, am nächsten Tag könnten wir uns ja mal der Arbeit annehmen! Aber da – das fällt ihm gerade noch ein – da ist er ja leider nicht da! Leider, leider.

„Na gut", sage ich, „dann übermorgen!"

Er ist einverstanden – und dann bricht mal wieder einer seiner besseren Charakterzüge bei ihm durch: Er saugt die Wohnung durch (die von *seinen* Katzen mit Streu und Haaren überzogen ist!) – immerhin! Er würde ja nie nachgeben, indem er nun mal zum Abwasch schreitet – das wäre die totale Niederlage! Aber er zeigt immerhin eine gewisse Versöhnungsbereitschaft.

Ach, wenigstens ab und zu ein kleiner Erziehungserfolg!!!

11. 5. Kultige Anreise

Der Sohn war auf dem Stipendiatentreffen der reisenden Jugendlichen. Er ist euphorisiert! Erstmal waren dort natürlich „voll geile Typen", zum anderen hat er tolle Gespräche geführt (kriegt auch immer sofort Anschluß – so muffelig er sich manchmal gerne gibt) und zum dritten hat er sich eine Menge Anregungen bei denen geholt, die im letzten und vorletzten Jahr gefahren sind. Der absolute Supertip: Wenn man kultig anreisen will, dann tut man das nicht mit einer gesponserten Fluglinie, sondern mit einem Truck! Ein Mädchen hatte von ihren Bemühungen berichtet: 80 (in Worten achtzig) Speditionen hatte sie angeschrieben – drei haben geantwortet, davon eine positiv. Und so fuhr sie in der Fahrerkabine mit ihrem Trucker von Westdeutschland bis Dublin!!! Dann verloren sich ihre Wege im irischen Moos. Ihr Thema war die Schafzucht … Alles „echt geil"!

Und für ihn bedeutet das: Speditionen raussuchen, anschreiben, ablichten, absenden ... und warten. Außerdem, so belehrt er mich, solle er schließlich Kontakte knüpfen, und das könne man nicht auf so einem „Kapitalisten-Flug". Na, dann eben nicht!

P. S. 18 Briefe haben unser Haus verlassen – „Können Sie mich vielleicht von Deutschland nach Schottland mitnehmen???"

12. 5. Vorbereitungen

Ich bin natürlich schon wieder nervös – in 36 Stunden geht sein Zug ins Praktikum. Dann wird er für drei Wochen weg sein – und noch ist so gut wie nichts geregelt. Aus der Schule schlendert er gegen 16 Uhr gemächlich heran. Gegen ein Teestündchen hat er nichts einzuwenden. Beim Kuchenmampfen macht er einen Plan, was er gleich noch alles machen will. Und morgen! Aber da geht nicht mehr viel, da will er ja zur großen *Castor*-Demo. Und ab 13 Uhr haben die Geschäfte zu.

Also: Noch einkaufen im Supermarkt (für mich!), einkaufen von Katzenfutter für drei Abwesenheitswochen, einkaufen von Sandalen (ja, der Mai kommt immer so plötzlich!!), einkaufen einer neuen Militärhose – sind gerade neu reingekommen, diese ganz bunt gescheckten („Sowas kannst du im Praktikum sowieso nicht tragen!" „Wieso nicht? Naja, ist ja auch egal, aber vielleicht sind die ausverkauft, wenn ich wiederkomme!"). Packen muß er noch, das meiste hängt aber noch auf der Leine. Und heute abend hat er ein Meeting mit einem Lehrer, der ihm noch Bücher zurückgeben will ...

Ich weiß das alles. Und ich weiß noch was, was er offenbar nicht weiß – nämlich daß es 17.15 Uhr ist, während er sich gemächlich den Mohnkuchen hinter die Kiemen schiebt. Als hätten meine Gedanken ihn gestreift, guckt er auf die Uhr – und stürzt mit einem Aufschrei los. Gleich machen die Geschäfte zu, die alle weit auseinanderliegen ... Und um 19 Uhr hat er den Lehrer-Termin ...

Er rafft die Taschen und flitzt los. Nach einer endlosen Zeit (eigentlich müßte er schon wieder unterwegs sein!) kommt er reingeschlichen. Ohne alles!

„Hä????"

„Ich hab mein Portemonnaie vergessen!!!"

…

Ist egal, ich habe mich für morgen früh mit einem Handwerker im Wochenendhäuschen verabredet und werde jetzt gleich aufbrechen. Ohne meine Anwesenheit wird es vermutlich alles besser gehen. Und wenn nicht – dann bin ich wenigstens aus der Schußlinie!

16. 5. Lustige Klapsmühle

Mein erster Anruf am Praktikumsort – schließlich möchte ich doch wissen, wie mein bestes Stück es im Praktikum angetroffen hat. „Er schläft", läßt mich sein Hausherr wissen. Und: „Er gibt sich ganz cool!" Aber trotz der 20 Uhr-Marke läßt mein Sohn sich dann doch am Telephon hören.

Untergebracht haben sie ihn auf der geschlossenen Station des Landeskrankenhauses. Schichtdienst habe er – heute klingelte der Wecker um 4.30 Uhr! Huuiiii! Natürlich muß er mich damit schocken, daß er bei leeren Straßen um diese frühe Stunde in rasendem Tempo über alle Kreuzungen braust mit dem Fahrrad – da sei ja doch noch kein Auto unterwegs, und außerdem seien die Abschlüsse der Straßen „echt geil"!

Was er sonst noch so erzählt, läßt mich mal wieder eine unruhige Nacht haben – einerseits seinetwegen: Wie wird er *das* packen? Und andererseits: An dieser Psychiatrie scheinen alle Reformen der 70er Jahre vorbeigegangen zu sein.

Ich werde ihm dazu wohl mal ein bißchen Aufklärung zukommen lassen! Menschen, die schon seit 40 Jahren interniert sind und die seit Jahren und Jahrzehnten so vollgedröhnt mit Medikamenten sind, daß sie nicht mehr reden können! „Nur mit dreien kann ich sprechen", hat er erzählt – und die intimen Daten seiner Patienten hat er nach zwei Tagen auch schon drauf.

Trotz aller Bedenken: Der Erfinder dieses Sozialpraktikums für 17jährige: Er lebe hoch, hoch, hoch! Wo sonst haben unsere verwöhnten Luxusgören je die Chance zu sehen und zu erleben, daß es vor unserer Haustür Menschen gibt, an denen alles Schöne im Leben vorübergeht?

Er wird es kaum erzählen – aber ich kann mir denken, daß ihn (und seine Klassenkameraden) diese drei Wochen doch anrühren und prägen. Falls er's gut übersteht. Aber da muß man mit Nietzsche einfach sagen: „Was mich nicht umbringt, macht mich stärker!"

Oder wie der Sohn es zu formulieren pflegt: „Nur die Harten komm' in' Garten"!

6.6. Schonzeit vorbei

Drei Wochen „echt geiles" Praktikum in der geschlossenen Abteilung der Psychiatrie fernab mütterlicher Sorge sind um. Meine Schonzeit also auch.

Aber erstmal war die Wohnung nur eine Zwischenstation. Ankunft Freitag 19.20. Um 20.20 Uhr zu einer Fete. Gegen zwei Uhr nachts zurück. Um 7 Uhr klingelt der Wecker, der aber überhört wird. So wird eben nicht der Zug um 9.16 Uhr genommen, sondern der um 11.16. Ist ja auch egal! Wohin? Pfadfinder-Pfingstlager. Wo? In der Nähe von Göttingen! In der Nähe? Und wo genau? Weiß ich nicht. Dann würde ich mich mal erkundigen. Ach, wenn es in der Nähe ist, werd ich es schon finden.

Immerhin telephoniert er rum – und eine der Pfadi-Mütter weiß, wohin ihr Sohn ist! Oh, ca. zwölf Kilometer von Göttingen entfernt! In welcher Richtung? Weiß ich nicht! Wie kommst du dahin? Weiß ich nicht! Wann kommst du wieder? Weiß ich nicht! Ja, wann ist denn da Schluß? Montag oder Dienstag. Wär ja schön, es zu wissen. Ach, mußt es halt abwarten … usw. usw.

Nun ist auch das überstanden. Er ist übellaunig, hat Rückenschmerzen (die habe ich nach 14-Nacht-Liege-Stunden auch) und will in Ruhe gelassen werden. Das wichtigste: Er heftet Papiere ab.

„Wenn du in 13 Tagen deine Stipendien-Reise antreten willst, mußt du dich drum kümmern! Hast du die Spedition nochmal angerufen?"

„Mensch, hetzt mich doch nicht. Ich mach das schon. Ich kann doch nicht alles an einem Tag!"

„Dir wird gar nichts anderes übrigbleiben! Du kannst jetzt nicht alle drei Tage mal ein Telephonat tätigen. Du hast doch noch nichts geklärt!"

„Ach, laß mich in Ruhe. Und mach die Tür zu, mir ist kalt!"

„Dann zieh dir Socken an!"

Kreisch, kreisch . . :

Warum nur laß ich ihn nicht mal so richtig auf die Nase fallen? Mit allem drum und dran?

12. 6. Ruhiges Fahrwasser

Alles in allem, das muß ich feststellen, hat sich die Atmosphäre überaus beruhigt. *Wenn* es noch Knatsch gibt zwischen uns beiden, dann von seiner Seite aus hart und heftig (vermeintlich glaubt er, daß sich das für einen echten Mann so gehört!). Ich kann (erstmals im Leben) ruhiger bleiben. Irgendwie ist mir auch die Luft ausgegangen. Und zum anderen: In drei Wochen ist er volljährig. Dann kann ich eh nur noch „Empfehlungen" aussprechen.

Mit freudiger Überraschung stelle ich ab und zu (nicht allzu häufig) fest, daß er ohne oder mit nur ein bis zwei Aufforderungen ein paar Handgriffe im Haushalt tut. Nicht, daß er sich nun gleich überarbeiten würde – aber immerhin. Wir haben uns miteinander in ruhigere Fahrwasser begeben.

Was *nicht* ruhiger geworden ist, sind seine Umtriebigkeiten, seine tausend Programmpunkte, das Aneinanderklatschen von Ereignissen, Unternehmungen, Verabredungen. Daß er „nie Zeit" hat für Wesentlicheres, sehe ich auch. Dafür um so mehr für Unwesentliches. Vielleicht wird er auch das noch lernen.

18. 6. „Welt, ich komme!"

„Du hast doch mal einen Freund gehabt, der irgendwie in der Entwicklungshilfe tätig war, nicht?"

„Ja, ist er noch!"

„Kann ich mal mit dem telephonieren?"

„Ja. Was willst du denn von ihm?"

„Och, mal fragen, ob er mich mal mitnimmt, wenn er wieder in seine Projekte fährt."

Ich sitze dabei, während er ein langes Ferngespräch führt, von dem ich naturgemäß nur seine Version mitbekomme. Danach steht fest (für ihn!): „Also in den nächsten Osterferien nimmt er mich mit auf die Philippinen. Dort setzt er mich in irgendeinem Dorf ab, wenn er seine Projekte besucht. Ich kann dann dort mit den Bauern auf dem Feld arbeiten oder so. Englisch kann dort niemand oder nur ein paar Worte. Aber das macht nichts. Da mach ich dann mal ein bißchen Entwicklungshilfe und wenn er fertig ist, holt er mich aus diesem Dorf wieder ab, und dann fliegen wir nach Hause!"

„Aha!"

„Geil, wa? Also ich finde das echt kultig ..." Und dann kommen lauter Planungen ...

„Und was kostet das?" Aber eine solche Frage hat ihn noch nie im Mark getroffen. Das ist mit irgendwelchen Sonder-Touristen-Konditionen natürlich alles fast umsonst!

Ach ja, und damit ich auch dran denke – also in den Weihnachtsferien davor, also in den nun bald kommenden, da fährt er mit einem jungen Juden, den er bei dem Stipendiatentreffen kennengelernt hat, nach Polen. Dorther stammen dessen Vorfahren und da könne er sich ja im ehemaligen Oberschlesien auch mal umsehen, im Lande seiner eigenen Väter.

„Noch was?"

„Naja, die Herbstfahrt, aber das ist ja nicht so viel. Das sind ja nur ein paar Tage!"

„Wie wäre es denn, wenn du dich langsam mal um deine Schottlandreise kümmern würdest? Da ist doch noch nichts geregelt! Du mußt dich doch vorbereiten ..."

„Also nun mach mal nicht so 'ne Hetze hier. Das kommt schon alles, ich brauch doch nur noch zu packen."

„Und wann fährst du?"

„Mensch, nu mal langsam, das weiß ich doch noch nicht. Der Fernfahrer ruft mich erst noch an!"

„Und wo fahrt ihr los?"

„Ach Mutter! Nun halt mal die Luft an. Das wird der mir alles früh genug sagen!"

„In einer Woche bist du schon unterwegs!!"

„Na und? Is doch geil, wa? Also ich könnte jetzt schon los, ich weiß gar nicht, was ich hier noch soll!"

„Na, dann mach als erstes mal das Katzenklo!"

Er sieht mich strafend an und trollt sich in Richtung Bad. Katzenklo! Sowas Kleinkariert-Bürgerliches, wo doch die ganze Welt winkt und wartet!!!

29. 6. On the road

Nun ist er weg! Mit Seesack und Zelt und Schaffell (Isomatte ist nicht kultig!) und einem Bundeswehr-Mini-Kocher mit Trockenspiritustabletten und Tütensuppen und einer Dose Ravioli (weil: kultig!) und ausreichend Regenkleidung und und und ...

Um seinen Truck-Fahrer zu erreichen, bedurfte es denn noch vieler, vieler Telephonate. Dann wurde die ganze Chose um 24 Stunden verschoben, nachdem wir uns schon wortreich verabschiedet hatten, und dann mußte er sein erstes Geld vom Stipendium der Deutschen Bahn stiften, weil die Fahrt in 300 Kilometer Entfernung startete. Ein paar Stunden später erreichte mich dann über Funk ein Anruf, der sich anhörte wie aus einer Höhle auf Manila: „Wir sind unterwegs!" Obwohl ich ihn kaum verstand, war das Glück aus seiner Stimme zu hören. Und ich? Ich sitze da wie die berühmte Glucke, deren Küchlein ins feuchte Naß gehuppt sind und lospaddeln.

Natürlich war er schon x-mal weg, und Rußland war auch für die daheimgebliebenen Mütter kein Zuckerlecken. Aber da waren sie als große Gruppe losgezogen. Und nun ist er solo – erstmals!

Von sich aus versprochen hat er, daß er jeden Mittwoch gegen 20 Uhr anrufen wird. Wenn er kann.

Wie er zurückkommen wird, ist noch offen. Daß er *nicht* per Anhalter fahren würde, konnte er nicht versprechen.

Die Tage vor der Abreise haben wir dann vielfältige Abschiede zelebriert. Das tue ich ohnehin gerne, zumal ich dann immer in sehr sentimentaler (und spendabler) Stimmung bin. Ein letztes Mal gemeinsam zum Flohmarkt und vorher beim Italiener einen Cappuccino getrunken. Noch einmal Eis-essen beim Italiener, der ihm vor 16 Jahren sein erstes Zitrone-neis verkauft hat (und es heute nicht fassen kann, wie schnell die Zeit geht!). Natürlich noch einmal Pizza-Essen. Alles „zum letzten Mal" – das nächste Mal, wenn wir eben jenes tun, ist er „Erwachsener", volljährig! Abschied von der Kind-heit – endgültig nun! Wenn er von dieser Reise wiederkommt, ist er ein anderer – so und so! „Und wenn ich nicht wieder-komme, dann kannst du alles verschenken oder verkaufen. Nur meine Pfadfindersachen nicht. Die bleiben für die nächste Generation."

„Für welche, bitte schön?" Er stutzt.

„Ach ja!" Pause. „Dann muß ich vorher ja wohl noch für Nachwuchs sorgen, was?"

„Also das laß mal lieber bleiben. Sieh zu, daß du dich ver-nünftig verhältst und keine Risiken eingehst. Dann kommst du auch wieder. Das wäre mir entschieden lieber!"

Daß ich besorgt bin, erstaunt ihn. Erstmal „passiert in Schottland doch nichts!" und zum anderen scheint ihn zu wundern, daß ich mir Gedanken um ihn mache ...

Meiner Bitte, für eventuelle Versicherungsfälle eine Liste aller Gegenstände aufzuschreiben, die er mitnimmt, ist er auf die für ihn typische Art nachgekommen. Da sind aufgeführt: zwei Päckchen Tabak und „Blättchen", Trockenspiritus, ein Pappschild mit „Edinburgh", eines mit „Manchester", Tinten-patronen und -killer, und das, was ich eigentlich wissen wollte, ist abgetan mit „das Übliche"! Darüber wird sich die Versiche-rung aber freuen!

Ja, nun habe ich ihn fast „groß", und die Welt schluckt ihn. In ein paar Tagen feiert er seinen lang ersehnten 18.! „Am lieb-sten abends allein im Zelt, wenn der Regen aufs Dach prasselt und ich es ganz gemütlich habe." Für diese Gemütlichkeit hat er sogar eine Sturmlaterne mitgeschleppt und eine (Geburts-tags-??) Kerze ...

Nein, es ist kein Datum wie andere auch. Seine Stipendien-reise ist *der* Einschnitt. Und wenn er wiederkommt, dann ist er erwachsen.

Und ich werde meiner Wege gehen!

3. 7. Ruf des Staates

Noch nicht ganz 18 Jahre alt und schon erinnert sich der Staat meines Sohnes: „Sehr geehrter Herr…, nach §§ 1 des Wehrpflichtgesetzes (WPflG) sind alle Männer, die Deutsche im Sinne des Grundgesetzes sind…" usw., usw., usw.

Noch hat man sie nicht „groß", da erfolgt der Ruf zu den Waffen. Habe ich ihn dafür 18 Jahre lang gehegt, gepflegt, umsorgt und erzogen?

4. 7. Achtzehn!

Mein lieber großer Sohn!

Heute hast Du nun Deinen 18. Geburtstag – den langersehnten. Ab heute bist Du „volljährig" – und für alles, alles selber verantwortlich!

Du bist weit entfernt von mir (wie es mit 18 ja auch „normal" ist), trotzdem empfinde ich darüber Wehmut. Heute nacht hast Du mich angerufen aus dem fernen „Schotti", eine halbe Stunde vor dem Geburtstag. Du wolltest mir sagen, daß ich mir eine schöne Flasche Sekt kaufen (und trinken) sollte – wenn Du in drei Wochen heimkehrst, gibst du mir das Geld dafür wieder! Und dann hast Du noch gesagt, daß Du es gut von mir findest, daß ich Dich so erzogen habe, daß Du solche tollen abenteuerlichen Reisen machen kannst und nicht nur lahm irgendwo am Strand herumliegst in den Ferien. Ich war unglaublich gerührt – neige ich doch an solchen Tagen ohnehin zur Sentimentalität! Und dann habe ich Dir eben auch gesagt, daß ich mich über Deine ganze Entwicklung freue, daß ich stolz auf Dich bin, daß ich *nie* bereut habe, Dich bekommen zu haben – auch nicht in den letzten, manchmal ganz schön anstrengenden Jahren (die ja auch für Dich sicher nicht immer einfach waren!). Das muß in diesem Alter wohl aber so sein, denn sonst kämen Eltern und Kinder nie voneinander los!

Und dann hast Du mir ausführlich von Deiner Arbeit erzählt, die gut vorangeht und von Deinen beiden ersten Interviews (auf die *ich* stolz bin, weil ich weiß, daß es Dich einiges an Überwindung kostet, fremden Menschen auf die Pelle zu rücken! Und nun hast Du Dich überwunden!!). Ein bißchen Heimweh habe ich herausgehört und ein bißchen Einsamkeit. Es gibt nicht jeden Tag jemanden in Deiner Walachei, mit dem Du sprechen könntest, und die einsamen Nächte im kalten Zelt sind auf Dauer wohl auch nicht ganz so romantisch, wie man so etwas vorher träumt. Auf die fünf oder sechs Tage auf der Insel freust Du Dich schon und auf die Freunde (und wahrscheinlich auch auf die feinen Mahlzeiten – nach all diesen Tütensuppenessen). Diese Vorfreude hat mich ein bißchen traurig (für Dich) gemacht. Du hast doch erst eine von vier Stipendienwochen herum …

Ach, Sohn! Ich freue mich schon wieder, wenn ich Dich heil im Nebenzimmer weiß! Diese Anhalter-Fahrerei und das einsame Wohnen in einem Wäldchen und mancherlei anderes macht mich reichlich nervös (bis panisch!), und Deine Schilderungen von der Hinfahrt mit vier verschiedenen Anhaltern hat auch nicht zu meiner Nachtruhe beigetragen (außer der Fahrt mit dem Polizisten, der Dich halbverdurstet zu früher Morgenstunde aufgesammelt hat!).

Ich habe in den letzten beiden Tagen viel über die 18 vergangenen Jahre nachgedacht und habe festgestellt, daß mir fast nur noch Gutes und Schönes einfiel. Sicher, da gab es mal dieses und jenes … aber Einzelheiten erinnere ich gar nicht mehr. Und soo wichtig war es wohl alles auch nicht! Aber das Schöne, das habe ich noch parat: das süße, verpennte Neugeborene, das in sich ruhte, das dicke Baby auf dem Balkon, das wißbegierige Kleinkind … Der erste massive Einbruch kam mit der Einschulung, und da lief vieles schief. Du warst nie ein Typ, den man antreiben konnte – im Gegenteil, dadurch wurdest Du immer langsamer. Und diese Eigenart hat Dir in der Schule fast das Genick gebrochen. Ruhe trat erst ab der 7. Klasse, der Waldorfschule ein – aber dann ging's auch schon mit der nervigen Pubertät los! Trotzdem: Erinnerst Du Dich noch an die schönen Reisen, die wir zusammen gemacht haben? Eine war schöner als die andere – egal, wo wir waren! Und Deine und meine Geburtstage! Und unsere gemütlichen Weihnachten! Und die vielen, vielen Abende, an denen wir (auch noch mit Papa) gespielt und vorgelesen haben … weißt Du noch, der „Krabat"? Im Winter bei Kerzenschein – und Papa schlief regelmäßig dabei ein? Und dann die Aufenthalte im Wochenendhäuschen – auf dem Grundstück, der Wiese, mit der Spielstraße, die Rollschuh- und Fahrrad- und Kettcar-Lernen erlaubte? Und, und und … es gäbe soviel „Weißt Du noch"! Ich weiß noch vieles, und noch mehr fällt mir ein, wenn ich mir die vielen Photos ansehe. Deine Theateraufführungen, Deine Jahresarbeit, Deine wunderschönen Töpfer- und anderen Werkarbeiten, die sich in der ganzen Wohnung verteilen! Und weißt Du noch … all Deine Sammlungen? Bleistifte, Anspitzer, Radiergummis, Zuckerstücke, Briefmarken, kleine Autos, große Autos, Zigaretten- und Streichholzschachteln, Verkehrsschilder, Aschenbecher, Bücher, Bücher, Bücher – am liebsten „Reihen" – und bitte „vollständig"!

Ja, es war ein gutes und reiches Leben mit Dir. Ich kann mir überhaupt nicht vorstellen, wie mein Leben ohne Dich verlaufen wäre! Die meisten, die besten Freunde habe ich durch Dich (Kindergarten, Schulen …) kennengelernt. Zum Schreiben bin ich durch Dich gekommen und zum Töpfern auch! (Auch zur Haustierhaltung!!) Die Reisen hätte ich ohne Dich auch nicht gemacht – ich wollte Dir die Welt zeigen, Dich zum Reisen und zur Toleranz erziehen – und habe selber unendlich viel profitiert!

Ja, Sohn, es waren gute und schöne und erfüllte Jahre! Ich hoffe, daß Du alles in allem die Jahre ähnlich siehst – auch wenn Deine Mutter alles andere als perfekt war. Ich weiß, daß ich oft Fehler gemacht habe – und manche waren schlimm. Aber glaube mir, ich habe immer das Beste gewollt, und manchmal war ich einfach überfordert. Ich wünsche und hoffe, daß Du mir all mein gelegentliches Versagen verzeihen kannst!

Und nun? Nun bist Du „groß"! Mir bleibt nur noch, Dir zu raten, wenn Du meinen Rat hören willst; Dich zu unterstützen, wenn Du meine Unterstützung brauchst; für Dich da zu sein, wie ich hoffe, daß auch Du ab und zu noch für mich da sein wirst. Und sonst bleibt mir nur, Dir ein erfülltes, ein gutes, ein anregendes Leben zu wünschen mit nur ganz, ganz wenigen, winzigen Mißerfolgen. Mögest Du immer die richtigen Entscheidungen treffen, die besten Menschen kennenlernen, lebenslang gute Freunde in nah und fern haben – und irgendwann dann auch eine gute Frau und solche Kinder, wie Du eines warst … Das alles und noch viel mehr wünsche ich Dir für Dein weiteres, Dein „Erwachsenen"-Leben!

Deine alte Mutter!